Fuchs/Huber/Ribul

•

Wir sind Wissensriesen, aber Realisierungszwerge

Helmut Fuchs
Andreas Huber – Mirko Ribul

Wir sind Wissensriesen, aber Realisierungszwerge

Mehr Handlungskompetenz & Entscheidungsstärke für Führungskräfte durch das RUBICON-PRINZIP

Mit Zeichnungen von Klaus Pitter

LINDE
international

Bibliografische Information Der Deutschen Bibliothek

Die Deutsche Bibliothek verzeichnet diese Publikation in der Deutschen Nationalbibliografie; detaillierte bibliografische Daten sind im Internet über http://dnb.ddb.de abrufbar.

ISBN 3-7093-0021-5

Umschlag: AG MEDIA GmbH

LINDE VERLAG WIEN Ges.m.b.H., Wien 2004

1210 Wien, Scheydgasse 24, Tel.: 0043/1/24 630

www.lindeverlag.at

Druck: Hans Jentzsch & Co. GmbH., 1210 Wien, Scheydgasse 31

Inhalt

Was ist das **Rubicon**-Prinzip?

Nicht warten, starten!

So formulierte vermutlich Gaius Julius Caesar den entscheidenden Schritt, als er am Morgen des 10. Januar 49 v. Chr. – nach unserem Kalender Mitte November – am nebelverhangenen kleinen Flüsschen Rubicon zwischen Ravenna und Rimini stand und eine schwer wiegende und auch schwierige Entscheidung treffen musste. Er zögerte nicht länger und setzte seine Truppen in Richtung Ariminum (Rimini) in Marsch. Die Struktur dieser klassischen Entscheidungssituation, die im Übrigen den Grundstein für die vierhundert Jahre währende Einigung des Römischen Reiches gelegt hat, diente als geschichtlich verbürgte Vorlage für die Formulierung des „Rubicon-Prinzips"[i]. Den Rubicon überschreiten bedeutet hier, die Grenze zwischen Wünschen und Wählen auf der einen Seite und Wollen und Handeln auf der anderen Seite endlich zu passieren und aktiv zu werden. Sein Schicksal in die Hand zu nehmen und zu handeln ist zu einer unabdingbaren persönlichen und gesellschaftlichen Notwendigkeit geworden, die in der heutigen modernen Zeit – und daran hat sich seit Caesar wenig verändert – als Schlüsselkompetenz für Wohlstand, Gesundheit und privates Lebensglück verstanden werden muss.

Beste Vorsätze im Gepäck, tolle Ideen im Kopf, perfekte Pläne in der Schublade – und nie wird was draus? Warum sind anscheinend immer weniger Menschen bereit, den entscheidenden Schritt zu einer Verwirklichung ihrer Lebensziele und Wünsche zu machen?

Die Autoren haben mit dem vorliegenden Buch Denk- und Handlungsanstöße ausgearbeitet, welche die persönliche wie auch die unternehmerische Handlungsbereitschaft stärken.

Das „Rubicon-Prinzip" in der Anwendung für Führungskräfte macht die Qualitäten Caesars sowie die Erkenntnisse der Motivations- und Willensforschung für die vielfältigen Herausforderungen der heutigen Zeit nutzbar. Und es bietet dem Leser überzeugende Argumentation und Inspiration, mutig und engagiert eigene Erfolgswege zu definieren und zu beschreiten.[ii]

Ach was!

Zu diesem **Buch**

Als der Abteilungsleiter Friedbert Möbus hoch motiviert und voller Tatendrang nach seinem High-Ropes-Motivationsseminar am darauf folgenden Montag in das Unternehmen zurückkam und händereibend an die Verwirklichung seiner vielen guten und konstruktiven Vorsätze gehen wollte, irritierte er seine Kollegen und Mitarbeiter bereits in der Anfangsphase. „Was ist denn mit dem Möbus los?“, fragte seine direkte Mitarbeiterin Hilfe suchend die Assistentin der Geschäftsleitung. „Möbus war auf einem Seminar!“, antwortete diese kurz, und damit war für alle die Angelegenheit fast erledigt.
Die konstruierte Wirklichkeit der Situation: „Möbus war auf einem Seminar, wurde dort etwas irritiert, und wenn wir ihn in Ruhe lassen, wird er schon nach einiger Zeit wieder normal werden.“

So und in hundertfach leicht veränderter Form stellt sich für viele Trainer und Seminarleiter die Konsequenz ihrer Seminare im Firmenalltag dar. Milliarden Euro werden jährlich in Seminare und Bildungsevents investiert, und der Wirkungsgrad geht deutlich gegen Null.
„Wir haben in Deutschland kein Erkenntnisdefizit“, sagte der Unternehmensberater Roland Berger in den „Tagesthemen“ am 5. Januar 2004 in der Stellungnahme zur wirtschaftlichen Entwicklung des Jahres, „wir haben ein Handlungs- und Umsetzungsdefizit!“
Wirtschaftsforscher konstatieren: Wir Menschen hier in den deutschsprachigen Ländern haben ein riesengroßes Umsetzungsproblem.[iii]
Diese erschreckende Erkenntnis wird immer klarer und erfasst gegenwärtig sämtliche Bereiche des öffentlichen Lebens.
Die Idee, das Rubicon-Prinzip der Handlungsforschung, das in dem ersten Buch „Das Rubicon-Prinzip“ von Helmut Fuchs und Andreas Huber ausführlich beschrieben wurde, stärker auf den Bereich der Führungskräfte als Schlüsselpersonen unternehmerischen Erfolgs zu fokussieren, war dementsprechend nahe liegend. Da das Buch große Resonanz gerade im Verkaufs- und Vertriebsbereich fand, lag es ebenso nahe, den Kontakt zu einem erfolgreichen Vertriebstrainer, Mirko Ribul, herzustellen und gemeinsam entsprechende Trainingsprogramme zu entwickeln.

Die wesentlichen theoretischen Bezüge und Teile des Trainingsprogramms für Führungskräfte, Manager und Trainer sind in diesem Buch ausgefaltet: Eine Fundgrube interdisziplinärer Denkanstöße für Menschen, die im beruflichen wie auch im privaten Umfeld die eigene oder fremde Zögerlichkeit im Umsetzen von Ideen oder Handlungsimpulsen handhaben müssen. Wie groß diese Zögerlichkeit wirklich ist und wie weit sich gerade die mangelnde Umsetzungskompetenz lähmend über unser gesamtes Leben gelegt hat, lässt sich nur erahnen und an der wachsenden Zahl der öffentlichen Stellungnahmen orientieren.

Initiative: Ein Ruck durch Deutschland

„Mut zum Handeln in der Wirtschaftskrise" hieß eine Kampagne von Sendern und Verlagen gegen Pessimismus im Vorfeld der letzten Wahlen. Der Initiator dazu: „Die Stimmung in Deutschland ist schlechter als die Lage."

Berlin – Es ist immer wieder Ludwig Erhards Geist, den die Wirtschaft in Krisenzeiten beschwört. Die Thesen des Wirtschaftswunderministers der fünfziger Jahre werden auch jetzt zu Hilfe geholt. Erhards Meinung, dass Wirtschaft zur Hälfte Psychologie sei, hat erneut Hochkonjunktur.

Erhards Worte leiten nun auch die Initiative „Deutschland packt's an". Der Zusammenschluss aus Fernsehsendern, Verlagen und Werbeagenturen glaubt daran, dass das Klagen ein Ende haben müsse. Dann würde sich auch die Wirtschaft schneller erholen. Die Initiative will daher mit einer großen Kampagne die Angst in der Rezession aus den Köpfen verjagen.

„Wir schaffen es ja gerade noch bis zum Friedhof", beschreibt Mitinitiator Lothar Späth die Stimmung in Deutschland. Unternehmen und Konsumenten bemitleideten sich derzeit gegenseitig statt zu investieren. Auch von der Politik – Regierung wie Opposition gleichermaßen – sei in Wahlkampfzeiten nichts zu erwarten.

Die miese Stimmung sei leider „typisch deutsch im Gegensatz zu den USA", wie Späth meint. Dort hatten Präsident George W. Bush und New Yorks Bürgermeister Rudolph Guiliani nach den Terroranschlägen dazu aufgerufen, normal weiterzuleben. Auch in den USA hatten verschiedene Branchen dafür Werbekampagnen gestartet.

„Die Stimmung ist schlechter als die Lage", sagt der Initiator Karl-Ulrich Kuhlo. Daher müsse er dagegen tun, was er tun kann: die PR-Trommel rühren. Der Aufsichtsratsvorsitzende des Nachrichtenkanals N-tv hat die Fernseh- und Verlagsbranche zusammengebracht, um in den kommenden Monaten vier Werbekampagnen und begleitende Medienberichterstattung zu lancieren. Die Werbeagenturen haben gratis gearbeitet, die Medien bieten Freischaltungen an. Kuhlo spricht von einem Bruttowert von deutlich über 20 Mio. DM.
Ab heute sollen sich die Verbraucher über die Botschaften in Zeitungsanzeigen und Fernsehspots so ihre Gedanken machen. Zum Beispiel, wenn Fernsehmoderator Johannes B. Kerner die Menschen draußen auffordert, „die Zukunft mit zu gestalten". Oder ARD-Talkmasterin Sabine Christiansen meint: „Stillstand schadet". Auch die Web-Seite ist schon freigeschaltet, auf der Besucher mit den Worten „Durch Deutschland muss ein Ruck gehen" – Worte des früheren Bundespräsidenten Roman Herzog aus dem Jahre 1997 – begrüßt werden. Das neue Projekt soll sich an die viel zitierte „Ruck"-Rede von Roman Herzog in Berlin anhängen. Herzog ist auch Schirmherr der neuen Initiative.
Die Kampagne ist indes nicht die erste, die das Anpacken des Einzelnen fordert und so die Lähmungserscheinungen in der Gesellschaft beseitigen möchte. Die CDU-Chefin Angela Merkel hatte zu Jahresbeginn schon kampagnenträchtig zur „Wir-Gesellschaft" aufgerufen. Und die Initiative „Neue Soziale Marktwirtschaft", die teils von den Arbeitgeberverbänden getragen wird, fordert seit einem Jahr in den Medien „Chancen für alle" – zum Teil mit denselben Prominenten – und will damit ebenfalls eine Debatte über den Ist- und Soll-Zustand in Deutschland anstoßen. „Chancen für alle" sind im Übrigen Worte Ludwig Erhards.

Auch wenn viele öffentlich gestartete Aktionen im Sande verliefen und gelegentlich als politische Werbefeldzüge nur saisonalen Charakter hatten, so ist in der Wirtschaft eine deutliche Hinwendung zu erkennen, endlich die brachliegenden Ressourcen mobilisieren zu wollen.
Unsere eigenen Beobachtungen in Unternehmen bestätigen: Auch und gerade hier kristallisieren sich diese Handlungsunfähigkeiten zu massiven Wettbewerbsnachteilen.

So beurteilt die Managementpraxis mittlerweile die Umsetzungskompetenz als zentralen kritischen Erfolgsfaktor und stellt gleichzeitig fest, dass diese bei den Mitarbeitern die am schwächsten ausgeprägte unternehmerische Schlüsselqualifikation ist.
„Wir sind zwar Wissensriesen, aber auch Realisierungszwerge", beschreiben Heike Bruch und Rolf Wunderer von der Hochschule St. Gallen ihre Studien zur Umsetzungskompetenz und sind damit auch die indirekten Namensgeber dieses Buchtitels.
Im Gegensatz zu den sehr theoretisch ausgeführten und oft sehr abstrakt formulierten Studienergebnissen der unterschiedlichen Hochschuldisziplinen an der Schnittfläche von Volitions-, Motivations- und Handlungsforschung ist es unser Anliegen, mit diesem Buch, das zweifellos als Denkanstoß und Annäherungsversuch für Manager und Führungskräfte verstanden werden soll und keine wissenschaftliche Fortführung oder Grundlagenarbeit darstellt, durchlässige Ränder in die verkrusteten Strukturen der eigenen Handlungsfähigkeit herbeizuführen. Wir wollen Wege aufzeigen, sich selbst und die eigenen Mitarbeiter und gegebenenfalls auch die Menschen, die uns noch näher stehen, zu ermutigen, das Tal der Zögerlichkeit zu verlassen und endlich aktiv zu werden. Wir bedienen uns dabei neben inhaltlichen Ausführungen auch in verstärktem Maße der Metaphorik als Verständnisbeschleuniger und verweisen den eher intellektuell geneigten Leser auf die Möglichkeit, im Anhang seinen Wissensdurst zu befriedigen oder weitere Quellen zu finden.

Viel Erfolg und Spaß beim Lesen und Entdecken!

Helmut Fuchs
Andreas Huber
Mirko Ribul

Vorwort

Dieses Buch soll Mut machen für den Unternehmenswandel zu einer ressourcenorientierten und wandlungsfähigen Führungskultur. Jeder kennt als Führungskraft die Frustration, wenn die im Nachhinein als große Chancen identifizierten Weggabelungen nicht genutzt werden, die offensichtlich vorhandenen kostbaren Energien der Mitarbeiter versanden und Mitarbeiter, Leistungsgruppen oder das ganze Unternehmen nicht das an Leistung hervorbringen, wozu sie aufgrund der vorhandenen Ressourcen in der Lage wären.

Gerade die Diskrepanz zwischen dem meist deutlich erkennbaren Ressourcenpotenzial und der Quantität und Qualität der täglichen Umsetzung wird immer deutlicher und stellt die meist für diese Fragen nur unzulänglich ausgebildeten Führungskräfte und Unternehmenslenker vor scheinbar unlösbare Aufgaben.

Im konstruktivistischen Sinne spielen die meisten Entscheider dann das Spiel „Mehr desselben“, erhöhen den Druck oder versuchen, die klassische Belohnungsrituale weiter auszureizen, um dann meist entweder das „Incentive-Rad ohne Ende“ in Gang zu setzen oder ein Klima von Dauerspannungen und anhaltender Frustration zu erzeugen.

Die Konsequenzen dieser neuen Zögerlichkeit und Handlungszurückhaltung finden wir allerdings nicht nur im unternehmerischen oder privaten Umfeld. Mittlerweile sind die gesamtgesellschaftlichen Implikationszusammenhänge dieses Handlungsstaus und der nicht mehr vorhandenen Umsetzungskompetenz konkret nachweisbar.

Deutschland steht 2003/2004 vermutlich vor der größten Pleitewelle der Nachkriegsgeschichte. Der Bundesverband Deutscher Inkasso-Unternehmen (BDIU) rechnet mit 37.200 Firmenzusammenbrüchen in diesem Jahr und einem dramatischen Anstieg der Verbraucherkonkurse. „Der Pleitegeier kreist vor allem über dem Mittelstand, dem Motor und Herz der Wirtschaft“, sagte BDIU-Präsident Ulf Giebel in Hannover. Gründe seien die Konjunkturkrise und die schlechte Zahlungsmoral. Gleichzeitig wandere die Überschuldung „zunehmend in die Mitte unserer Gesellschaft“, wofür vor allem Arbeitslosigkeit verantwortlich sei. Nach Angaben Giebels hatte sich bereits im ersten Quartal 2002 die Zahl der reinen Unternehmensinsolvenzen binnen Jahresfrist um 15 Prozent erhöht. Besonders betroffen sei das Baugewerbe, in dem für das Gesamtjahr mit 10.500 Pleiten gerechnet werde. Giebel sieht Gefahren für insgesamt 550.000 bis 600.000 Arbeitsplätze, darunter nur ein kleiner Teil durch spektakuläre Zusammenbrüche wie bei Herlitz oder Kirch. Er schätzt den volkswirtschaftlichen Schaden auf 40 Milliarden Euro. Nach einer aktuellen Umfrage des Verbandes bei seinen 472 Mitgliedsunternehmen haben 78 Prozent der Inkasso-Branche verspätete Kundenzahlungen als Ursache für Bau- und Handwerkerpleiten genannt. Bei der gleichermaßen schlechten Zahlungsmoral in West- wie Ostdeutschland sei die „deutsche Einheit inzwischen verwirklicht", meinte Giebel. Neben der Konjunkturkrise sei die immer restriktivere Kreditvergabe von Banken und Sparkassen weit im Vorfeld der neuen Vergabe-Richtlinie Basel II für Pleiten verantwortlich.

Bei privaten Haushalten ist nach den Erfahrungen der Inkasso-Profis eine bereits bestehende Überschuldung der Hauptgrund für ausbleibende Zahlungen. Immer mehr seien es unvorhergesehene Ereignisse, die Menschen in das finanzielle Abseits drängten. „73 Prozent der Inkasso-Unternehmen nennen Arbeitslosigkeit als Grund, warum ein privater Schuldner nicht zahlt", sagte Giebel.

Nach 13.300 Verbraucherinsolvenzverfahren im Jahr 2001 waren es 2002 mehr als 30.000 Fälle. Allein im ersten Quartal habe es einen Zuwachs von 38 Prozent gegeben. Und dies sei bei 2,6 Millionen überschuldeten Personen und fast einer Million Offenbarungseiden im Jahr 2001 nur die Spitze des Eisberges, sagte BDIU-Vorstandssprecherin Gerti Hönings.

Eine gewisse Rolle spiele bei finanziellen Problemen von Privathaushalten auch die Euro-Einführung. Während sich manche Verbraucher anfänglich bewusst zurückhielten, ließen sich andere durch den psychologischen Effekt der scheinbar niedrigeren Preise zu unbedachten Kaufentscheidungen verleiten.

Der dringend benötigten und vielerorts beschworenen Aufbruchsstimmung steht die wachsende Kultur der Fehlerangst, Risikovermeidung und des Sicherheitsdenkens entgegen, die die notwendigen Handlungs- und Umbruchsimpulse unterdrückt und lähmt.

Alle über den Tellerrand hinausschauenden Zukunftsexperten sind sich einig, dass dieser Zustand der existentiellen Lähmung nur durch bahn-

brechende Innovationen und handlungsstarke Mitglieder der Gesellschaft und entsprechend strukturierte Organisationen und Institutionen durchbrochen werden kann.
Die Beschleunigung in fast allen Bereichen der Wirtschaft erfordert innovative Mitarbeiter, die in der Lage sind, Produkte bzw. Dienstleistungen zu verbessern und neue zu entwickeln. Dazu benötigen wir auf unternehmerischer Seite neue Führungskulturen und moderne Organisationsformen, die sich dadurch auszeichnen, dass der Grad der Reglementierung, Vorgabe und Kontrolle drastisch reduziert ist, so dass an die Stelle klarer Anweisungen zwangsläufig „neue Maßstäbe des Handelns" treten. Bezogen auf die Führungskräfte und Manager als Träger unternehmerischer Prozesse bedeutet dies, dass die Befehlsempfänger vergangener Tage zu verantwortungsbewussten und initiativen Mitarbeitern werden müssen, die selbst erkennen, was zu tun ist, und dies auch umsetzen.
Nicht dass in den Unternehmen nicht das nötige Potenzial da wäre oder das Wissen oder sogar das Bewusstsein für diese Entwicklung fehlen würde. Bei der gezielten Suche nach Gründen für die Innovations- und Handlungsschwäche von Unternehmungen zeigte sich deutlich, dass weniger ein Mangel an Ideen und Kreativität als vielmehr ein Unvermögen besteht, diese Inventionen oder Entdeckungen in Innovationen umzusetzen.
Wie Wissenschaftler feststellen konnten, scheitern Innovationen und Anpassungsprozesse sehr häufig an dem mangelnden Implementationsvermögen, der geringen Veränderungsbereitschaft der Mitarbeiter.
Wir sind Wissensriesen, aber in der Umsetzungskraft eher Realisierungszwerge.

Test: Sind Sie ein Rubicon-Manager?

	immer	häufig	selten	nie
Wenn Sie einen Entschluss gefasst haben, setzen Sie diesen auch sofort um.				
Sie formulieren Ihre Lebensziele immer schriftlich.				
Sie verfolgen Ihre Ziele konsequent.				
Sie müssen Ihre selbst formulierten Ziele täglich kennen, sonst fühlen Sie sich nicht wohl.				
Sie kontrollieren täglich, ob Sie Ihre Ziele erreicht haben.				
Auch wenn Sie Ihre Ziele nicht immer verwirklichen können, so bleiben Sie doch ruhig und gelassen.				
Sie gehen **Ihren** Weg und versuchen nicht, den Erwartungen anderer gerecht zu werden.				
Sie haben nie Angst, etwas vergessen zu haben.				
Sie schieben nie etwas vor sich her.				
Sie können Verlockungs- und Ablenkungssituationen gut widerstehen.				
Spaltensumme				
Multiplikation	___ × 4	___ × 3	___ × 2	___ ×1
Endergebnis				

Geben Sie sich für jede Aussage einen Punkt, je nachdem, ob sie häufig, selten oder nie für Sie zutrifft. Bilden Sie die einzelnen Spaltensummen und multiplizieren Sie sie mit den angegebenen Zahlen. Addieren Sie nun die einzelnen Spaltenergebnisse zu Ihrem Rubicon-Wert.

Ihr Rubicon-Wert: ____________

Auswertung

Weniger als 10 Punkte: Sie haben einen Rechenfehler!
10–18 Punkte: Ihr Rubicon-Wert ist sehr niedrig und Ihr „Selbstmanagement“ vermutlich sehr ineffektiv. Wir empfehlen Ihnen dringend das Reiss-Motivationsprofil anzufertigen (siehe Seite 176 ff.) und die „Selbstüberlistungsstrategien“ (Brücken über den Rubicon, siehe Seite 206 ff.) gründlich zu studieren.
19–28 Punkte: Auch Ihr „Selbstmanagement“ könnte vermutlich noch besser sein. Sie sind aber schon auf dem richtigen Weg. Dran bleiben – es lohnt sich!
29–35 Punkte: Sie haben vermutlich wenig Schwierigkeiten bei der Umsetzung Ihrer Ziele und praktizieren bereits „lebenskluge“ Strategien. Gut so. Lassen Sie sich durch gelegentliche Rückschläge nicht ausbremsen. Die gehören dazu.
36–40 Punkte: Glückwunsch! Aber aufpassen. Das Extreme ist meistens neurotisch und die übertriebene Individuation wendet sich wieder gegen das Selbst, warnte schon C. G. Jung. Überkontrolle ist auch lästig und meist unproduktiv.

Was ist ein **Rubicon**-Manager?

Mehr denn je sehen sich Manager und Führungskräfte der Herausforderung gegenüber, die brachliegenden Ressourcen des Unternehmens durch adäquates Führungsverhalten zu mobilisieren. Human Resources stehen in ihrer Erscheinungsform in direktem Zusammenhang mit der Fähigkeit der Vorgesetzten, ein motivierendes Klima und motivierendes sowie ermutigendes Führungsverhalten zu praktizieren.
Der Sozialwissenschaftler Renato Tagiuri, emeritierter Professor der Harvard Business School, hält psychologische Nachhilfe für Führungskräfte in Form von Seminaren für völlig überflüssig. Führungserfolg hängt seiner Erkenntnis nach nicht von der Persönlichkeit des Chefs ab, sondern – ganz simpel – von seinem konkreten Verhalten. Auch das viel beschworene Charisma ist auf lange Sicht nicht tragfähig für ihn, ebenso wenig wie ein autoritärer Führungsstil.

Sein gesamtes Forschungsleben lang hat sich der Harvard-Professor mit der Frage beschäftigt, was einen guten Vorgesetzten ausmacht. Ein guter und erfolgreicher Chef kann nur sein, wer genau weiß, worauf es ankommt und dieses Wissen in geeigneter Form an seine Mitarbeiter weitergibt. Titelthema der jüngsten „Harvard Business Review“ war das Postulat, dass nur die Führungskräfte zukünftig erfolgreich sein können, die genügend über sich selber wissen und, darauf aufbauend, das eigene Führungsverhalten und die Unterschiedlichkeit der Mitarbeiter in Einklang bringen. Dies deckt sich mit den jüngeren Erkenntnissen der Motivations- und Handlungsforschung.
Daraus abgeleitet stellen wir für den „Rubicon-Manager“[iv] einen 10-Punkte-Katalog als Mindestforderung auf, dessen Befolgung vielleicht nicht aus jedem mittelmäßigen Chef einen „Big Boss“ macht, aber die Wahrscheinlichkeit, den Wirkungsgrad der Abteilung und letztlich damit des Unternehmens zu verbessern, deutlich erhöht.

Der Rubicon-Manager

1. kennt sein eigenes Motivprofil und weiß damit, was ihn antreibt und was nicht;
2. kennt die Motivprofile seiner wichtigsten Mitarbeiter;
3. identifiziert seine eigenen Ziele und die Ziele seiner Mitarbeiter;
4. unterscheidet zwischen Motivation und Volition;
5. schafft eine positive und ermutigende Lern-Kultur;
6. achtet sorgfältig auf „Gefühlsterrorismus“ und rottet ihn aus;
7. vermeidet und bekämpft „Negaholismus“;
8. berücksichtigt das „vernetzte“ Wirkungsgefüge einer Organisation und seiner Mitarbeiter;
9. formuliert klare Bewertungsmaßstäbe;
10. kennt und berücksichtigt die „konstruktivistische“ Bedeutung von Kommunikation.

Bei dem „Rubicon-Manager“, wie wir ihn hier skizzieren, handelt es sich um einen Menschen, der sich bemüht, die Dinge zu ändern, die er ändern kann, die Dinge zu ertragen, die er nicht ändern kann, und der gleichzeitig, offen für Lernen und Veränderung, an seiner Fähigkeit arbeitet, das eine vom anderen intelligent zu unterscheiden. Und genau dafür

möchten wir mit diesem Buch Denkanstöße einleiten und Reflektions- und Handlungsimpulse auslösen, ohne eine schablonierte Strategie oder Wegleitung bereitzustellen.
Der große Motivationspsychologe Abraham Maslow soll einmal gesagt haben: „Wenn Ihr einziges Werkzeug ein Hammer ist, beginnen viele Dinge in Ihrem Leben wie ein Nagel auszusehen!"
Ganz in diesem Sinne bieten wir Ihnen neue Werk- und Denkzeuge für Ihren Manager- und Führungsalltag an und verzichten nicht auf gelegentliche Umsetzungsimpulse oder handlungsleitende Zusammenfassungen. Wir vertrauen auf Ihre Fähigkeiten, das für Sie passende Werkzeug oder die geeignete Information für die persönliche Weiterentwicklung zu finden. Gerne laden wir Sie auch zu unseren Seminaren und Veranstaltungen ein. Genaue Adressen der Autoren finden Sie im Anhang.

Warum wir **nicht** tun, was wir **tun** könnten

Man fällt nicht über seine Fehler.
Man fällt immer über seine Feinde,
die diese Fehler ausnutzen.

Kurt Tucholsky

Als Chef oder Führungskraft hat wahrscheinlich jeder von uns schon Mitarbeiter erlebt, die sich grundsätzlich nicht auf Veränderungen einstellen wollten. Nicht selten ist der Grund offensichtlich die Angst vor größerer Verantwortung oder generell vor neuen Aufgaben. Bei näherem Hinsehen können wir allerdings keine rechten Erklärungen für diese Resistenz gegenüber Innovationen und Veränderungen finden. Erstaunlicherweise beobachten wir sogar, dass diese Mitarbeiter oft noch nicht einmal dann ihr Verhalten ändern, wenn deutlich wird, dass sie die nötige Kompetenz besitzen und nach eigener Schilderung Wandlungsprozessen grundsätzlich aufgeschlossen gegenüberstehen.
Was läuft hier falsch? Warum verstricken sich diese Menschen immer wieder in scheinbar widersprüchliche Motivlagen und verhindern eine konsequente Unterstützung notwendiger Maßnahmen?
Wenn Sie als Führungskraft der Beantwortung dieser Fragen ausweichen, können Sie sich noch so sehr anstrengen, durch wie auch immer geartete Belohnungsprogramme die anscheinend talentierten, aber den Wandel scheinbar verweigernden Mitarbeiter und Kollegen zu fördern – Ihre Programme und Strategien werden fruchtlos bleiben.
Als Vorgesetzter und Führungskraft müssen Sie in der Lage sein, solche widersprüchlichen Motive und Motivlagen zu erkennen, und lernen, adäquate Werkzeuge einzusetzen, um sich selbst und den Mitarbeitern über diese Hürde hinwegzuhelfen.
Nicht selten ist es zugegebenermaßen für Sie als „Nichtpsychologe" schwierig zu verstehen, warum sich Menschen gerade so und nicht anders verhalten. Warum ein Mitarbeiter einmal die Maßnahmen unterstützt und das nächste Mal anscheinend nicht mehr, warum sich der eine Mitarbeiter so und der andere ganz anders auf die Ihrer Meinung nach klaren Herausforderungen einstellt, ist oft nicht einfach hinzunehmen. Was treibt diese Menschen um? Was sind ihre anscheinend undurchschaubaren Motive?
Als Trainer und Berater haben wir diese Situation und diese Dynamik Hunderte Male erlebt, und in der Beschäftigung mit diesen Fragestellungen sind wir auf erstaunliche und doch sehr einfache und verständliche Ergebnisse gestoßen.

Zögerlichkeit und Resistenz gegenüber notwendigen Veränderungen bedeuten weder Opposition noch sind sie das Ergebnis gründlichen Nachdenkens. Selbst wenn Menschen grundsätzlich Wandel gutheißen, verwenden sie oft viel Energie unwissentlich für versteckte Ablehnung der anstehenden Aufgaben und Veränderungen – sie werden ein Opfer ihrer widersprüchlichen Beweggründe.
Gelingt es Ihnen als Führungskraft, diese verborgenen Antriebskräfte Ihrer Mitarbeiter aufzudecken, werden Ihnen deren scheinbar unverständliche und ineffektive Verhaltensweisen plötzlich sehr wohl als sinnvoll, vielleicht sogar als geradezu geniale Schachzüge erscheinen.
Nur leider konterkarieren sie letztlich das, was Sie erreichen wollen. Sie entdecken beispielsweise, dass Ihr Projektleiter auf der Stelle tritt, weil er eigentlich eine viel schwerere Aufgabe zu vermeiden sucht – nämlich die, die auf ihn zukommen wird, falls er das gegenwärtige Projekt erfolgreich abschließt, und von der er glaubt, dass er sie nicht wird bewältigen können. Oder Sie stellen fest, dass ein Mitarbeiter nicht kooperiert, obwohl er nach eigener Aussage Teamarbeit grundsätzlich toll findet und unterstützen will. Anscheinend will er durch Vermeidung oder Blockade speziellen Konflikten ausweichen, die zwangsläufig mit ehrgeiziger Gruppenarbeit verbunden sind.
Im Folgenden möchten wir diese anscheinend widersprüchlichen Beweggründe einmal genauer anschauen und mehrere Möglichkeiten vorstellen, erfolgreich damit umzugehen.

Die Wurzeln unserer Hilflosigkeit

Im Rahmen einer langjährigen Exploration durch Beobachtung und Befragung von Seminarteilnehmern, Trainern, Managern und Führungskräften in Aus- und Weiterbildungssituationen haben die EATD (European Academy for Training and Development) und die TAM (Trainer-Akademie-München) gemeinsam mit den Autoren interessante Ergebnisse über die der Hilflosigkeit zugrunde liegenden Phänomene gewinnen können.[v]
So konnte in einem Ranking der Gründe, warum trotz gelegentlich erheblichem Reengineering-Bemühen und hohen Weiterbildungskosten die Umsetzung des Notwendigen oder Gelernten hoffnungslos hinter dem Mobilisierungsaufwand zurückblieb, folgende Aufstellung herausgearbeitet werden:

1. Angst (vorwiegend vor Fehlern)
2. Mangelnde Risikobereitschaft
3. Bequemlichkeit
4. Keine Lernkompetenz
5. Fehlende Konzepte (mangelndes Wissen über andere Möglichkeiten)
6. Falsches Umfeld (Entmutigungs- statt Ermutigungskultur)
7. Kein Grundvertrauen
8. Ungeeignete Denkmuster (Die Ich-kann-nicht-Persönlichkeit)
9. Beziehungsunfähigkeit
10. Mangelnder Humor (emotionale Intelligenz wenig ausgeprägt)

Wenn wir in diesem Kapitel die einzelnen Ursachen näher anschauen, wird vermutlich für viele deutlich, wie sehr die Bereiche miteinander interagieren, wie schwer es ist, eine klare Abgrenzung vorzunehmen, und wie intensiv alle genannten Ursachen direkt mit den Erkenntnissen der Persönlichkeits- und Motivationsforschung korrespondieren.

Die Angst vor **Fehlern**

Wer arbeitet, macht Fehler.
Wer viel arbeitet, macht mehr Fehler.
Nur wer die Hände in den Schoß legt,
macht gar keine Fehler.

Friedrich Alfred Krupp

An erster Stelle der internen Studie stand mit großem Abstand das Phänomen „Angst vor Fehlern“. Alle wollen perfekt sein. Sonst droht Ärger. „Ganz falsch,“ sagt der Soziologe Dirk Baecker. „Um die Angststarre in der deutschen Gesellschaft aufzulösen, müssen und sollen und dürfen wir irren.“[1]

---

1 taz Magazin Nr. 7062 vom 24.5.2003, Seite IV-V, Interview: Holger Fuss

Zurück in Deutschland nach einem längeren Studienaufenthalt in USA, veranlasste ein skeptischer Blick auf die typische deutsche Art im Umgang miteinander den Schriftsteller Peter Schneider in einem Artikel im „Spiegel" zu der Bemerkung: „Die Deutschen haben einen neuen Volkssport und der heißt andere dabei erwischen, wie sie Fehler machen."[2]

Das Pendel des Lebens

Stellen Sie sich vor, dass Sie, im Kuppelzelt Ihres Lebens als „Lebensartist" hoch oben angekommen, schwingend Ihr Leben genießen. Sie pendeln von rechts außen nach links außen. Wenn Sie sich nun vorstellen, dass Sie gerade zwischen den beiden Lebenspolen „Erfolg" (oder Chance) auf der einen Seite und „Fehler" (oder Krise) auf der anderen Seite hin- und herpendeln, dann verstehen Sie schnell, dass der „Schwung des Lebens" auf eine wichtige Beobachtung zurückgeführt werden kann. Jedes Ding hat zwei Seiten und es gibt positive und negative Seiten im Leben.

Nur wer lernt, diese Erkenntnis nicht nur zu akzeptieren, sondern auch herbeizuführen, wird den Schwung im Leben erhalten können. Der große Philosoph des letzten Jahrhunderts, Gregory Bateson, nannte dies die „Komplementärgebundenheit menschlichen Seins".

Übersetzt heißt dies: Wir bekommen nicht das eine ohne das andere.

Nicht wenige Menschen missachten diese Erkenntnis und halten es für besonders intelligent, sich so oft wie möglich auf der Seite von Erfolg und Chance aufzuhalten und Fehler und Krisen total auszublenden und zu vermeiden. Angefangen in der Schule, wo wir lernen, dass Fehler das denkbar Schlechteste im Leben sind und wer Fehler macht, schnell zum Außenseiter und zur Person mit niedrigstem Status degeneriert; fortgeführt in der Ausbildung und später unterstützt im Beruf, wo wir keine Fehler machen dürfen, sonst ist die Karriere futsch: So bauen wir systematisch mit dem Älterwerden einen „Stopper" für unser Lebenspendel ein.

Wir übersehen dabei vollkommen, dass der Stopper, der die Fehler und Krisen vermeiden und verhindern soll, auch unserem Leben den Schwung und die Energie für Handlungsfreude raubt und uns lähmt. Die Konse-

[2] Schneider 1998

quenzen sind bekannt. Etwas holzschnittartig formuliert, versuchen wir dem Leben durch Drogen und Süchte wieder „pharmazeutischen“ Schwung zu verleihen und werden letztlich missmutig und krank.
Derjenige aber, der Fehler akzeptieren kann, der wach genug ist, aus seinen Erfahrungen zu lernen, immer wieder aufzustehen und weiterzumachen, verfügt über eine außergewöhnliche Kraftquelle für ein schwungvolles Leben.
Zahlreiche Anekdoten über Erfinder und erfolgreiche Menschen illustrieren diese Einsicht: Denken Sie an Thomas Alva Edison, den genialen Erfinder von über 2000 praktischen Dingen, unter anderem unserer Glühbirne, der angeblich 1000 und mehr Versuche brauchte, um erfolgreich zu sein und zu guter Letzt seinen Kritikern erzählte, er habe keinen einzigen Misserfolg gehabt, denn schließlich habe er ja zahlreiche Wege gefunden, wie es nicht funktionieren könnte.
Jeder „normale“ Mensch der heutigen Zeit hätte nach wenigen Rückschlägen frustriert aufgegeben und sie keinesfalls als Chance gedeutet und weitergemacht.
Oder denken Sie an Abraham Lincoln, der angeblich – so weiß der Geschichtsschreiber zu berichten – elf gravierende Niederlagen einstecken musste, bis er es letztlich geschafft hatte und Präsident der Vereinigten Staaten wurde. Er hat seine Krisen aufgelistet und so konnte die Nachwelt erfahren, dass er

- → mit 32 einen Wahlkampf verlor,
- → mit 34 Pleite ging,
- → mit 35 den Tod seiner geliebten Freundin verarbeiten musste,
- → mit 36 mehrere Nervenzusammenbrüche hatte,
- → mit 38 die Wahl verlor,
- → mit 43 im Kongress unterlag,
- → mit 46 im Kongress unterlag,
- → mit 48 im Kongress unterlag,
- → mit 55 im Senat unterlag,
- → mit 56 sein Ziel „Vice-President“ nicht schaffte,
- → mit 58 im Senat unterlag,
- → mit 60 endlich zum Präsidenten der Vereinigten Staaten gewählt wurde.

Das oberste Prinzip:

Keinen Fehler zulassen!
Sie sehen doch – er ist beschäftigt!
Aber es wäre wichtig!
FEHLERQUELLE

Historisch betrachtet, sind alle bahnbrechenden Erfindungen, die die Menschheit weitergebracht haben, von mutigen Personen gemacht worden, die gegen den lähmenden Zeitgeist und die drohende Fehlerfixierung angekämpft haben.
Schauen wir aber einmal etwas genauer hin:

Was ist eigentlich ein Fehler?

Zunächst einmal, sagt Dirk Baecker, ist ein Fehler immer eine Handlung, es muss also etwas passiert sein. Kann ein Gedanke auch ein Fehler sein? Dann, wenn man im Nachhinein feststellt, dass es entweder falsch war, überhaupt so zu denken, oder dass man dabei einem Irrtum aufgesessen ist. In jedem Fall jedoch, ob Handlung oder Gedanke, kann ein Fehler nur festgestellt werden, wenn es einen Beobachter gibt, der darüber entscheidet, ob es sich um eine richtige oder falsche Handlung, einen richtigen oder falschen Gedanken handelte. Ein solcher Beobachter können wir selber sein oder auch jemand anders. Erst aus der Beobachterperspektive heraus wird der Fehler zu einem Fehler.
Sonderbarerweise scheint der Fehler auch in der Sprache, die ja bekanntlich das menschliche Denken spiegelt, eine Sonderstellung zu haben – was wir schon daran sehen, dass es für den Fehler keinen vergleichbar prägnanten Gegenbegriff gibt.
Zu wissen, was falsch ist, ist leicht. Zu wissen, was richtig ist, schwer. Fehler sind nach Baecker eine unbestechliche Quelle der Information über die Wirklichkeit, in der sie passieren und über die sie eine Aussage treffen, die hochgradig verlässlich ist. Natürlich kann ich mich dabei irren, wenn ich etwas für einen Fehler halte. Es kann ein Fehler sein, etwas als einen Fehler zu sehen. Aber das ändert nichts daran, dass ein Fehler, wenn ich ihn entsprechend einschätze, eine doppelte Information sowohl über die Wirklichkeit, in der er passiert, als auch über denjenigen, dem er unterläuft, enthält. Ich kann mir dann anschauen, warum dieser Fehler geschehen konnte. Anschließend weiß ich mehr über die Verhältnisse als vorher.
Somit wird der Fehler zum Botschafter und zwar als ein Botschafter aus mir bekannten oder unbekannten Wirklichkeiten. Der Lapsus linguae zum Beispiel, von dem Sigmund Freud gesprochen hat, ist ein Fehler,

der mich darüber informiert, dass mein Unbewusstes die Dinge anders sieht als mein Bewusstsein.

Die Relativitätstheorie des Fehlers

Der Fehler ist eine Sprache, in der die Situation selbst spricht, sagt Baecker. Im Stil der Philosophie Martin Heideggers müssten wir eigentlich davon ausgehen, dass es nicht nur regnen, sondern auch „fehlern“ kann. „Es fehlert“ hieße dann, dass die Wirklichkeit einen entsprechend aufmerksamen Beobachter auffordert, noch einmal anders über sie nachzudenken. Blöde Fehler gibt es demnach nicht.

Ein intelligenter Fehler ist ein Fehler, aus dem in der Situation etwas Intelligentes gemacht wird. Ein dummer Fehler ist ein Fehler, mit dem niemand etwas anfangen kann. Aber auch das kann ein interessanter Fehler sein, weil er zeigt, dass niemand auf ihn vorbereitet ist. An und für sich ist ein Fehler weder intelligent noch dumm. Alles hängt davon ab, wer was mit ihm machen kann. Nach Baecker ist dies die *„Relativitätstheorie des Fehlers“*. Nur was schief gehen kann, kann auch gelingen. Man braucht beide Seiten der Medaille. Es wäre ja sinnlos, von einem Gelingen zu sprechen, wenn es nicht auch misslingen könnte. Wenn etwas weder gelingen noch misslingen kann, ist es, wie es ist.

Für Baecker unterscheidet sich das Lob des Fehlers von einer Verteidigung des Falschmachens. Das Lob des Fehlers bezieht sich auf die Kunst des Lernens, um erfolgreich zu bleiben oder erfolgreich zu werden; eine Verteidigung des Falschmachens bezieht sich lediglich auf die Kunst der Sabotage, die Sand ins Getriebe streut.

Der Fehler ist damit für Baecker eine Art Spiegelreflex der grundsätzlichen Unvollkommenheit der menschlichen Befindlichkeit. Wäre das Verhalten des Menschen genetisch programmiert, wäre Fehler zu machen unmöglich. Aber das Verhalten des Menschen ergibt sich nicht nur aus seiner genetischen Programmierung, sondern auch aus seiner Interaktion mit seiner Umwelt. Das heißt, dass sich der Mensch laut Beacker „von seiner natürlichen, technischen und sozialen Umwelt instruieren, ja regelrecht trainieren lassen muss, so wie jeder Vater, sogar manche Mutter, erst von ihren Kindern dazu erzogen wird, zu begreifen, was es heißt, ein Kind zu erziehen“. Andererseits bliebe die Umwelt stumm, wenn der Mensch nicht merken würde, dass das eine gepasst hat, etwas anderes jedoch ein Fehler war. Alles andere wäre das Paradies, in dem man zwar nichts falsch machen kann, aber auch nichts richtig. „Alles ist, was es ist, und ändert sich auch nicht. Jeder Fehler bietet uns die Chance, noch einmal anders anzufangen, vorausgesetzt, wir haben ihn überlebt." Für Baecker ist, frei nach Immanuel Kant, der das Lachen als eine plötzliche Verwandlung einer Erwartung in nichts ansah, der Fehler die humorlose Variante des Witzes. Wer einen Witz macht, schafft damit die Möglichkeit, eine Situation anders fortzusetzen, als sie sich entwickelt hat. Und der Fehler leistet dasselbe. „Er unterbricht ein bestimmtes Verhalten, zwingt zum Innehalten, fordert dazu auf, sich die Verhältnisse noch einmal anzuschauen, und ermöglicht es damit, anders weiterzumachen als bisher." Und genau darin steckt die Kraft, den Schwung des Lebens dadurch zu erhalten, dass wir Fehler als fortschrittstreibende Kraft entdecken, die wir keinesfalls aus unserem Leben verbannen oder diskriminieren dürfen. Der Schule zum Trotz!

Fehler lieben lernen

Zwölf Prinzipen für eine neue Berufsethik nach Sir Karl Raimund Popper[3]

Es gibt keine Autoritäten,
da unser objektives Vermutungswissen weit über das hinaus geht, was ein Mensch meistern kann. Das gilt auch innerhalb von Spezialfächern.

Es ist unmöglich, alle Fehler zu vermeiden
oder auch nur alle an sich vermeidbaren Fehler. Fehler werden dauernd von allen Wissenschaftlern gemacht. Die alte Idee, dass man Fehler vermeiden kann und daher verpflichtet ist, sie zu vermeiden, muss revidiert werden: Sie selbst ist fehlerhaft.

Es bleibt natürlich unsere Aufgabe, Fehler nach Möglichkeit zu vermeiden.
Aber gerade um sie zu vermeiden, müssen wir uns vor allem klar darüber werden, wie schwer es ist, sie zu vermeiden, und dass es niemandem völlig gelingt. Es gelingt auch nicht den schöpferischen Wissenschaftlern, die von ihrer Intuition geleitet werden: Die Intuition kann uns auch irreführen.

[3] Aus: Karl Popper: *Auf der Suche nach einer besseren Welt*

Auch in den besten, bewährten unter unseren Theorien können Fehler verborgen sein.
Und es ist die spezifische Aufgabe eines jeden Wissenschaftlers, nach solchen Fehlern zu suchen. Die Feststellung, dass eine gut bewährte Theorie oder ein viel verwendetes praktisches Verfahren fehlerhaft ist, kann eine wichtige Entdeckung sein.

Wir müssen deshalb unsere Einstellung zu unseren Fehlern ändern.
Es ist hier, wo unsere praktische ethische Reform beginnen muss. Denn die alte berufsethische Einstellung führt dazu, unsere Fehler zu vertuschen, zu verheimlichen und so schnell wie möglich zu vergessen.

Das neue Grundgesetz: Wir müssen, um zu lernen, Fehler möglichst zu vermeiden, gerade von unseren Fehlern lernen.
Fehler zu vertuschen ist deshalb die größte intellektuelle Sünde.

Wir müssen daher dauernd nach unseren Fehlern Ausschau halten.
Wenn wir sie finden, müssen wir sie uns einprägen; sie nach allen Seiten analysieren, um ihnen auf den Grund zu gehen.

Die selbstkritische Haltung und die Aufrichtigkeit werden damit zur Pflicht.

Da wir von unseren Fehlern lernen müssen, müssen wir es auch lernen, es anzunehmen, ja, dankbar anzunehmen, wenn andere uns auf unsere Fehler aufmerksam machen.
Wenn wir andere auf ihre Fehler aufmerksam machen, so sollen wir uns immer daran erinnern, dass wir selbst ähnliche Fehler gemacht haben wie sie. Und wir sollen uns daran erinnern, dass die größten Wissenschaftler Fehler gemacht haben. Ich will sicher nicht sagen, dass unsere Fehler gewöhnlich entschuldbar sind: Wir dürfen in unserer Wachsamkeit nicht nachlassen. Aber es ist menschlich unvermeidbar, immer wieder Fehler zu machen.

Wir müssen uns klar werden, dass wir andere Menschen zur Entdeckung und Korrektur von Fehlern brauchen (und sie uns).
Insbesondere auch Menschen, die mit anderen Ideen in einer anderen Atmosphäre aufgewachsen sind. Auch das führt zur Toleranz.

Wir müssen lernen, dass Selbstkritik die beste Kritik ist; dass aber die Kritik durch andere eine Notwendigkeit ist.
Sie ist fast ebenso gut wie die Selbstkritik.

Rationale Kritik muss immer spezifisch sein.
Sie muss spezifische Gründe angeben, warum spezifische Aussagen, spezifische Hypothesen falsch zu sein scheinen oder spezifische Argumente ungültig. Sie muss von der Idee geleitet sein, der objektiven Wahrheit näher zu kommen. Sie muss in diesem Sinne unpersönlich sein.
Anmerkung: Die hier angesprochene Berufsgruppe „Wissenschaftler" kann durch jede andere Berufsgruppe (Unternehmer, Manager, Kaufleute, Techniker etc.) ersetzt werden.

Mangelnde **Risikobereitschaft** – Furcht vor Versagen

Die Entwicklung der Menschheit

Einst haben die Kerls auf den Bäumen gehockt,
behaart und mit böser Visage.
Dann hat man sie aus dem Urwald gelockt
und die Welt asphaltiert und aufgestockt
bis zur dreißigsten Etage.

Da saßen sie nun, den Flöhen entflohn,
in zentralgeheizten Räumen.
Da sitzen sie nun am Telephon.
Und es herrscht noch genau derselbe Ton
wie seinerzeit auf den Bäumen.

Sie hören weit. Sie sehen fern.
Sie sind mit dem Weltall in Fühlung.
Sie putzen die Zähne. Sie atmen modern.
Die Erde ist ein gebildeter Stern
mit sehr viel Wasserspülung.

Sie schießen die Briefschaften durch ein Rohr.
Sie jagen und züchten Mikroben.
Sie versehen die Natur mit allem Komfort.
Sie fliegen steil in den Himmel empor
und bleiben zwei Wochen oben.

Was ihre Verdauung übriglässt,
das verarbeiten sie zu Watte.
Sie spalten Atome. Sie heilen Inzest.
Und sie stellen durch Stuhluntersuchungen fest,
dass Cäsar Plattfüße hatte.

So haben sie mit dem Kopf und dem Mund
den Fortschritt der Menschheit geschaffen.
Doch davon mal abgesehen und
bei Licht betrachtet sind sie im Grund
noch immer die alten Affen.

Erich Kästner[4]

Was schief gehen kann, geht schief!

Lehnen Sie sich doch einmal ganz entspannt zurück und lassen Sie folgenden Film vor Ihrem inneren Auge ablaufen:

Es beginnt ein ganz normaler Tag, wie jeder andere auch. Sie stehen auf, und schon stellt Ihr Gehirn die Frage: „Was erwartet mich heute?" Sie wissen, dass Sie einen wichtigen Termin in der Kanzlei oder im Büro haben. Es ist aber heute nur „fast" ein ganz normaler Morgen, denn an diesem Morgen geht alles schief. Beim Frühstücken rutscht Ihnen die Teekanne aus der Hand, und der heiße Tee kippt unglücklicherweise in Ihren Toaster. Dies ist aus mehrerer Hinsicht ärgerlich. Zum einen feuert es die Sicherung raus, und Sie müssen im Dunkeln zum Sicherungskasten finden, um die Sicherung wieder einzuschrauben, da der kurzgeschlossene Toaster die Zentralsicherung erledigt hat. Und zum anderen müssen Sie nun auf Tee und Toast verzichten, da keine Zeit mehr bleibt, das Früh-

---

[4] Aus: Erich Kästner: *Gesang zwischen den Stühlen*

stück neu zuzubereiten, und schließlich ist durch das Desaster der Toaster vermutlich auch noch irreparabel kaputt gegangen.
Stinkesauer und hektisch stürmen Sie nun ohne das gewohnte Frühstück mit Tee und Toast aus der Wohnung und werfen wutentbrannt die Haustür hinter sich ins Schloss. Im selbem Moment registrieren Sie, dass Sie Ihren kompletten Schlüsselbund, an dem sowohl die Autoschlüssel als auch die Haustürschlüssel hängen, auf dem Küchentisch in der Wohnung liegen gelassen haben.
Als vorausschauender Manager, der Sie nun mal sind, haben Sie natürlich solche Katastrophen lange vorher geistig vorweggenommen und dafür gesorgt, dass ein Ersatzschlüssel bei der Nachbarin hinterlegt wurde. Sie läuten sogleich bei der Nachbarin, aber die ist zufälligerweise – eigentlich geht sie nie weg – gerade jetzt nicht zu Hause.
Auch sonst ist niemand da, und es bleibt Ihnen nichts anderes übrig, als den Schlüsselservice zu verständigen. Die Zeit wird immer knapper, und da Sie den wichtigen Termin in der Kanzlei nicht versäumen dürfen, entschließen Sie sich, das unangenehme Schlüsselproblem kurzfristig zu vertagen und mit der Straßenbahn zur Arbeit zu fahren. Sie rennen zur Haltestelle in der übernächsten Straße, um dort von einem anderen Passanten zu erfahren, dass die Tram heute wegen des unerwarteten Schneefalls und dem Blitzeis irgendwo festhängt und vermutlich in den nächsten Stunden nicht auftauchen wird. Also bleibt Ihnen nichts anderes übrig, als in die Kanzlei zu laufen. Dort haben Sie mittlerweile Ihren Termin verpasst und werden von einem griesgrämigen Vorgesetzten auch noch massiv angefeindet.

Wir alle kennen solche Geschichten.
„Ein Tag, der so beginnt ...", sagte der Delinquent auf dem Weg zur Guillotine.
Die Amerikaner nennen so etwas auch Murphys Gesetz: Wenn etwas schief gehen kann, dann wird es auch schief gehen. So sagt Murphy's Law z. B. über den Straßenverkehr: „Die andere Spur ist immer schneller", als Warnung an allzu positiv Gestimmte: „Bedenke, das Licht am Ende des Tunnels könnte auch die Lokomotive sein!" und für den Alltag: „Begegnest du deiner Traumfrau, so hast du vermutlich die eigene dabei oder einen besser aussehenden Freund!" Unzählige kleine und größere Katastrophen scheinen diese Gesetzmäßigkeit von Murphy zu bestätigen.

In unserem kleinen Beispiel haben sich jetzt anscheinend viele kleine, an sich unscheinbare Fehler addiert und letztlich dazu geführt, dass es zu einem erheblichen Problem mit vermutlich nicht wieder gutzumachenden Schaden geführt hat. Bei dem versäumten Termin stand viel Geld auf dem Spiel, und der Auftrag ist nun futsch.

Was war wirklich die Ursache? War es Ihr eigenes menschliches Versagen, weil Sie den Tee in den Toaster geschüttet haben? Waren es technische Unzulänglichkeiten, weil der blöde Toaster wegen dem bisschen Flüssigkeit sofort streikte? War es die Nachbarin, die just an diesem Tag weggehen musste? Oder war es das verfluchte Wetter, das gerade heute die Straßenbahn blockierte? Welche Ursache war letztlich entscheidend oder waren es doch alle Ursachen zusammen?

Bei unserem Frühstücksbeispiel scheint es nahe zu liegen, von einer Verkettung verschiedener, unglücklicher Umstände zu sprechen, die schließlich zum Verpassen des Termins führten.

Betrachtet man allerdings, wie es der Katastrophenforscher Harald Schaub vom Fachbereich Theoretische Psychologie an der Universität Bamberg ausführlich getan hat, die Verkettung verschiedener Umstände bei großtechnischen Katastrophen, so trifft man selten auf eine solche Nachsicht. Das im Management-Alltag sofort einsetzende Spiel heißt: „Schuldige suchen oder bestimmen!“

Am 28. März 1979 gab es im Atomkraftwerk Three Mile Island bei Harrisburg in den Vereinigten Staaten einen schweren Störfall, bei welchem radioaktives Material in die Atmosphäre gelangte. Die Hersteller der Anlage, die Firmen Babcock und Wilcox, gingen von menschlichem Versagen der Operateure aus. Die Betreiberfirma des Kraftwerkes, Metropolitan Edison, ging von einem Konstruktionsfehler aus und gab den Herstellern die Schuld. Die Operateure beklagten sich über die schlechten Arbeitsbedingungen und sahen die Verantwortung beim Management. Die Experten der US-Atomaufsicht schließlich führten den Unfall auf die mangelhafte Koordination zwischen der Anlage und den Operateuren zurück.

Jeder gab jedem die Schuld. Nur nicht sich selbst, und keiner war wirklich an der Aufklärung der Ursachen interessiert. Bei diesem Störfall wirkte eine Kombination verschiedener Faktoren zusammen, die, wie bei unserem Toasterbeispiel, schließlich zum Unfall führten. Diese Faktoren

waren eindeutig kein technisches Versagen, sondern es wurden Fehler gemacht: im Management, in der Wartung, in fehlerhaften Vorschriften, in der Konstruktion, im Design und in der Ausbildung.
Gleichgültig, wer wem die Schuld gibt, menschliches Versagen gilt in den meisten Fällen, sagt Harald Schaub, als die wesentliche und als die häufigste Ursache für Unfälle und Katastrophen bei technischen Systemen. Menschliches Versagen heißt dabei, dass wenigen Personen ein schuldhaftes oder zumindest fahrlässiges Vergehen vorgeworfen wird.
So waren es 1986 bei der Explosion des Atomkraftwerkes Tschernobyl in der Ukraine angeblich die *Operateure*, die in unverantwortlicher Art und Weise den Reaktor in einen instabilen Zustand brachten. Beim Absturz des Space Shuttles „Challenger" im selben Jahr seien die *Wartungsingenieure* schuld gewesen, die einen kleinen Dichtungsring nicht ausgetauscht hatten, der zum Auslöser der Katastrophe wurde.[5]
Bei dem Zugunglück des ICE 884 „Wilhelm Conrad Röntgen" bei Eschede im Juni 1998 war es angeblich das *Management* der Deutschen Bahn, das im Vorfeld versagt hatte.
Es werden also immer einige wenige „ausgewählt", die anscheinend als Personen versagten und damit die Katastrophe auslösten. Die meisten Statistiken gehen davon aus, dass in diesem Sinne 60-80 Prozent aller technischen Katastrophen auf menschliches Versagen zurückgeführt werden.

Was ist das eigentlich, menschliches Versagen?

Es gibt keinen unfehlbaren Menschen; wartet man nur *lange genug*, dann macht selbst der Zuverlässigste etwas falsch. Angesichts dieser Tatsache ist menschliches Versagen nichts Ungewöhnliches: Fehler zu machen gehört unmittelbar zur menschlichen Existenz. Zudem sind die meisten Fehler harmlos und lassen sich leicht korrigieren.
In unserer allerdings immer unüberschaubareren und immer technisierteren Welt wird der Umgang mit technischen Herausforderungen immer größer. Anders als noch vor wenigen Jahren, wo in der Anfangszeit des Automobils fast jeder Fahrer zumindest eine grobe Kenntnis seines Fahrzeuges hatte, haben Sie heute, wenn Ihr Auto liegen bleibt, kaum

[5] Siehe auch „Das Rubicon-Prinzip", dtv, München 2003, Seite 70 ff.

noch den Überblick, hilfreich agieren zu können. Selbst bei so einfachen Objekten wie Videorecorder oder Küchengeräten stehen wir oft hilflos davor, wenn sie nicht funktionieren, und es wird immer wichtiger, wie Schaub es nennt, auf die Passung zwischen Mensch und Technik zu achten, also die so genannte Mensch-Maschine-Schnittstelle zu berücksichtigen.
„Diese Schnittstelle betrifft diejenigen Faktoren, die die Wahrnehmungsmöglichkeiten und Handlungsoptionen des Menschen hinsichtlich des Umgangs mit einem technischen Produkt betreffen.“[6]
Meist ist es die unzulänglich abgestimmte Schnittstelle zwischen Mensch und Maschine, die als Ursache vieler Unfälle und Katastrophen gelten können.
So ereignete sich am 8. Januar 1989 auf der Autobahn M1 im englischen Leicestershire ein Unfall der besonderen Art: Eine voll besetzte Boeing 737 rutschte quer über die Autobahn. Die Maschine befand sich auf einem Flug von London nach Belfast, als der Pilot wegen starker Vibrationen ein Triebwerk abstellte und den Ausweichflughafen East Midlands Airport anflog. Kurz vor der Landung fiel auch der zweite Motor der zweistrahligen Maschine aus, so dass die Boeing auf die Autobahn stürzte. 47 Passagiere starben, 79 wurden schwer verletzt.
Der Grund für den Absturz war trivial: In 10.000 Metern Höhe hatten die Piloten das falsche, nämlich das intakte Triebwerk abgestellt! Der defekte Motor brachte das Flugzeug noch bis kurz vor den rettenden Flughafen, bis er dann schließlich ganz versagte.
Wie war es zu diesem schrecklichen Irrtum gekommen?
Auf den Bildschirmdisplays im Cockpit konnten die Piloten durch die starken Vibrationen, die der defekte Motor auslöste, nicht erkennen, welcher der beiden Motoren tatsächlich gestört war. Der Kopilot, der sich gegenüber dem Kapitän profilieren wollte, behauptete, es sei der rechte Motor, da er über einige Beanstandungen dieses Motors im Logbuch der Maschine gelesen hatte. Obwohl auch der Kapitän die Lage nicht überblickte, schaltete er das vermeintlich defekte Triebwerk aus. Und tatsächlich: Die Vibrationen hörten auf.
Der Grund war aber nicht, dass das rechte Triebwerk abgeschaltet worden war, sondern eine vom Flugzeughersteller nicht dokumentierte Com-

[6] Schaub 1996

puterfunktion sorgte am vibrierenden linken Triebwerk automatisch für eine Drosselung, bis die Vibrationen verschwanden. Davon wussten die Piloten nichts. Die Zusammenarbeit zwischen Mensch und Maschine beruhte an diesem Punkt auf einem fatalen Missverständnis.

Die Vorbereitungen für den Anflug des Ausweichflughafens beschäftigten die beiden Piloten so sehr, dass weitere Überprüfungen, ob tatsächlich der defekte Motor ausgeschaltet war, unterblieben. Erst als die Besatzung beim Landeanflug den Schub erhöhte, daraufhin die Vibrationen wieder einsetzten und der linke Motor nun vollends ausfiel, wurde der Besatzung der Fehler klar. Für Gegenmaßnahmen flog die Maschine aber schon zu niedrig.

Letztlich führte also nicht das defekte Triebwerk, sondern psychologische Aspekte zu dem Unfall. Missverständnisse in der Crew, die nicht zugegebene Unwissenheit des Kopiloten, die mangelnde Kommunikation zwischen dem Hersteller des Flugzeuges und den Piloten und eine gerade in der Krisensituation nicht funktionierende Schnittstelle zwischen Mensch und Maschine – alle diese Faktoren addierten sich schließlich zur Katastrophe auf.

Welche theoretischen Aspekte können herangezogen werden, fragte die Katastrophenforschung, um Hilfestellung bei der Erkennung wesentlicher Merkmale menschlichen Versagens zu bieten?

Schon im Jahr 1905 stellte der Philosoph und Physiker Ernst Mach fest, dass Wissen und Fehler aus derselben mentalen Quelle stammen. „Unsere Psyche ist nämlich in einer bestimmten Art und Weise konstruiert und auf bestimmte Situationen hin optimiert. Menschen machen zwar Fehler, aber der Mensch kann eigentlich erstaunlich gut und rasch mit neuartigen, komplexen und schwierigen Situationen umgehen“, sagt Schaub. Aber eben nicht mit jeder neuartigen oder komplexen Situation. Kommt die moderne Technik ins Spiel und erzeugt Situationen, auf die wir von der Evolution nicht vorbereitet wurden, wird es problematisch.[7]

[7] Schaub 1996

Der „gesunde Menschenverstand" – am Beispiel exponentielles Wachstum

Wie sehr wir dabei unserem „gesunden Menschverstand" misstrauen müssen, zeigt das folgende Beispiel des genialen Managementberaters Roland Spinola zum Thema „exponentielles Wachstum", wo wir gut beobachten können, dass wir schnell an unsere Grenzen stoßen:
In einer mittelgroßen Stadt (60.000 Einwohner) wurde die Bevölkerung gefragt, welches Wachstum sie für angemessen hielte. Die meisten fanden 10 Prozent Bevölkerungszuwachs pro Jahr nicht übertrieben. Das bedeutet:

Nach einem Jahr:	66.000	nach 4 Jahren:	87.846	nach 7 Jahren:	116.923
nach 2 Jahren:	72.000	nach 5 Jahren:	96.630	also fast eine Verdoppelung!	
nach 3 Jahren:	79.860	nach 6 Jahren:	106.294		

Damit hatte keiner gerechnet. Wenn dieses Wachstum so weitergeht, hat die Stadt nach weiteren 20 Jahren 1 Million Einwohner!
Exponentielles Wachstum wird von den wenigsten Menschen verstanden, weil es in unseren natürlichen Lebensprozessen kaum wahrgenommen wird. Ein Merkmal dieser Art des Wachstums besteht darin, dass die Kurven immer steiler werden; damit tritt ein Überraschungseffekt ein.
Exponentielles Wachstum liegt vor, wenn eine Basismenge prozentual wächst. Es führt immer zur Katastrophe, wenn es nicht in einem frühen Stadium begrenzt wird. Beispiel: Das Gehirnzellenwachstum, das in den ersten Wochen nach der Geburt eine Exponentialkurve beschreibt, wird plötzlich gestoppt. Die weitere Entwicklung erfolgt in der immer komplexeren Vernetzung.
Krebs ist ein exponentielles Wachstum, das – wie bekannt – meist in der Katastrophe endet.
Für die Instabilität in dynamischen Systemen gibt es zwei Ursachen: Die positive Rückkopplung führt zu Wachstum, das Fehlen von Dämpfungselementen verhindert die Begrenzung dieses Wachstums. Positive Rückkopplung ist das, was im Volksmund „Schneeballeffekt" oder „Teufelskreis" genannt wird: ein sich selbstverstärkender Prozess, der für immer stärkeres Wachstum sorgt.

Hier sind ein paar Beispiele:

→ Ein gutes Produkt verkauft sich gut, es gibt mehr zufriedene Kunden, die es anderen weitererzählen, die wiederum kaufen, zufrieden sind, es anderen erzählen ... usw., bis Dämpfungselemente eintreten: Kapazitätsengpässe, kein Rohmaterial mehr, Bedarfsättigung usw.

→ Ein anderes Beispiel, das zu Schwund führt: Das Gerücht, eine Bank sei in Schwierigkeiten, führt zu Abhebungen, wodurch Geld knapp wird, was wiederum andere Kunden ebenfalls dazu bewegt, ihr Geld aus der Bank zu nehmen, wodurch diese schließlich wirklich in Schwierigkeiten gerät. Dieser Prozess endet in der Bankrott-Katastrophe, wenn nicht Dämpfungselemente eingebaut werden, die ihn wirksam stoppen: Schließen der Schalter, Informationen an die Kunden, unbeschränkter Kredit an die Bank von anderen Banken, bis das Vertrauen wiederhergestellt ist, um nur ein paar Möglichkeiten zu nennen.

→ Die „Bevölkerungsexplosion" ist ein weiteres Beispiel, an dem sich das scheinbar „Unbegreifliche" des exponentiellen Wachstums erkennen lässt: Bis zur ersten Milliarde Menschen im Jahr 1804 vergingen Millionen Jahre. Die zweite Milliarde wurde 123 Jahre später erreicht, 1927; bis zur dritten Milliarde, 1960, brauchte es nur 33 Jahre und die vierte wurde 1974 nach nur weiteren 14 Jahren erreicht. Die Bevölkerung wächst weiter – allerdings nicht in dieser alarmierenden Geschwindigkeit – im Augenblick mit einer Zuwachsrate von 1,6 Prozent pro Jahr.

Die Formel zur Berechnung der Verdopplungszeit

Zeit = 70/p

p ist der Prozentsatz des Wachstums

Wenn also die Weltbevölkerung 1987 bei fünf Milliarden lag und mit 1,6 Prozent pro Jahr wächst, dauert es etwa 44 Jahre, bis wir bei zehn Milliarden angekommen sind (70/1,6 = ca. 44).

Es gibt viele Geschichten und Metaphern, die uns helfen können, exponentielles Wachstum besser zu begreifen; und quasi nebenbei unseren „gesunden Menschenverstand" bloßstellen, hier sind ein paar Beispiele: In einer Ecke eines Teiches beginnen Seerosen so zu wachsen, dass sich ihre Menge täglich verdoppelt. Zunächst fällt die bedeckte Fläche nicht so auf – nach 27 Tagen ist erst ein Achtel der Seefläche bedeckt.

Frage: Wie viele Tage dauert es, bis der ganze See bedeckt ist? Antwort: Nur drei Tage! Am 28. Tag ist ein Viertel bedeckt, am 29. Tag die Hälfte und am 30. Tag ist der See vollständig zugewachsen.
Ein besonders eindrucksvolles Beispiel ist auch diese kleine Aufgabe: Nehmen Sie ein DIN-A4-Blatt und falten es mehrfach, wobei Sie die Dicke des Papiers immer wieder verdoppeln. Gehen Sie davon aus, dass das Papier 0,1 Millimeter dick ist (das entspricht normalem 80-Gramm-Papier) und versuchen Sie die folgenden Fragen zu beantworten:

→ Wie oft können Sie das Papier falten? Wie dick ist das Gebilde dann?
→ Wie dick ist es nach 10, 20, 50 und 100 Faltungen?

Die Antworten werden Sie verblüffen:

→ Mehr als 7-mal ist nicht zu schaffen – dann haben Sie bereits die Dicke eines Notizbuches.
→ Nach 10 Faltung entspricht die Dicke einer Handbreite; nach 20 Faltungen sind es 100 Meter, nach 50 Faltungen die Entfernung zur Sonne und bei 100 Faltungen sind Sie mit 12 Milliarden Lichtjahren beim wahrscheinlichen Durchmesser des Universums angelangt.

Interessanterweise konnten wir in unseren Managementseminaren beobachten, dass die Fehleinschätzungen umso höher lagen, je höher in der betrieblichen Hierarchie die befragten Manager angesiedelt waren.
Die dritte Geschichte: Dem Erfinder des Schachspiels wurde von einem dankbaren Herrscher in China die Erfüllung eines Wunsches zugesichert. Der Erfinder erbat sich pro Tag eine Menge Reis, die sich durch folgende Prozedur ergab: Auf das erste Schachfeld wird am ersten Tag ein Reiskorn gelegt, auf das zweite am zweiten Tag die doppelte Menge, also zwei, auf das dritte wiederum die doppelte Menge, also vier, und so weiter bis zum 64. Feld am 64. Tag. Dem Herrscher schien die Bitte leicht erfüllbar – als aber am Ende des ersten Monats die Reismenge für diesen Tag auf 35 Tonnen angewachsen war, musste er einsehen, dass bei Erfüllung des Wunsches alle Reisernten dieser Welt nicht ausreichen würden!

Berechnet werden die Beispiele nach der Formel 2^{n-1}, wobei n die Anzahl der Verdoppelungen darstellt, also die Faltungen beim Papier oder die Anzahl der Schachbrettfelder. Bei diesen drei Geschichten sind die Effekte besonders dramatisch, weil das Wachstum jeweils 100 Prozent beträgt – aber das Prinzip ist natürlich das gleiche wie bei niedrigeren Prozentsätzen.

Selbst bei scheinbar einfachsten Fragestellungen versagt also oftmals unser „gesunder Menschenverstand". Im Grunde genommen ist der Mensch nicht dafür konstruiert, schwer durchschaubare Systeme mit einem komplizierten Zeitverhalten zu beherrschen. Als unsere Vorfahren vor vielen tausend Jahren durch die Steppen und Savannen streiften, gab es zwar viele Gefahren, aber die waren erkennbar und in ihrer zeitlichen Dynamik einfach.

Heute sitzen Menschen im Cockpit eines Hightech-Flugzeuges oder in der einer Raumstation ähnelnden Wartungshalle eines Kernkraftwerkes. Unzählige einzelne Faktoren wirken in komplizierter Art und Weise miteinander, um solche Wirkungsmechanismen zum Funktionieren zu bringen, und der einzelne Mensch kann die Übersicht meist nicht mehr behalten.

Nun hat die Natur dem Mensch ein wirksames Mittel gegen Fehler aller Art mit auf den Weg gegeben: die Routine. Routine hilft uns im Alltag – oft ohne dass wir es registrieren – über viele kleinere und größere Herausforderungen hinweg. Wir müssen weder angestrengt nachdenken noch individuelle Lösungen suchen. Vieles erledigen wir automatisch, und das erzeugt in uns ein Gefühl von Sicherheit.

Allerdings hat Routine zwei Seiten. Zu viel Routine kann nämlich gefährlich werden. Die meisten schweren Unfälle und Störfälle werden, wenn man die Statistiken auswertet, überraschenderweise nicht von Anfängern verursacht, sondern von „Experten", von Personen mit vielen Jahren Berufserfahrung.

Und dies geschieht häufig bei Routinearbeiten. Verkehrspsychologen können ein Lied davon singen, wie schwer es ist, bei einer gravierenden Veränderung der Verkehrssituation (z. B. Vorfahrtsregelung) Unfälle zu verhindern. Selbst große Warntafeln und Fahnen schwenkende Verkehrspolizisten werden übersehen. Offensichtlich fühlen wir, gerade weil wir erfahren sind, uns allzu oft zu sicher und verstoßen dann gegen wichtige Sicherheitsbestimmungen.

Der Effekt der vermeintlichen Sicherheit

Bei einer Studie über menschliches Versagen, die die Universität Bamberg 1999 durchführte, wurden die Arbeitsunfälle in zwei Bergwerken miteinander verglichen. Um die Zahl der Stolperunfälle zu verringern, waren in einem Bergwerk die Wege der Stollen asphaltiert und gut ausgeleuchtet. Im anderen Bergwerk waren die Wege eher schlecht. Das erstaunliche Ergebnis: Auf den vermeintlich ungefährlichen Wegen gab es viel mehr Stolperunfälle. Auf Befragen sahen die Arbeiter in den besser ausgestatteten Bergwerken natürlich kein Risiko; ihre Kollegen schätzten hingegen ihre schlecht ausgebauten Stollen als Gefahrenquelle ein und verhielten sich entsprechend vorsichtiger.
Fazit der Forscher: „Wenn der Mensch kein Risiko sieht, wird er unvorsichtig und macht mehr Fehler."

Die Hintergründe menschlichen Versagens

Die Katastrophenforschung spricht von einem Fehler, wenn bei einem beabsichtigten Verhalten ein bestimmter Endzustand angestrebt wird, dieser aber nicht erreicht werden kann. Das heißt, man will etwas Bestimmtes tun, um an ein Ziel zu gelangen, verfehlt es aber. Dabei können sich Fehler an unterschiedlichen Stellen, von unterschiedlichen Personen, zu unterschiedlichen Zeitpunkten, mit unterschiedlichen Konsequenzen einschleichen.
Fehler werden zwar bei der Schuldsuche in der Regel meist einzelnen Personen zugeschrieben bzw. man sucht explizit *diese* Schuldigen in einer zugespitzten Vereinzelung; schaut man aber einmal genauer hin, so zeigt sich, dass sowohl im Vorfeld als auch in der Folge eines Unfalls oder einer Katastrophe in der Regel eine Fülle von Fehlern begangen werden, die alle ihren spezifischen Beitrag zur Katastrophe leisten.
Bekannt und von Katastrophenforschern als Beispiel oft erwähnt und gut untersucht ist der Unfall der Fähre „Herald of Free Enterprise", die am 6. März 1987 den Hafen bei Zeebrügge verließ und mit offenen Bugtoren hinaus auf das stürmische Meer fuhr.

Als die Fähre ihre Geschwindigkeit erhöhte, schwappte Wasser über die Bugkante und überflutete das untere Landungsdeck. Innerhalb weniger Minuten kenterte die Fähre und sank. 188 Menschen starben. Auf den ersten Blick scheint dem nicht geschulten Beobachter klar, wer den Fehler begangen hat: der zuständige Bootsmann am Bugtor. Er hatte diese Klappe nicht geschlossen und ist somit für den Unfall verantwortlich.

Der Katastrophenforscher fragt jedoch weiter: Warum wurde er von seinem Kapitän nicht korrigiert?

Warum hatte der Kapitän die Fahrt freigegeben, obwohl er sich offensichtlich nicht von der Seetauglichkeit seines Schiffes überzeugt hatte? Ist also der Kapitän schuld? Aber der Kapitän konnte von seinem Standort aus das Bugtor gar nicht einsehen, und er hatte auch keine Anzeige, die ihm den Zustand des Bugtores signalisierte. Ist also der Hersteller der Fähre verantwortlich, weil er eine solche Kontrollmöglichkeit nicht eingebaut hatte? Aber, so fragt man sich, warum ist die Fähre überhaupt gesunken? Sollte man nicht erwarten, dass eine hochseetüchtige Fähre so viel Stabilität mitbringt, dass sie nicht beim Überkommen von etwas Seewasser gleich kippt?

Man weiß seit langem, dass dieser Konstruktionstyp von Fähren sehr instabil ist. Sie haben viele Decks über Wasser für Fahrzeuge und Passagiere. Dadurch liegt der Schwerpunkt für ein Schiff eigentlich zu hoch. Sind also die Ingenieure schuld, die ein solches instabiles Schiff konstruiert haben? Da dem Betreiber der Fähre diese bauartbedingte Instabilität bekannt war, muss man fragen: Warum hat er nicht dafür Sorge getragen, dass die Betriebsbestimmungen so formuliert waren, dass das Schließen des Tores von mehreren Personen kontrolliert wurde? Nun, der Betreiber der Fähre war daran interessiert, dass die Fähren so kurz wie möglich im Hafen lagen. Mehrfache Sicherheitskontrollen, auch das sichere Schließen der Bugtore im Hafen, hätten unnötig Zeit gekostet, so dass es dem Management nur recht war, wenn die Bugtore erst später, während der Fahrt, geschlossen wurden. War also das Management am Unfall schuld?

Warum dauerte es schließlich so lange, als die Fähre in Seenot war, bis ausreichend Schiffe, Personal und Rettungsmaterial zur Verfügung standen?, könnte eine weitere Frage sein.

Haben die zuständigen Katastrophenstellen durch ungenügende Vorausplanung das Ausmaß des Unfalls unnötig vergrößert? Schließlich kann man sich auch fragen, warum die entsprechenden staatlichen Stellen es erlauben, dass Fähren dieses Typs mit ihrer hohen Kentergefährdung überhaupt fahren dürfen.

Dieser Unfall macht beispielhaft für viele andere katastrophalen Unfälle deutlich, dass Fehler von allen beteiligten Personen auf allen beteiligten Ebenen begangen wurden. Im Vorfeld gab es latente Fehler auf Seiten der Konstruktion, des Managements und der Politik, die es ermöglichten, dass die Fähre überhaupt in eine solch prekäre Situation kommen konnte, die Besatzung hat durch verschiedene aktive Fehler zum eigentlichen Unfall beigetragen, und die Rettungsteams haben im Nachgang des Unfalls durch Unzulänglichkeiten das Ausmaß des Unfalls erhöht.

Das Ergebnis dieser Katastrophe eines technischen Systems steht also am Ende einer hochkomplexen Wirkungsmechanik von latenten und aktiven Fehlern.

Für die Betrachtung menschlichen Versagens sind zwei Erkenntnisse wichtig:

→ Erstens: Verursachend für einen Unfall oder einen Konflikt sind häufig nicht oder nicht nur die unmittelbar Beteiligten, sondern es gibt im weiteren Umfeld sowohl vor dem eigentlichen Unfall als auch danach noch eine Fülle von Möglichkeiten, wo Fehler auftreten können.

→ Zweitens: Selbst wenn die jeweilige Fehlerursache wie Zufall, Pech oder Schicksal aussieht, steckt in den meisten Fällen bei näherem Betrachten doch der latente Fehler eines Menschen dahinter.

Die häufig gefundene Angabe, dass 60–80 Prozent aller technischen Katastrophen auf menschliches Versagen zurückzuführen ist, ist somit eher sogar noch untertrieben.

Da hinter so genannten technischen Fehlern auch meist menschliche Akteure in der Konstruktion, Wartung oder im Management stehen, kann man davon ausgehen, dass nahezu 100 Prozent aller technischen Katastrophen durch menschliches Versagen verursacht werden.

Harald Schaub gibt ein Beispiel: Am 26. Mai 1991 schaltete sich in ca. zwei Kilometer Höhe bei einer Boeing 767 der Lauda-Air automatisch die Schubumkehr ein. Sie sorgt normalerweise am Boden dafür, gelandete

Flugzeuge auf der Rollbahn abzubremsen. Dieser Funktionsfehler der Elektronik verursachte den Absturz der Maschine, 223 Insassen kamen dabei ums Leben. Obwohl vordergründig die Elektronik versagte, waren es Ingenieure, die die betroffenen Bauteile konstruiert hatten. „Technik ohne Menschen gibt es nicht, deshalb gibt es auch kein technisches Versagen ohne die direkte oder indirekte Einwirkung von Menschen.“[8] Wenn dies tatsächlich so ist, dann ist die Beschäftigung mit der Frage, warum Menschen Fehler machen und gelegentlich versagen, eine nicht zu unterschätzende Zukunftsherausforderung.

Fehler können offensichtlich häufig und an verschiedenen Orten und Zeitpunkten im Umfeld eines Unfalls auftreten. Fehler sind, wie der Komplexitätsforscher Dietrich Dörner an seinem Waldbrandprojekt deutlich machte, offensichtlich darin begründet, dass unser Denkvermögen wesentlich einfacher funktioniert, als es nötig wäre, und für andere, wesentlich schlichtere Situationen konstruiert wurde als für unsere hochkomplexe und miteinander verschachtelte von uns selbst geschaffene Umwelt.

In der Hand halten wir die Atombombe, sagte der Nobelpreisträger Konrad Lorenz sinngemäß, und in uns ticken noch die Steinzeitprogramme. Die Evolution konnte das Steuern von Flugzeugen, Fähren und Atomkraftwerken nicht voraussehen. Die Ursachen für Fehler liegen also in der Art und Weise begründet, wie unsere psychologischen Mechanismen funktionieren, meint Schaub.

Und da gibt es einige Faktoren, die auch für den zukunftsorientierten Rubicon-Manager relevant sind.

Der Katastrophenforscher Jim Reason sieht das Funktionieren unseres Gedächtnisses im Wesentlichen durch zwei Prozesse bestimmt: „similarity matching“ und „frequency gambling“.

Wenn wir zwischen verschiedenen Handlungen auswählen müssen, so tendieren wir dazu, das zu tun, was wir in ähnlichen Situationen bereits taten. Reason nennt dies „similarity matching“. Wenn sich aber auf diese Weise nichts Passendes findet, machen wir das, was in der Vergangenheit am häufigsten Erfolg brachte, was von Reason als „frequency gambling“ bezeichnet wird. „Similarity matching“ und „frequency

[8] Schaub 1996

gambling“ unterstützen den Aufbau von Routineverhalten. Dadurch wird es für uns einfacher, mit der Welt umzugehen, weil wir mit vorgefertigten, automatisierten Handlungen agieren können. Allerdings bergen Routine, „similarity matching“ und „frequency gambling“ die Gefahr, dass wir zu rigidem, unflexiblem Verhalten tendieren. Der Mensch hält an Altbewährtem fest und vermeidet Neues.
Eine ganz wesentliche Erkenntnis, wenn wir die Schwierigkeiten betrachten, die Manager und Führungskräfte bei der Implementation von Change-Projekten beschreiben.
80 Prozent der Mitarbeiter sind in der Regel Bewahrer und höchstens 20 Prozent Erneuerer, beschreibt der Unternehmensberater Dr. Rolf Berth seine Untersuchungen auf der Suche nach Erfolgs-Unternehmen.

Never change a winning team?

Dieses Bewahrer-Verhalten kann ausgesprochen teuer werden, wie an folgendem Beispiel illustriert werden kann:
Am 4. Juni 1996 explodierte die „Ariane 5“-Rakete auf ihrem Jungfernflug. Da die europäische Weltraumbehörde ESA auf Grund der guten Erfahrungen mit der Vorgängerrakete „Ariane 4“ die neue, verbesserte „Ariane 5“ für perfekt hielt, wurden auf diesem Jungfernflug gleich zwei sehr teure Satelliten mitgenommen. Diese Selbstüberschätzung trieb die Folgekosten der Explosion auf viele hundert Millionen Mark. Was war geschehen?
Ein bestimmter Teil des Navigationssystems der „Ariane 4“ hatte zehn Jahre lang problemlos funktioniert und wurde deshalb in die Neukonstruktion der „Ariane 5“ unverändert übernommen. Dieses System wurde bei „Ariane 4“ nur für die Phase kurz vor dem Start benötigt, es lief aber nach dem Start noch ca. 40 Sekunden weiter, ohne dabei einen Zweck zu erfüllen, aber auch ohne irgendwelche Probleme zu verursachen. In dieser Zeit erzeugte das System sinnlose Zahlenwerte, die aber bei „Ariane 4“ nie kritische Größen erreichten.
Um das Funktionieren des gesamten Systems nicht zu gefährden, beließ man diesen Systemteil einfach, wie er war, nach dem Motto „Never change a winning team“. Nach dem Start der „Ariane 5“ erzeugte das System wieder sinnlose Werte, wie schon bei der „Ariane 4“, nur dass

diese Werte wegen der größeren Beschleunigung der wesentlich stärkeren Rakete so groß wurden, dass es zu Störungen in diesem Systemteil kam. Daraufhin stellte nach 30 Sekunden das ganze Navigationssystem die Arbeit ein. Über weitere Zwischenschritte führte dies zu einer erheblichen Kursabweichung, die schließlich die Selbstzerstörungssequenz auslöste und die Rakete sich automatisch selbst sprengte.
Die ungeprüfte Übernahme des im ersten Modell funktionierenden Systemteils mit der Annahme, die Situation in der neuen Rakete sei mit der Situation in der alten Rakete identisch, ist ein typisches Beispiel für einen Fehler, der auf einem fehl gegangenen „similarity matching“ basiert. Die Ingenieure, die dieses Systemteil einbauten, waren hoch qualifizierte Experten. Viele Fehler passieren nicht, weil die Handelnden zu wenig wissen, sondern weil ihnen ihr Wissen manchmal den Blick für das Wichtige und Neue verstellt.

Aus Fehlern wird man klug?

Obschon die Redensart „Aus Fehlern wird man klug“ gerne jedem Lernenden zitiert wird, ist es leider gar nicht so gut bestellt um die menschliche Fähigkeit, aus begangenen Fehlern die richtigen Schlüsse für die Zukunft zu ziehen. Es lässt sich nämlich leicht zeigen, dass viele Menschen die Welt nur „gefärbt“ wahrnehmen. Tragen die einen eine rosarote Brille, die ihnen alles nur positiv zeigt, sehen die anderen alles durch eine grauschwarze, die die Welt düster scheinen lässt. Zwei Typen von Menschen lassen sich finden, die man als erfolgsorientiert bzw. misserfolgsorientiert bezeichnen kann. Diese beiden Typen sehen die Gründe für Fehler, aber auch für Erfolge ganz unterschiedlich.
Bei der Attribution von Misserfolg, also der Zuschreibung von Gründen, wenn etwas schief gegangen ist, agieren erfolgs- und misserfolgsorientierte Menschen sehr verschieden. Misserfolgsorientierte bewerten den eigenen Misserfolg internal-stabil, d. h., sie geben Gründe an, die mit ihrer Person verbunden sind, wie z. B. „Ich kann so etwas nicht“, „Ich bin unfähig“, „Mir gelingt nie etwas“. Erfolgsorientierte Menschen hingegen werten eigene Fehler eher external-variabel, d. h., sie sehen die Gründe in äußeren, zufälligen Ereignissen wie etwa „Da hatte ich eben Pech“, „Das kann jedem mal passieren“, „Das waren ungünstige Umstände“.

Aber nicht nur bei Fehlern, auch bei Erfolg werden die Gründe unterschiedlich gesehen. Während Erfolgsorientierte eigenen Erfolg eher internal-stabil auffassen, also auf sich selbst bezogen und zeitlich überdauernd bewerten, wie z. B. „Ich bin gut“, „Ich kann das“, „Mir gelingt in der Regel alles“, sehen Misserfolgsorientierte den eigenen Erfolg eher external-variabel, also auf andere oder die Umstände bezogen und zeitlich gesehen als Ausnahme: „Ich hatte halt mal Glück“, „Das hätte jeder geschafft“, „Der Blinde findet auch mal ein Korn“.
Wir können schnell nachvollziehen, dass Personen, die die Welt in der soeben dargestellten Art und Weise wahrnehmen, kaum sinnvoll aus ihren Fehlern lernen können. Dies führt fast notwendigerweise dazu, dass sich fehlerträchtiges Verhalten eher einschleift, als dass es vermieden würde.
So wird eben nicht jeder aus Fehlern klug.

Ein Beispiel

Drei Viertel aller Verkehrsteilnehmer halten sich für gute Autofahrer; trotzdem sterben jedes Jahr allein in Deutschland bei ca. 400.000 Unfällen fast 10.000 Menschen. Sind das immer die anderen? Jeder Mensch macht bei hochautomatisierten Handlungen ungefähr alle 5.000 Handgriffe einen Fehler. Setzt man für eine normale Fahrt durchschnittlich 100 Handgriffe an, dann passiert bei jeder 50. Fahrt ein Bedienfehler. Zu dieser „normalen“ Fehlerrate kommen einige typische menschliche Eigenschaften hinzu, die das Autofahren zusätzlich gefährlich machen.
So hat der Mensch Probleme damit, Geschwindigkeiten richtig einzuschätzen. Generell unterschätzt er seine eigene Geschwindigkeit und überschätzt Abstände – Fehler, die vor allem beim Überholen auf Landstraßen problematisch sind. Der Grund dafür ist vermutlich relativ einfach: Selbst ein sehr flotter Läufer kann nicht schneller als etwa 40 Stundenkilometer laufen – auf größere Geschwindigkeiten sind also die menschlichen Sinne gar nicht ausgelegt. Doch selbst wenn der Mensch von seiner biologischen Ausstattung her besser für das Fahren geeignet wäre – die Straßen würden vermutlich nicht viel sicherer. Wie in dem Beispiel mit den Wegen in den beiden Berg-

werken illustriert wurde, scheinen die Menschen das Risiko geradezu zu suchen. Das Auto ist eine Möglichkeit, sich in Gefahr zu bringen. Da helfen kein ABS, kein Seitenaufprallschutz, kein Airbag – im Gegenteil. In den 80er Jahren wurde die Auswirkungen des ABS, des Anti-Blockier-Systems, untersucht. Das Ergebnis ist ernüchternd: Die Fahrer mit elektronischer Bremshilfe produzierten genauso viele Unfälle wie die Fahrer ohne ABS. Man kann in diesem Zusammenhang von „Risikokompensation" sprechen: Wenn das Leben sicherer wird, tendiert der Mensch dazu, das Risiko zu erhöhen. Dies mag ein Grund dafür sein, warum durch Maßnahmen, die die Sicherheit vergrößern sollen, zuweilen das Gegenteil erreicht wird.

Jetzt könnte natürlich der Eindruck entstehen, dass wir tatsächlich die Welt, die wir geschaffen haben, nicht mehr beherrschen. Philosophisch betrachtet: Die Geister, die wir riefen, werden wir nicht mehr los.

Ganz so dramatisch ist es nicht, meint Katastrophenforscher Harald Schaub. Die Betrachtung von Unfällen und Katastrophen verschiebt den Fokus der Wahrnehmung von den Leistungen des Menschen zu seinen Fehlern.

Betrachtet man beispielsweise die Liste der großen Flugzeugunglücke im Jahre 1996, zeigt sich eine erschreckende Bilanz:

- → 6. Februar: Kurz nach dem Start stürzt eine Boeing 757 der türkischen Gesellschaft Birgenair ins Meer nahe der Dominikanischen Republik: 189 Tote, darunter 164 deutsche Urlauber. Ursache: ein Pilotenfehler nach Versagen des Geschwindigkeitsmessers.
- → 29. Februar: 123 Tote in Peru. Eine Boeing 737 der peruanischen Gesellschaft Faucett prallt wenige Minuten vor der Landung auf dem Flughafen Arequipa in dichtem Nebel gegen einen Berg: 123 Tote.
- → 11. Mai: Eine alte DC 9 der US-Billigfluggesellschaft ValuJet stürzt in die Everglades-Sümpfe im Süden von Florida. 110 Tote.
- → 17. Juli: Ein Treibstofftank einer Boeing 747-100 der US-Gesellschaft TWA explodiert kurz nach dem Start vom New Yorker Kennedy Flughafen. Die Maschine wird auseinander gerissen und stürzt vor Long Island in den Atlantik. 230 Tote.

→ 29. August: Bei Schlechtwetter prallt eine russische Tupolew 154 beim Landeanflug auf Spitzbergen gegen einen Felsen. 141 Tote, darunter viele Arbeiter eines russischen Bergwerks auf der norwegischen Polarinsel.
→ 7. November: Bei einem Inlandsflug nach Lagos stürzt eine Boeing 727 der nigerianischen Aviation Development in eine sumpfige Lagune vor der nigerianischen Hafenstadt. 143 Tote. Unglücksursache: unklar.
→ 12. November: Eine Boeing 747 der Gesellschaft Saudia Arabia und eine kasachische Iljuschin Il-76 prallen in etwa 4.000 Meter Höhe bei Neu-Delhi zusammen. 349 Tote. Unglücksursache: wahrscheinlich Pilotenfehler und eine veraltete Fluglotsen-Radaranlage.
→ 23. November: Eine entführte und zu einer Kursänderung gezwungene Boeing 767 der Ethiopian Airlines zerschellt bei einer misslungenen Notlandung 700 Meter nördlich der Komoren-Halbinsel im Indischen Ozean. 127 Tote.

Viele hundert Menschen sind im Jahre 1996 bei Flugzeugunglücken – vermutlich durch menschliches Versagen – ums Leben gekommen. Diese Schreckenszahl von Unfällen hört sich im ersten Moment entsetzlich an und ist sicher für die Betroffenen und deren Angehörige auch eine persönliche Katastrophe.
Berücksichtigt man allerdings in der Betrachtung, dass in derselben Zeit viele Millionen Passagiere sicher befördert wurden, sieht es schon wieder ganz anders aus.
Wie jeder Vielflieger gerne seinem zitternden Nachbarn mitteilt: Die Wahrscheinlichkeit, bei einem Unfall auf der Straße oder im Haushalt umzukommen, ist wesentlich höher, als bei einem Flugzeugabsturz zu sterben, nur ein Flugzeugabsturz ist eben spektakulärer. Fliegen ist eigentlich eine vergleichsweise sichere Technik. Aber: Es passieren Fehler.

Die Technik dem Menschen anpassen

Was aber kann man nun aus psychologischer Sicht gegen das menschliche Versagen tun?
Trotz aller Seminare und Management-Gurus und deren Mode-Techniken kommen wir, sagt Harald Schaub, nicht an der Tatsache vorbei, dass dort, wo Menschen agieren, auch Fehler gemacht werden. Das müssen

wir akzeptieren – eine mentale Herausforderung für Führungskräfte und Manager. Fehlervermeidung kann somit nie hundertprozentig sein. Es gilt, den Schritt von der Fehlervermeidung zum Fehlermanagement zu vollziehen. Das bedeutet, dass alle Ebenen und alle Phasen eines Unfalls zu betrachten sind. Es darf im Vorfeld nicht nur die technische Seite optimiert werden, man muss sich auch der psychologischen zuwenden, was letztlich wieder die Führungskraft in ihrer kulturprägenden und wirkungsauslösenden Rollenfunktion fordert.

Es werden oft viele Anstrengungen unternommen, um die jeweilige genutzte Technologie sicherer zu machen. Dies ist sicher auch sinnvoll und wichtig. Doch es zeigt sich immer wieder, dass etwa Notfallpläne auf die Erfordernisse des technischen Systems abgestimmt sind, die handelnden Personen damit aber mangels psychologischer Vorbereitung auf Extremsituationen überfordert sind. Ausbildung und Training in dieser Hinsicht sind laut Harald Schaub also nicht zu unterschätzen.

Wichtig für ein gezieltes Training zum Umgang mit menschlichem Versagen sind nach Aussage der Katastrophenforschung das Kennenlernen der eigenen konkreten Stärken und Schwächen (siehe „Was wir tun können ...“, Seite 115 ff.), das Einüben alternativer Verhaltensweisen und das Anpassen der Technik, indem sie so gestaltet wird, dass wesentliche menschliche Eigenheiten berücksichtigt werden.

Technik muss sich an den Menschen anpassen und nicht umgekehrt.

Vorschläge für den Rubicon-Manager

- ✓ Wir müssen menschliches Versagen akzeptieren und berücksichtigen.
- ✓ Wir müssen den Mensch als fehlermachendes Lebewesen in seinem spezifischen Lebensraum koordinieren.
- ✓ Wir müssen der jeweiligen Situation „intelligent“ Rechnung tragen.
- ✓ Wir müssen lernen, mit neuen Herausforderungen umzugehen.
- ✓ Wir müssen lernen zu lernen. Wir müssen „ergänzend“ aufeinander zugehen und die Gehirne parallel schalten.
- ✓ Wir müssen aufhören, die „Ich-gegen-dich-Spiele“ zu spielen und voreilig „Schuldige“ zu suchen.
- ✓ Wir müssen ein Klima der Ermutigung und Wertschätzung schaffen.
- ✓ Wir müssen bereit sein, die eigenen Stärken und Schwächen genauer zu analysieren.

Fragt man Experten, was man zur Vorbeugung gegen menschliches Versagen unternehmen könne, finden sich zwei Fraktionen.

- → Die einen sagen: „Der Mensch ist Störenfried im System. Wir müssen den Menschen aus der Technik heraushalten. Nur hochautomatisierte Maschinen können Sicherheit garantieren."
- → Die anderen sind der Meinung: „Die Welt ist ‚übertechnisiert' – wir müssen die Technik zurückfahren. Nur das kreative und intuitive Potenzial des Menschen ist in der Lage, mit komplizierten Situationen umzugehen."

Beide Positionen sind vermutlich richtig und vergessen doch im Sinne von Katastrophenforscher Harald Schaub das Wichtigste: Unser Leben würde nicht sicherer werden, wenn wir uns ein Leben ohne Technik wünschen. Aber: „Mensch und Technik müssen zusammenpassen."[9]
Nach Murphy's Law würde das bedeuten:

- → Nichts ist so leicht, wie es aussieht.
- → Alles dauert länger, als man glaubt.
- → Wenn es eine Möglichkeit gibt, dass Dinge schief gehen, so wird das schief gehen, das den größten Schaden anrichtet.
- → Wenn man feststellt, dass es vier Möglichkeiten gibt, die einen Vorgang schief gehen lassen können, und man diese ausschaltet, wird sich bestimmt noch eine fünfte finden lassen.
- → Es ist unmöglich, etwas ganz sicher zu machen, denn Dummköpfe sind zu erfinderisch.

Bequemlichkeit

„Ich komme gerade aus Asien zurück. In vielen Ländern herrscht dort eine unglaubliche Dynamik. Staaten, die noch vor kurzem als Entwicklungsländer galten, werden sich innerhalb einer einzigen Generation in den Kreis der führenden Industriestaaten des 21. Jahrhunderts

[9] Schaub 1996

katapultieren. Kühne Zukunftsvisionen werden dort entworfen und umgesetzt, und sie beflügeln die Menschen zu immer neuen Leistungen.“

Aus der „Berliner Rede“ von Roman Herzog[10]

„Wenn wir auf die Bequemlichkeit der Alltagsroutinen gelegentlich verzichten, winkt uns als Gewinn ein Mehr an Flexibilität, Kreativität und Motivation“, resümierte der Psychologe und international geachtete Persönlichkeitsforscher Julius Kuhl anlässlich eines Vortrags.

Und warum tun wir es nicht?, wäre doch sicher die nächste nahe liegende Frage.

Weil wir – wie Zwangsneurotiker – eingebunden sind in unterschiedlichste Zwänge und Routinen, die sich als spezifische Form unseres Selbst zum Motivationskiller Nummer eins entwickeln und trügerische Sicherheit vorgaukeln. Diese Zwänge zu identifizieren und erfolgreich zu überwinden schafft für Kuhl die nötige Bewegungsfreiheit für neue Energien und Leistungsbereitschaft.

Warum sollte aber ein Mitarbeiter, der in der „Nur-nicht-anecken-Kultur“ groß geworden ist und sämtliche Entwicklungsbemühungen mit der Einstellung „Wasch mich, aber mach mir das Fell nicht nass“ einigermaßen überstanden hat, nun plötzlich gewillt sein, seine bequeme Grundhaltung zu verlassen und – für ihn – unüberschaubare Risiken eingehen? Nun, sagt Kuhl, zum einen, weil es in der heutigen Zeit unabdingbar ist, sich diesen veränderten Rahmenbedingungen durch Veränderungen in der Persönlichkeitsbearbeitung zu stellen, wenn wir erfolgreich sein wollen. Und zum anderen, weil ein Festhalten an nicht mehr angebrachten Prämissen letztlich zu Unzufriedenheit, Frust und Krankheit führen wird.

Wir können davon ausgehen, dass vermutlich jeder Mensch über die nötigen Kompetenzen zur Veränderung verfügt, doch ließ er dieser Seite seiner Persönlichkeit im Jugend- und Erwachsenenalter in Schule, Elternhaus und Berufsausbildung wenig Aufmerksamkeit und Pflege angedeihen. Somit wird sein Selbst(-Bild) relativ festgelegt und eingegrenzt sein und nicht mehr alle Möglichkeiten, die verfügbar sein könnten, umfassen.

---

[10] Aus: Manfred Bissinger (Hg.): *Stimmen gegen den Stillstand*

Entwicklung statt Anpassung

Das eigene Persönlichkeitsbild und der damit verbundene Charakter entstehen durch Begrenzung der Blickrichtung, Einschränkung von Gefühlen, Verhaltensmöglichkeiten und Wünschen in den verschiedenen Lebensphasen. „How-to"-Trainingsphilosophien verstärken oft noch diese Anpassungstendenzen.
Einerseits sind Zwänge und Routinen (siehe auch „Keine Lernkompetenz", Seite 62 ff.) unumgänglich, um sich nicht in der Fülle der Möglichkeiten und Perspektiven unserer Multioptionsgesellschaft zu verlieren und um handlungsfähig zu bleiben. Andererseits werden aus Vereinfachungsaspekten, Gewohnheitsgründen oder auch auf Grund vorhandener Ängste oft zu viele Erweiterungen und Perspektiven aufgegeben, so dass ein deutlicher und (zu) weitgehender Verlust von Entwicklungsmöglichkeiten festzustellen ist.
Neben dem Bild, das man von sich hat, auf das man sich konzentriert und an dem man, vor allem aus Sicherheitsgründen, gerade in Krisen um so stärker festhält, gibt es noch eine Reihe unbekannter, wenig erprobter und mehr oder weniger stark angstbesetzter Nebenbilder, die einem jedoch neue Entwicklungsmöglichkeiten bieten könnten.
Diese Möglichkeiten bleiben in der Regel gerade dann verschlossen, wenn man sie – z. B. in kritischen und problembehafteten Lebensphasen oder bei der Herausforderung durch kurzfristige betriebliche Veränderungsprojekte – am meisten benötigte. In solchen Situationen greift der Einzelne verstärkt auf die gewohnten Muster und Strukturen zurück, durch die die Krise allerdings erst ausgelöst wurde. In diesem Teufelskreis werden Probleme freilich eher verstärkt als abgeschwächt.
Wäre man in einer kreativen und beweglichen Verfassung oder hätte man die Fähigkeit dazu (z. B. durch Trainingsseminare) erworben, so ließe sich ein entlastender und erweiternder Wechsel in andere Denk- und Verhaltensmuster und damit in Nebenbilder bewerkstelligen. Um diese Nebenbilder Gestalt annehmen zu lassen, muss man sich zunächst einmal bewusst werden, dass und in welcher Richtung man sich entwickelt hat und dass in einem selbst auch noch andere Möglichkeiten schlummern als die gewöhnlich genutzten.

Wer Interesse an der eigenen Weiterentwicklung hat und daran, die ursprüngliche Komfort- und Bequemlichkeitszone zu überwinden (und nur unter diesen Voraussetzungen machen solche Überlegungen Sinn), wird bisher ungeübte Herausforderungen aus einer neuen Perspektive betrachten können. Damit werden bisherige Einschätzungen gebrochen, durchlässig gemacht oder in Frage gestellt.
Dies lässt sich jedoch nicht unter den gewohnten Alltagsbedingungen und -strukturen erreichen – die Bewältigung der Anforderungen steht in solchen Situationen im Mittelpunkt der Konzentration und hemmt oft die Kreativität.

Öffnen für neue Entwicklungen

Eine kreative, den Alltag gleichsam unterbrechende oder auch aufbrechende Verfassung kann über Konfrontationen bewerkstelligt werden, sei es über Seminare, Trainingsprozesse oder individuelles Lernen im Rahmen von Coaching.
Die Spielräume der Kreativität können dabei zu Anfang verunsichernd und bedrohlich wirken und es bedarf, um die Kreativität überhaupt in Gang zu setzen, einer schützenden und stützenden Atmosphäre, die unterschiedlich ausgeprägt sein kann (siehe auch „Falsches Umfeld – Entmutigungs- statt Ermutigungskultur“, Seite 79 ff.). Eine solche Atmosphäre kann durch ein Halt gebendes Team ebenso geschaffen werden wie durch das Vertrauen in Vorbilder, einen Lehrer/Coach (Vorgesetzten) oder ein strukturierendes Trainingsprogramm.
Hervorzuheben ist dabei, dass wesentliche Übergänge oder Stellungswechsel auch beiläufig im Alltag stattfinden können.
Einem erlebnisorientierten Training (z. B. in einem High-Ropes-Klettergarten) kann hierbei eine Katalysator- und Richtungsvorgabefunktion zukommen. Es kann einen Anstoß geben, sich psychisch in Bewegung zu setzen – hinaus aus der Bequemlichkeitszone.
Um die eigene Entwicklung zu fördern, kann es also bisweilen sinnvoll sein, durch ungewöhnliche, aus dem Alltag ausgegliederte Maßnahmen einen kreativen Spielraum zu schaffen. Damit werden Erweiterungen ermöglicht und eingeübt, aber auch gegebene Begrenzungen geklärt.

Zwänge – Motivationskiller Nummer eins

Wie wichtig gerade das Verständnis der begrenzenden Alltagsbedingungen ist, können wir feststellen, wenn wir uns bewusst werden, wie oft wir uns trotz besserem Wissen in sinnlosen Verrichtungen verfangen.
Haben Sie sich noch nie dabei ertappt, viel mehr Zeit als nötig und/oder sinnvoll für eine Tätigkeit zu benötigen? Wie viele Gespräche, die wir führen, wie viele Fahrten, die wir unternehmen, wie viele Termine, die wir wahrnehmen, rechtfertigen wirklich den Aufwand? Werden wir nicht häufig in unserem Alltag durch Routinen buchstäblich aufgesogen, ohne wirklich die Freiheit zu haben, ohne uns die Freiheit zu nehmen, abzuwägen und zu entscheiden, ob der Aufwand gerechtfertigt ist? Da bleiben doch viele lieber beharrend bei ihrer festgeschriebenen Meinung, bei rigiden Verhaltensweisen und starren Regeln, ohne sich sinnvollen Argumenten, es anders mal zu versuchen, zu öffnen oder öffnen zu können.
In einem Land, in dem das Erfinden starrer bürokratischer Regeln alle Lebensbereiche durchdringt und derart bestimmt wie in Deutschland, fällt es sogar den antriebsstarken Menschen gelegentlich schwer, immer wieder neu abzuwägen, Ziele und Sinngehalt, Chancen und Risiken zu vergleichen und das zu tun, was unter den gegebenen Umständen am sinnvollsten erscheint.
Soll Deutschlands Selbstlähmung überwunden werden, reichen für Persönlichkeitsforscher Julius Kuhl die Diskussionen um „Lohnnebenkosten“ oder Fehlentwicklungen im Bildungssystem nicht aus. Kuhl hält es deshalb für sinnvoll, Dinge anzusprechen, die jeden Einzelnen betreffen. Dabei ist ihm ein Faktor, der sich aus den vielen „Zwängen“ des Alltags ergibt, besonders wichtig: der Faktor Motivationsverlust.
Er diagnostiziert Zwänge und Routinen – ob von außen oder von uns selbst auferlegt – als Motivationskiller ersten Ranges. Denn sie nagen an der Freude am Gestalten. Um Ziele umzusetzen, braucht es aber Motivation. Tun wir alles nur mehr aus Gewohnheit und ohne Überzeugung, stehen wir nicht voll dahinter – und setzen unsere Ziele nicht um.
Was kann nun jeder Einzelne tun, um die eigenen Routinen und Rituale zu entdecken und zu überwinden? Kuhl meint dazu: „Zunächst ist es

wichtig, sich zur Überwindung eines Übels nicht durch eine überstarke Pendelbewegung in die entgegengesetzte Richtung wieder ein anderes Übel einzuhandeln." Zudem ist ein gewisses Maß an Routine beruflich wie privat wichtig, es kommt nur auf das Gleichgewicht an. Wenn sie immer mehr unserer Kraft und Zeit absorbieren und wenn wir immer nur bewährte Strategien einsetzen, ohne neue auszuprobieren, dann werden Routinen schädlich.

Ein wichtiger Schritt in diese Richtung ist für Kuhl, gezielt an der eigenen Persönlichkeitsentwicklung zu arbeiten und als Führungskraft die möglichen entwicklungsfördernden Rahmenbedingungen zu gewährleisten oder zu schaffen sowie die eigenen und gesellschaftlichen Bedürfnisse, Werte und Überzeugungen als Ursachen zu berücksichtigen. Das System, das solche persönlichkeitsbildenden Repräsentationen entwickelt, wird in der Psychologie mit dem Begriff des „Selbst" beschrieben.

Wie kann man dieses Selbst stärken? Ein erster Schritt ist sicher, mehr Informationen über sich selbst anzustreben, Informationen darüber, was einen antreibt und was hemmt. Eine hervorragende Möglichkeit dazu bietet die Motivanalyse, wie wir sie in dem späteren Kapitel dieses Buches beschreiben und als Kurztest zur eigenen Schnellanalyse bereitstellen (siehe Seite 176 ff.). Den Originaltest in ausführlicher Langversion finden Sie unter www.reiss-profil.de im Internet. Ein anschließendes Training oder gezielte Coaching-Maßnahmen sind dadurch wesentlich effektiver als herkömmliche Standardempfehlungen in der How-to-Literatur.

Kuhl meint dazu fortführend: „Wer immer nach demselben Muster vorgeht, wählt nicht, sondern macht weiter", und empfiehlt, im Alltag Situationen aufzuspüren, in denen man immer gleich handelt, und sich dann zu fragen, was man anders machen könnte. Denn das Selbst – das System, das alles intuitive Wissen über gemachte Erfahrungen, über die damit verbundenen Ziele und Handlungsmöglichkeiten und über den Kontext, in dem sie entstanden sind, vereint – wird nur aktiviert, wenn man bewusst wählt, statt einfach die ausgetretenen Pfade zu gehen. Zwar muss man dazu seine Bequemlichkeitszone verlassen, bekommt „dafür aber einen dreifachen Zugewinn: Flexibilität, Kreativität und Motivation ... immer neue Einfälle, ein immer lebendigeres Sichengagieren und unerschöpfliche Freude am Gestalten."

Für mich gibt es weder links noch rechts, ...
... ich schaue immer geradeaus.

Keine **Lernkompetenz**

„Auch wir müssen rein in die Zukunftstechnologien, rein in die Biotechnik, die Informationstechnologie. Ein großes, globales Rennen hat begonnen: die Weltmärkte werden neu verteilt, ebenso die Chancen auf Wohlstand im 21. Jahrhundert. Wir müssen jetzt eine Aufholjagd starten, bei der wir uns Technologie- und Leistungsfeindlichkeit einfach nicht leisten können."

Aus der „Berliner Rede" von Roman Herzog[11]

Wie der Lernbiologe und Biokybernetiker Fredric Vester es vor vielen Jahren bereits treffend formulierte, ist es ein fundamentales Naturgesetz, dass kein Lebewesen für sich allein existiert, sondern immer eingebettet in seine Umwelt – als Teil eines größeren Systems.
Alle Lebewesen – natürlich auch der Mensch – verwenden daher einen großen Teil ihrer Aktivität auf den Informationsaustausch mit der Umwelt. Einer der wichtigsten Vorgänge bei der Informationsverarbeitung ist dabei das Lernen. Prinzipiell hat demnach Lernen zum Ziel, dass ein Lebewesen die Wahrnehmungen aus der Umwelt so interpretiert, dass es sich in dieser immer komplexer werdenden Umwelt möglichst gut zurechtfindet und sein Verhalten entsprechend anpasst.
Wie schnell selbst Tiere diese Veränderungen vornehmen können, zeigt die Fähigkeit der Füchse, gegenwärtig in unseren Breiten verstärkt in den Städten zu überleben und damit den gewohnten Lebensraum zu verlassen.
Bei höheren Organismen erfolgt dazu der Lernvorgang in zwei Stadien. In den ersten Monaten unseres Lebens schlägt sich jede Wahrnehmung über die Sinnesorgane und die Haut und ihre Koppelung mit angenehmen oder unangenehmen Gefühlen in anatomischen Veränderungen des Gehirns nieder. Die „Hardware" unseres biologischen Computers, des Gehirns, wird vollendet. Im zweiten Lernprozess, der das ganze Leben anhält, bildet sich die „Software" aus. Ganze Schaltmuster werden programmiert und Wahrnehmungen in chemischer Form gespeichert und nach einem kodifizierten Muster abgelagert. Die einen sind mit angenehmen Gefühlen, andere mit unangenehmen verbunden.

[11] Aus: Manfred Bissinger (Hg.): *Stimmen gegen den Stillstand*

Das Gehirn als selbstorganisierender Erfahrungsspeicher

Gerade die jüngeren Erkenntnisse der Gehirnforschung, wie sie zum Beispiel Professor Wolf Singer, der Leiter des Max-Planck-Instituts für Neurowissenschaften in Frankfurt, regelmäßig veröffentlicht, liefern der Psychologie seit geraumer Zeit empirisch zuverlässig abgesichertes Wissen, welches mit dazu beiträgt, die Probleme der Umsetzungskompetenz besser zu verstehen. Wesentliche Bausteine dieses Wissens sind:

- → die Erkenntnis, dass das Gehirn als selbstorganisierender Erfahrungsspeicher arbeitet,
- → Aufschluss darüber, wie Gedächtnis auf neuronaler Ebene entsteht,
- → Kenntnisse über die Rolle von Gefühlen und körperlichen Signalen bei Bewertungs- und Entscheidungsprozessen und
- → die Tatsache, dass das menschliche Gehirn zeitlebens lernfähig ist.

Das menschliche Gehirn wird in den Neurowissenschaften heutzutage als ein dynamisches, selbstorganisierendes System verstanden. Das Nervensystem, so sind die Forscher sich weitgehend einig, besitzt *grundsätzlich* kein „oberstes Wahrnehmungs- und Verhaltenssteuerungszentrum“.[12]

Auch die Vorstellung, dass einzelne Kompetenzen von isoliert arbeitenden und gezielt zu lokalisierenden Zentren gesteuert werden, ist eher eine vereinfachende Wunschvorstellung.

„Heute können wir mit Gewissheit sagen, dass keine einzelnen ‚Zentren‘ für Sehen oder Sprache oder auch Vernunft und Sozialverhalten existieren. Vielmehr gibt es Systeme, die aus mehreren untereinander verbundenen Gehirnabschnitten bestehen“, sagt der Neurowissenschaftler Antonio Damasio.[13] An anderer Stelle bezeichnet Damasio die eindrückliche Vorstellung vom Gehirn als ein Supersystem von unterschiedlichen Systemen. Auch eine Metapher benutzt Damasio, um zu erläutern, wie das Gehirn aufgrund selbstorganisierender Prozesse Verhalten erzeugt: „Stellen Sie sich das Verhalten eines Organismus als die Dar-

[12] Roth 1996

[13] Damasio 2001

bietung eines Orchesterstückes vor, dessen Partitur während der Aufführung erfunden wird."[14]

Martha Koukkou-Lehmann formuliert: „Das primäre organisierende und motivierende Prinzip und das primäre Ziel der dynamischen Beteiligung des Individuums an seinen Realitäten ist das Erhalten und/ oder die Wiederherstellung der psychobiologischen Gesundheit (des psychobiologischen Wohlbefindens) innerhalb dieser Realitäten"[15].

Nach Frank Krause und Maja Storch von der Universität Zürich gelingt es dem Gehirn, dafür zu sorgen, dass sein Besitzer oder seine Besitzerin möglichst viel psychobiologisches Wohlbefinden erleben kann, indem es die Dinge, die dem Individuum widerfahren, im Hinblick darauf bewertet, ob sie dem Wohlbefinden zuträglich oder abträglich waren, indem es dieses Wissen speichert, um es dann – je nach Situation – entweder ad hoc oder zur Handlungsplanung einzusetzen.

„Jedes Lebewesen, auch ein einfaches, benötigt in seinem Nervensystem dafür eine Instanz, welche dasjenige, was der Organismus tut, nach seinen Konsequenzen für den Organismus bewertet. Das Resultat dieser Bewertung wird dann im Gedächtnis festgehalten und für das weitere Verhalten benutzt".[16]

Die Grundlage für die selbstorganisierenden Prozesse des Gehirns sind, nach Aussage von Krause und Storch, Erfahrungen. Zum Glück muss demnach nicht jedes menschliche Gehirn alle Erfahrungen selbst von neuem machen, das menschliche Gehirn hat auch schon einige wichtige Erfahrungen gespeichert, die von unseren Vorfahren gemacht wurden. Auf diesen „Ahnenschatz" können wir aufbauen und ihn um unsere eigenen Erfahrungen ergänzen. Dabei sind, wie Gerold Hüther sagt, manche dieser Erfahrungen so allgemein, dass sie schon im Lauf unserer stammesgeschichtlichen Entwicklung „in Form bestimmter genetischer Programme ausgelesen wurden, die die Herausformung ganz bestimmter Verschaltungsmuster in unserem Gehirn verankert".[17]

Daneben greift das Gehirn aber auch auf selbst Erlebtes zurück, wenn es darum geht, Wohlbefinden zu sichern. Koukkou-Lehmann spricht

---

[14] Damasio 2001
[15] Zitiert nach Storch, Krause 2002
[16] Roth 1996
[17] Hüther 1997

davon, dass das „Supersystem“ Gehirn „sich selbst und sein Verhalten auf der Basis der eigenen Biografie organisiert“.[18]
Das Wissen, welches sich das Individuum in der Begegnung mit seiner Umwelt erwirbt, wird im Gehirn „mittels chemischer, elektrischer oder struktureller Veränderungen kodiert“ und ist dann ausschlaggebend für unser Verhalten.[19] Es entsteht das, was die Psychoanalyse den „psychischen Apparat“ nennt.
Der eine Teil unseres Wissens stammt also aus dem vererbten Reservoir, den anderen Teil eignen wir uns später im Laufe des Reifens an. Wie schon Frederic Vester ausführlich formulierte, sind dabei die frühen Jahre von entscheidender Bedeutung.
Das Gehirn eines kleinen Organismus, der zum Beispiel in der Kindheit viel Angst und Stress erlebt, speichert von Anfang an die Erfahrungen im Umgang mit diesen Zuständen und nutzt diese Erfahrungen bis auf weiteres, um das Wohlbefinden zu sichern, so gut es geht. Graben sich diese prägenden Erfahrungen im Umgang mit der Angst früh ins Gehirn ein, wenn die Verschaltungen noch besonders verformbar sind, dann sind sie, laut Hüther, für den Rest des Lebens tief eingegraben. „Sie sehen dann aus wie angeborene Instinkte, lassen sich auslösen wie angeborene Instinkte“, obwohl sie Erfahrungen in Angst- und Stressbewältigung sind.[20] Genauso bleibend können natürlich auch positive Erfahrungen im Gehirn gespeichert werden. Dieser Umstand zeigt interessante Parallelen zu dem psychoanalytischen Konzept des Urvertrauens.[21]
Aus dieser neurowissenschaftlichen Sicht, die den psychischen Apparat als einen Wissensspeicher von Erfahrungen begreift, ergibt sich auch eine präzise Vorstellung davon, was psychische Krankheit und was psychische Gesundheit ausmacht. Wenn der psychische Apparat aus Wissen besteht, das zur Verhaltenssteuerung eingesetzt wird, um das Wohlbefinden zu sichern, dann beruht neurotisches Fehl-Verhalten auf einer unzureichenden Wissensstruktur, die dem Gehirn für die Lösung der anstehenden Aufgabe kein ausreichendes und der Situation ange-

18 Zitiert nach Storch, Krause 2002
19 Ebd.
20 Hüther 1997
21 Storch, Krause 2002

messenes Muster liefert. Diese neurowissenschaftliche Sichtweise ist nach Storch und Krause für die Psychotherapie deswegen von großem Interesse, weil sie neurotisches Verhalten sehr pragmatisch erklärt. Ausgehend von dieser Betrachtung muss nicht – wie in der analytischen oder psychoanalytischen Psychologie – weiterhin nach geheimnisvollen inneren Instanzen geforscht werden, über deren Vorhandensein und genaue Beschaffenheit sowieso wild spekuliert wird und über die unterschiedlichen Therapie-Schulen sich zerstreiten müssen. Benimmt sich jemand so, dass es seinem psychobiologischen Wohlbefinden abträglich ist, dann hat er wie gesagt vermutlich nur ungeeignetes Wissen darüber, wie er einen erwünschten Zustand herstellen kann. Psychische Störungen sind Produkte der informationsverarbeitenden Hirnprozesse, denen nur unnützes Wissen zu Verfügung steht.

Wie unser Gehirn Erfahrungen speichert

Das heute allgemein anerkannte Modell zur Beantwortung der Frage, wie Gedächtnis auf der Ebene der Nervenzellen entsteht, ist das Modell der „Hebbschen Plastizität". Donald Olding Hebbs' Modell ist einfach und elegant.[22] Das Phänomen entsteht, wenn zwei oder mehr Nervenzellen gleichzeitig feuern. Als Standardregel kann man sich den Merksatz einprägen: „Cells that fire together, wire together."
Die Übersetzung könnte lauten: Zellen, die gleichzeitig feuern, verdrahten sich.
Hebbs legte das Konzept der plastischen Synapsen vor, die ihre Übertragungsbereitschaft desto mehr verstärken, je öfter sie benutzt werden. Eine Synapse ist der Punkt, an dem zwei Nervenzellen durch gemeinsame Erregung die synaptische Verbindung stärken, womit die Informationsübertragung verbessert wird. Man kann sich die Vorgänge im Gehirn vorstellen wie die Vorgänge in der Muskulatur, wenn bestimmte Muskeln oft beansprucht werden, erhöhen sie ihre Leistung – und umgekehrt. Im Fall der Nervenzellen zeigt sich die erhöhte beziehungsweise schlechtere Aktivierbarkeit.
Wenn die synaptische Verbindung zwischen Nervenzellen durch häufige Benutzung verstärkt wurde, spricht man in den Neurowissenschaften

[22] Hebbs 1949

von „Bahnung". Hüther[23] verwendet für diesen Vorgang das Bild eines Weges, der durch unwegsames Gelände gebahnt wird. Der Weg wird desto breiter, je häufiger er benutzt wird. In Hüthers Bild kann man sich im Gehirn die gut gebahnten Verbindungen zwischen einzelnen Nervenzellen als gut ausgebaute breite Wege vorstellen. Verbindungen zwischen Nervenzellen, die nicht benutzt werden, verschwinden wieder aus der Gehirnlandschaft, indem sich ihre leichte Aktivierbarkeit und ihre verbesserte Übertragungsleistung zurückbildet. Damit ist die Antwort auf die eingangs gestellte Frage nach der neuronalen Grundlage von Gedächtnis geklärt. „Das ‚Einspeichern' eines Gedächtnisinhaltes beruht auf der Leistungssteigerung synaptischer Übertragungsmechanismen."[24]

Alle Gedächtnisleistungen haben eines gemeinsam: „Sie beruhen auf Veränderungen in unserem Gehirn, die *erfahrungsabhängig* sind und die Grundlage von Lernen bilden."[25] Statt von Gedächtnisprozessen können wir also auch von Lernen sprechen. Das Einspeichern eines Inhaltes ins Gedächtnis ist ein Lernvorgang, auch wenn mit dem Begriff „Lernen" im Alltagsgebrauch eher Assoziationen wie knirschende Kreide auf Schiefertafeln, muffige Klassenzimmer und öde Nachmittage über Schulheften einhergehen. Auf neurowissenschaftlicher Ebene jedenfalls findet durch die Hebbsschen plastischen Veränderungen ein Lernvorgang statt, so dass der Neurowissenschaftler Joseph E. LeDoux schreiben kann: „Lernen besteht in der Verstärkung synaptischer Verbindungen zwischen Neuronen."[26]

Jeder Lernvorgang, den ein Mensch tätigt, beruht auf diesem Mechanismus, gleichgültig, ob es sich darum handelt, Französischvokabeln zu büffeln, Schwarzwälderkirschtorte zu backen oder Salsa zu tanzen. Wir werden später noch ausführlich darauf eingehen, wie fruchtbar es in Anlehnung an Maja Storch und Frank Krause für die Psychotherapie sein kann, auch die Thematik der Persönlichkeitsentwicklung unter der Perspektive des Lernens zu sehen.

---

[23] Hüther 1997
[24] Roth 2001
[25] Roth 2001
[26] Storch, Krause 2002

Flucht aus der Schule

Wenn also nun das Lernen, wie eingangs erwähnt, ursprünglich dazu dient, sich in der Umwelt zurechtzufinden, so ist es eine durchaus weise Einrichtung der Natur, dass es unter Stress erschwert wird.
Denn Stress tritt ja nur in Gefahrenmomenten auf, also in einer lebensfeindlichen Umwelt. Für ein Lebewesen besteht also kaum Interesse, sich ausgerechnet in einer solchen Umwelt zurechtzufinden, sie zu „erlernen" – hier soll es sich möglichst fernhalten. Nicht nur die bei Stress favorisierte Fluchtreaktion, sondern auch die dabei auftretenden Denkblockaden sind also durchaus angebracht.
Wie Frederic Vester sagt, ist der Lernvorgang somit schon rein biologisch auf eine Atmosphäre der Vertrautheit, der Entspannung, des Sich-Wohlfühlens zugeschnitten. In einer Konstellation, die Freude verspricht, Lustgefühle und Erfolgserlebnisse, da funktioniert er optimal. Auf eine solche Umwelt sollen wir neugierig sein, sie erforschen, uns in ihr zurechtfinden, sie „erlernen".
Doch was erleben unsere Kinder oft tagtäglich in ihrer Schule oder Ausbildungsstelle? Ausgerechnet dort verknüpfen überforderte und lustlose Lehrkräfte den Lernstoff nicht selten mit Angst, Frustration, Prestigekämpfen – also typischen Lernkillern, unter denen wir mit gewaltigem Einsatz und gegen die biologisch sinnvollen Funktionen unseres Organismus dann verständlicherweise nur ein lächerliches Lernergebnis erzielen können.
Was herauskommt, ist ein wenig Auswendiggelerntes und Gemerktes, doch niemals ein begreifendes Erfassen von Zusammenhängen, das uns die einzig sinnvolle Aufgabe des Lernens erfüllen hilft: uns in der Wirklichkeit besser zurechtzufinden, sie zu meistern. Ganz zu schweigen von der sinnlosen Quälerei, die viele Menschen zu permanent Lerngeschädigten macht.[27]
Die Grunderkenntnisse der Hirnforschung und der Lernbiologie dringen leider nur langsam in das Bewusstsein unserer Bildungs- und Weiterbildungsverantwortlichen. Bis zur Umsetzung ist es ein weiter Weg. Wie soll jemand ganzheitlich Probleme lösen und deren komplexer Wirkungsmechanik Rechnung tragen, wenn er in der Schule nur isolierte und getrennte Phänomene kennen gelernt hat?

---

[27] Vester 1975

Hier würde im Sinne von Vester ein Objektunterricht, der den Gegenstand des Lernens mit allen Sinnen des Organismus erfasst, wie es Hugo Kükelhaus, die Waldorf-Pädagogik oder die Montessori-Schulen gezeigt haben, schlagartig das Auffassen des Lernstoffs verstärken, weil er nicht nur punktuell abstrakte Begriffen einbläut, sondern sich an viele, sonst brachliegende Gehirnareale wendet. Ebenso würde ein Projektunterricht, in dem eine wirkliche Aufgabe, eine solche mit realem Nutzen, der Gegenstand ist, zu Neugier, Faszination und Erfolgserlebnis führen – weitere Verankerungen für das Gelernte. Ein Unterricht, der die Effizienz verzehnfacht, dadurch Zeit spart, aber auch die Anwendung des Gelernten in sinnvoller Weise ermöglicht. Vester bemängelt, dass uns die Lernformen unserer Schulen und Universitäten einerseits der Wirklichkeit als komplexes System entfremdet haben, aber andererseits auch der Wirklichkeit unserer sozialen Beziehungen. Durch den Zwang zum Abfragen und Zensieren werden wir zum Einzelkämpfer erzogen: „Nicht helfen, nicht vorsagen, nicht helfen lassen." Laut Vester „ein lebensfeindliches Prinzip, das dem Gruppenwesen Mensch widerspricht, es zu einer nicht überlebensfähigen Spezies erzieht. Je länger die Schule dauert, desto tiefer rutschen wir in die Isolierung, in die Lebensuntüchtigkeit. Der Praxisschock wird immer größer."[28]

Das Diktat

„In Iortemala, hat ein furchtbares Erdbeben statgefunden. Zwischen den drumern armseliger Hüten, hantirt ein dunkelheutige, stämige kleine Frau. Es ist, schwester Maria Rosa eine von ihrem orden beurlaubte Franziskanerin. Sie samelt, nach dieser Nacht des Grauens, die Överlebenden Kindern umsich deren Eltern und Geschwister der Katasthrope zum Opfer gefallen sind. In eine, Zelltdorf sollen die Kinder vorerst unterkunpft finden. Dann wird, an dieser Stelle, ein Neues SOS Kinderdorf entstehen für die Heimat los gewordenen. Maria Rosa, die selbst als weise Aufgewachsen war, hatte bereits früher mit großer beharlichkeit geholfen, Zwei Kinderdörfer und Jugendhäuser in Honduras aufzubauen. Als im Jahre 1974 ein Höriken, weite teile des Landes verwüstete und mehre Flußdeiche gebrochen

[28] Vester 1975

waren, wurden die beiden Kinderdörfer mit Wasser u. Schlamfluten bedroht. In einem drahmatisch wetlauf mit dem Tode, gelang es Maria Rose schwimend und wartent alle Kinder auf eine kleine Erhebung zu retten. Drei Tage lang harte sie mit den Kindern auf dem von wassermassenden umgebenen Högel, ohne Nahrung und Obdach aus. Das Land Honduras dankte dieser bescheidenen und Tapferen Frau durch den Druck einer sonder Briefmarke."
53 Fehler. Dieses Diktat ließ ein nordrhein-westfälisches Unternehmen als Aufnahmeprüfung für Auszubildende schreiben. Der Bewerber hatte auf dem Gesamtschul-Zeugnis der Mittleren Reife im Fach Deutsch die Note „Gut".

Zahlen des „neuen Bildungsnotstands"

- → 15 Prozent der Schüler verlassen die deutschen Schulen, ohne richtig lesen und schreiben zu können.
- → 29 Prozent der Eltern würden ihre Kinder gern auf Privatschulen schicken.
- → 35 Prozent der Schüler erhalten Nachhilfestunden. 1998 gaben Eltern dafür 1,4 Milliarden Mark aus.
- → 29.403 Jugendliche fanden 1999 keinen Ausbildungsplatz. 23.430 betriebliche Ausbildungsplätze blieben unbesetzt, weil die Bewerber Basisfähigkeiten wie Lesen, Schreiben und Rechnen nicht beherrschten.

Wie bedeutsam gerade die zielgerichtete und strategische Ausrichtung von Lernprozessen im Unternehmen sein kann, haben Rolf Wunderer und Heike Bruch in ihrem Konzept der Umsetzungskompetenz mehrfach herausgestrichen, in dem sie dafür eintreten, dass Förderung im konkreten Kontext und an Problemstellungen zu erfolgen hat, die dem Anwendungszusammenhang entsprechen. „Da die Umsetzungskompetenz eng an die Persönlichkeit gebunden ist, beansprucht ihr Erwerb nicht nur viel Zeit, sondern auch Experimentiermöglichkeiten und das Sammeln praktischer Erfahrungen." Bei der Wahl der personalen Förderungswege ist es laut Wunderer und Bruch wichtig, welche Art des „Lernens“ angestrebt wird.[29] Dazu hilft der Ansatz von Chris Argyris.

Fehlende **Konzepte**

Wie Argyris schon in früheren Arbeiten zum Thema Lernen am Arbeitsplatz betonte[30], vollzieht sich das Lernen in zwei Formen, nämlich in einer einfachen („single-loop“) und in einer Doppelschleife („double-loop“).

Single-loop und Double-loop-Lernen

Es ist erstaunlich, wie wenig dieses Verständnis-Konzept des Lernens am Arbeitsplatz in deutschen Unternehmen und bei deutschen Managementtrainern bekannt ist, und selbst erfahrene Personalentwickler zucken mit der Schulter, wenn über Single-loop, Double-loop oder sogar Deutero-Lernen gesprochen wird.
Argyris beschreibt diese unterschiedlichen Lerntheorien folgendermaßen:
Beim Lernen in einer einfachen Denkschleife werden eindimensionale Fragen gestellt, und damit gelangt man zu ebenso eindimensionalen Antworten.
Ein bevorzugtes Beispiel dafür ist ein Thermostat, der die Raumtemperatur mit einer Standardvorgabe vergleicht und je nachdem die Wärmequelle zu- oder abschaltet. Der ganze Vorgang ist binärer Natur.

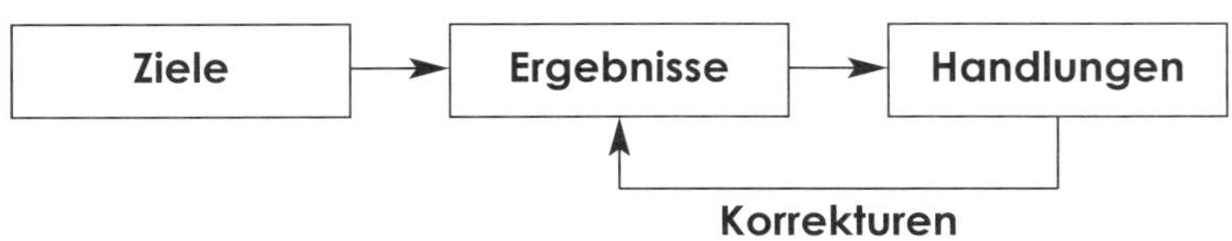

Anpassungslernen – Single-loop-learning

[29] Wunderer, Bruch 2000
[30] Siehe Argyris 1987 und 1991

Doppelschleifiges Lernen findet dagegen in einem zusätzlichen Schritt oder (wie meistens) gleich in mehreren weiteren Akten statt. Denn jetzt kommt die Frage wieder an den Fragesteller zurück. Es wird quasi „nachgefasst". Im Fall des Thermostats z. B. würde bei einem mehrstufigen Lernprozess der Gedanke aufgeworfen, ob die momentane Wärmevorgabe tatsächlich zur besten Raumtemperatur führt, und wenn ja, ob die vorhandene Wärmequelle auch das effektivste Mittel ist, um das zu erreichen.
In einem aus mehreren Denkschleifen bestehenden Prozess könnte noch erfragt werden, warum die derzeit maßgebliche Einstellung überhaupt gewählt wurde. Hier wird der Unterschied deutlich: Im Gegensatz zum eindimensionalen Lernen in der einfachen Denkschleife werden beim Lernen in einer Doppelschleife nicht nur Fragen hinsichtlich objektiver Fakten gestellt, sondern auch die Gründe und Motive hinter diesen Fakten berücksichtigt.

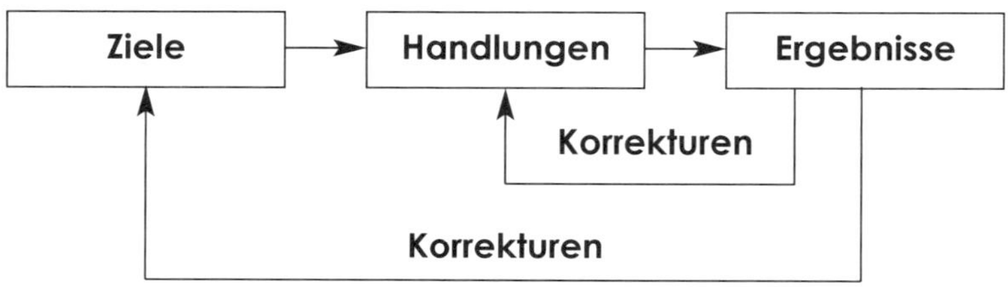

Veränderungslernen – Double-loop-learning

Argyris beschreibt in einem anschaulichen Beispiel, was diese beiden Arten des Lernens voneinander unterscheidet: Der Geschäftsführer eines Unternehmens hörte bei seinen täglichen Rundgängen durch die Firma, dass jede neue Idee gebremst werde, weil sie an die 280 verschiedene Prüf- und Genehmigungsverfahren zu durchlaufen habe. Er setzte eine Projektgruppe zur Prüfung an, mehr als zwei Drittel der Verfahren wurden ersatzlos gestrichen, worauf sich die Innovationsquote erhöhte. Es scheint, als hätte die Unternehmensleitung erfolgreich gehandelt. Doch Argyris bezeichnet diesen Fall als „einfaches Lernen", denn bei der vermeintlichen Lösung des Problems ist ein anderes, fundamentales

übersehen worden. Denn um an die Wurzel des Übels zu gelangen, hätte der Geschäftsführer seinen Mitarbeitern – im Sinne einer doppelten Lernschleife – etliche Fragen stellen müssen: zur Unternehmenskultur und auch zu ihrem eigenen Verhalten. Etwa, wie lange die endlosen Genehmigungsverfahren schon Usus seien und warum sie bisher keiner aufs Tapet gebracht und eine Veränderung vorgeschlagen habe. Die 40 Abteilungsleiter hätten sich dazu nämlich eigentlich Gedanken machen müssen. Laut Argyris sind hier „zwei zusammenhängende Mechanismen am Werk – der eine ist sozial-, der andere individualpsychologischer Natur". Der sozialpsychologische Mechanismus sei, meint Argyris, darin begründet, dass der Geschäftsführer seine Mitarbeiter nicht bloßstellen wollte, die die Verfahren ja ohne zu Murren akzeptiert hatten, möglicherweise weil sie nicht als Miesmacher dastehen wollten. Doch weil der Chef nicht weiter nach den Ursachen geforscht hatte, war ein echtes Lernen unmöglich, da die Beteiligten ihr eigenes Verhalten nicht überprüfen konnten: Warum hatte keiner die Führungsetage auf die Probleme aufmerksam gemacht? Argyris konstatiert, dass im Zeichen des viel zitierten positiven Denkens Manager oft unterdrücken, was alle eigentlich hören sollten. Damit nehmen sie sich selbst und ihrem Team jedoch die Möglichkeit, eigenverantwortlich zu handeln, denn sie können nicht lernen, ihr Verhalten zu verstehen. „Weil das Lernen einer doppelten Schleife davon abhängt, die Prämissen und Formen des eigenen Verhaltens auf die Waage zu legen, richtet sich eine solch halbherzige, scheinbar wohlmeinende Strategie in Wirklichkeit gegen das echte Lernen."
Im Grunde zeigt dieses Beispiel einen Manager, der sich „sozial verträglich" verhält, um Lernprozesse aufzuhalten. „Was wir nicht sehen, jedenfalls nicht ohne weiteres", resümiert Argyris, „sind die Gründe, aus denen überhaupt Menschen im Betrieb das Lernen aufhalten möchten. Genaueres Hinsehen führt uns zu einer Reihe tieferer und komplizierterer individualpsychologischer Motive."
Hier wird der Unterschied zwischen Single-loop und Double-loop in Bezug auf wichtige Änderungen im Lerngefüge eines Unternehmens deutlich. Problematisch bei einschleifigem Lernen ist, dass es vermutlich jahrelang als Problemlösungsmuster ausreichte, aber der Entwicklung nicht mehr standhält. Durch Single-loop induzierte Verhaltensänderungen sind meist nicht generalisierbar bzw. auf andere Situationen über-

tragbar, und gerade in innovativen Umsetzungsprozessen ergeben sich immer wieder neue Situationen, für die das „Umsetzungsmodell" eventuell noch nicht gedacht ist. Im Sinne von Rolf Wunderer und Heike Bruch kann sich die Förderung der Umsetzungskompetenz nicht auf eine „Modellvermittlung" beschränken, sondern muss darüber hinaus darauf gerichtet sein, Individuen darin zu fördern, selbst neue Problemlösungen zu entwickeln, sie zu erproben und in Experimenten selbstständig weiterzuentwickeln, also doppelschleifiges Lernen zu fördern. Nur wenn Einstellungen, Grundannahmen und Werte grundsätzlich als veränderbar angesehen werden, können kognitive Bezugsrahmen verändert und Wahrnehmungsmuster überarbeitet werden. Bei diesem „innovativen Lernen" werden bestehende Gewohnheiten und Alltagsroutinen, bewährte Lösungsansätze und akzeptierte Vorstellungen und Überzeugungen aufgegeben. Dieser Lernprozess ist für umsetzungsorientiertes Lernen nicht nur förderlich, sondern dessen integraler Bestandteil.

Deutero-Lernen

Eine Förderung der Umsetzungskompetenz könnte aber auch noch auf einer höheren Ebene ansetzen und die so genannte „Metakompetenz" fördern. Dies geschieht durch eine Unterstützung des Prozesslernens, was Argyris in Anlehnung an Gregory Bateson als „deutero-learning" bezeichnet hat. Hier steht der Prozess des Lernens oder die gesamte unternehmerische Lernarchitektur auf dem Prüfstand. Ein „Lernen zu lernen" erfolgt, indem – beispielsweise über Reflexion, Analyse und Herstellung eines Sinnbezugs – ein Verständnis für den Ablauf des eigenen und unternehmensspezifischen Lernprozesses aufgebaut wird.

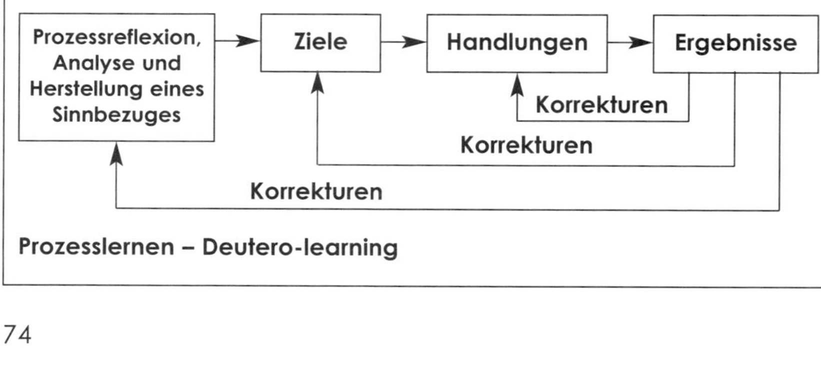

Prozesslernen – Deutero-learning

Das Konzept des defensiven Denkens („defensive routines“)

Wenden wir uns noch einmal dem Fall der 40 Abteilungsleiter zu. In der Tat werden zweifellos mit einem rigorosen linearen „Total Quality Management“-Denken einige wichtige Probleme gelöst. Und es lässt sich beobachten, dass die Mitarbeiter in einer einfachen Reflexionsschleife einige Dinge effektiv lernen.

Doch es kommt nicht zu einem Lernen in einer Doppelschleife und schon gar nicht zu Deutero-Lernen. Stattdessen wird streng linear gedacht und eine defensive Denkhaltung eingenommen, sobald die Auseinandersetzung mit den vorliegenden Problemen potenziell bedrohliche oder peinliche Fakten berührt.

Man sieht förmlich vor sich, wie die Abteilungsleiter jegliche Verantwortung heftig von sich weisen und sich gegen den Vorwurf der Untätigkeit – oder, schlimmer noch, der Komplizenschaft – wappnen, indem sie anderen die Schuld zuweisen.

Was Argyris defensives Denken nennt, dient in der Tat zu nichts anderem als zum Selbstschutz – obwohl kaum einer, der sich so verhält, wahrnimmt, dass er sich dadurch nur selbst abschirmt. Angeblich ist es die Gruppe, die Abteilung, die Organisation, die diese Menschen so im Namen des positiven Denkens in Schutz nehmen. Sie sind überzeugt davon, dass sie dabei genauso rigoros denken wie vom TQM-Konzept vorgeschrieben: Probleme erkennen, objektive Daten sammeln, Ursachen feststellen, Erklärungen überprüfen und Korrekturmaßnahmen ableiten – alles in relativ wissenschaftlichen Bahnen.

Doch die tatsächlich von den Abteilungsleitern praktizierten Verfahren – nämlich das Zusammentragen ausgewählter Daten, die Behauptung von Ursachen, die kein schiefes Licht auf die eigene Arbeit werfen, das Erproben von Erklärungen auf nachlässige und eigennützige Weise – sind für Argyris eher eine Karikatur wissenschaftlichen Vorgehens.

Im Grunde nehmen die Abteilungsleiter nicht andere in Schutz, sondern beschuldigen sie. Mit der Zeit haben sie diese Prozedur sorgsam gelernt, auf Schritt und Tritt unterstützt von solchen betriebstypischen Begründungen wie „Rücksicht nehmen“ und „mit Bedacht vorgehen“. Letztlich ist nach Argyris der Grund dafür, dass die Abteilungsleiter ihr

eigenes, ziemlich merkwürdiges Verhalten nicht in Frage stellen – warum sie also das Lernen in einer doppelten Schleife so instinktiv und durchweg vermeiden –, ein psychologischer Grund.
Um das zu verstehen, müssen wir uns mit den Denkmustern beschäftigen, die wir alle früh im Leben angesichts emotional bewegender oder bedrohlicher Situationen entwickeln.
Beim Heranwachsen erlernen und verinnerlichen wir solche programmhafte Muster für das Verhalten in schwierigen Situationen. Diese Programme stellen für uns verbindliche Regelwerke dar, nach denen wir unser eigenes Handeln einrichten und das Handeln anderer interpretieren. Wir rufen sie auf, wenn wir ein Problem analysieren oder eine Lösung finden oder abschätzen müssen. Ohne diese verinnerlichten Denkmuster müssten wir bei einer Herausforderung jedes Mal wieder das Rad neu erfinden und quasi bei null beginnen.
Eine der rätselhaften Eigenheiten dieser mentalen Modelle ist es, dass wir nicht erkennen, dass wir angesichts peinlicher oder bedrohlicher Probleme meist andere Denkmuster aktivieren, als wir meinen. Jeder von uns verfügt über etwas, was Argyris als eine „das eigene Handeln parteiisch unterstützende Theorie“ nennt, gegründet auf Prinzipien und Regeln, die unseren geistigen Grundlagen und Verpflichtungen entsprechen. Doch die meisten von uns besitzen noch eine andere Theorie, auf die wir unter Stress zurückgreifen: die „Theorie zum Gebrauch“. Nur wenige sind sich der Gegensätzlichkeit beider Theorien bewusst. Nach Argyris ist hier die Begründung zu suchen, warum die meisten von uns fortgesetzt widersprüchlich handeln.
Die verinnerlichten Unterstützungstheorien können höchst unterschiedlich sein. Dagegen beruhen die meisten Theorien zum Gebrauch auf den gleichen vier beherrschenden Werten. Wir alle richten unser Verhalten darauf aus,

→ Situationen von uns aus unter Kontrolle zu behalten,
→ möglichst viel zu gewinnen und möglichst wenig zu verlieren,
→ negative Gefühle zu unterdrücken und
→ so vernünftig wie möglich zu sein.

Das heißt im Klartext, dass wir uns deutlich umrissene Ziele setzen und unser eigenes Verhalten danach bewerten, ob wir sie erreicht haben oder nicht.

Diese Strategie bezweckt, Verletzbarkeit, Risiko, Bloßstellung und den Anschein von Inkompetenz zu vermeiden. Wir haben es – mit anderen Worten – mit einer zutiefst defensiven Strategie zu tun und zudem mit einem Rezept für unzulängliches Lernen.

Argyris nennt es sogar ein Rezept wider das Lernen, weil es uns dabei unterstützt, ein Reflektieren der kontraproduktiven Folgen unseres eigenen Verhaltens zu umgehen.

Theorien zum Gebrauch unterstellen eine Welt, in der einseitige Kontrolle und gewinnreiches Abschneiden über allem anderen stehen, eine Welt, in der wir primär auf die Kontrolle über andere fixiert sind und uns darauf konzentrieren sicherzustellen, dass wir selbst nicht unter die Kontrolle anderer geraten. Sofern Reflexion überhaupt erfolgt, dient sie dem Zweck, zu gewinnen und das Geschehen zu steuern, nicht aber dazu, uns einem echten Lernen zu öffnen.

Darüber hinaus halten uns Defensivstrategien auch noch auf andere Weise vom Reflektieren ab. Da wir sie in unserem Leben ständig anwenden, sind wir darin äußerst geschickt. Geschicktes Vorgehen wird so zur zweiten Natur; nur selten verschwenden wir schließlich viele Gedanken an Dinge, die wir für selbstverständlich halten.

Bei Beobachtungen von über 6.000 Personen konnte Argyris feststellen, wie sehr solche Defensivtheorien zum alltäglichen Gebrauch universell üblich sind – ohne messbare Unterschiede nach Land, Lebensalter, Geschlecht, ethnischer Zugehörigkeit, Bildung, Wohlstand, Macht oder Lebenserfahrung.

Überall auf der Welt, egal in welcher Branche oder Organisation, bei welcher Art von Krise und Zwangslage, werden die Menschen durch die Prinzipien des defensiven Denkens darin bestärkt, ihr eigenes Verhalten ununtersucht zu lassen und ihre Prämissen und Schlussfolgerungen nicht unvoreingenommen zu prüfen.

Zu allem Übel gibt es auch noch ein anderes, universell verbreitetes Phänomen, das Argyris das „Auftreten organisatorischer Abwehrroutinen" bezeichnet und das echtes Lernen in Organisationen hemmt. Diese organisatorischen Abwehrroutinen „bestehen in all jenen Maßnahmen, Praktiken und Vorgehensweisen, die Menschen davor bewahren sollen, bloßgestellt oder bedroht zu werden, sie aber gleichzeitig auch davon abhalten, sich mit dem Wesen und den Ursachen solcher Bloßstellungen oder Bedrohungen zu befassen.“[31]

Nehmen wir an, ein Mitarbeiter habe falsch entschieden, und nun gehe es – auch dem Vorgesetzten – darum, sein Gesicht zu wahren. Damit es funktioniert, darf der Vorgesetzte seine Absicht nicht offen äußern. Wenn die Führungskraft dem Mitarbeiter sagt, sie sei bemüht, das Gesicht zu wahren, so hat sie bereits verloren.

Was sie ihm also wirklich sagt, wird in Bezug auf das Resultat seiner Entscheidung frei erfunden sein und eine Lüge über die Gründe der Führungskraft, diese Entscheidung wieder aufzuheben. Und noch bedeutsamer: Sofern der Mitarbeiter die nicht ganz eindeutige Botschaft richtig auffasst, wird er sich höchstwahrscheinlich nicht weiter dazu äußern.

Die zugrunde liegende Logik ist wie bei allen Abwehrroutinen in einer Organisation für Argyris unmissverständlich:

- → mehrdeutig bleiben („Ihre Entscheidung war zwar richtig, aber ich hebe sie wieder auf“);
- → so tun, als sei die Botschaft eindeutig („Sie dürfen stolz auf Ihren Beitrag sein“);
- → die mehrdeutige Aussage und die vermeintliche Begründung undiskutierbar machen („Damit bin ich zufrieden und Sie sind es sicher auch“);
- → die Undiskutierbarkeit undiskutierbar machen („Gibt es nun, da ich alles zu Ihrer Zufriedenheit erklärt habe, sonst noch etwas, worüber Sie sprechen möchten?“).

Defensivdenken beginnt, wenn die Einzelnen ihre Grundannahmen und -vermutungen im Stillen treffen und dann noch Schlüsse ziehen, die sich nicht überprüfen lassen, es sei denn, an Hand dieser verborgenen Vorgaben. Nichts aber könnte dem Lernen in der Organisation abträglicher sein als dieser Prozess, bei dem sich individuelle Taktiken der Selbstverteidigung zu einer betrieblichen Routine entwickeln.

Doch eben in diesem Dickicht verfangen sich Führungskräfte nur allzu leicht, wenn sie versuchen, die Wahrheit über Probleme herauszubekom-

---

[31] Argyris, Schön 1978

men, die als peinlich oder bedrohlich empfunden werden. Aufgefordert, ihr eigenes Verhalten oder das von Mitarbeitern zu analysieren, sind sich alle Manager ziemlich gleich:

- → Sie argumentieren defensiv und gehen mit anderen zusammen, die ebenfalls defensiv argumentieren;
- → sie verlangen nach oberflächlichen, vereinfachenden Erkenntnissen, die zu oberflächlichen, vereinfachenden Rückschlüssen führen;
- → sie bestärken sich gegenseitig in betrieblichen Abwehrroutinen, die den Zugang zu aussagekräftigen Informationen und zu echtem Lernen versperren;
- → sie durchschauen ihre eigenen Abwehrstrategien nicht, weil sie ihnen automatisch und geschickt folgen; und
- → ihnen wird nicht bewusst, dass sie so manche Abwehrreaktion selbst verursachen; wenn ihnen abwehrendes Verhalten auffällt, dann nur bei anderen.[32]

Bei diesen eingebauten Widerständen gegen Selbsterkenntnis und Selbstprüfung in bedrohlichen Situationen, schreibt Argyris, sei es ein Wunder, dass im Unternehmen überhaupt gelernt wird. Und dieses Wunder erscheint noch größer, wenn man bedenkt, dass viele Formen der Kommunikation, um deren Vervollkommnung sich das Management so sehr bemüht, diese Barrieren noch verstärken.

Falsches **Umfeld** – Entmutigungs- statt Ermutigungskultur

> *„Wir müssen jetzt an die Arbeit gehen. Ich rufe auf zu mehr Selbstverantwortung. Ich setzte auf erneuerten Mut. Und ich vertraue auf unsere Gestaltungskraft. Glauben wir wieder an uns selber. Die besten Jahre liegen noch vor uns."*
>
> *Aus der „Berliner Rede" von Roman Herzog*[33]

---

[32] Argyris 1997

[33] Aus: Manfred Bissinger (Hg.): *Stimmen gegen den Stillstand*

In Deutschland, so meinte Peter Schneider im „Spiegel", unterschätzt man eine Energie, die in den USA praktisch greifbar ist: „Lebensmut, Risikobereitschaft, Selbstvertrauen. Zwar ist wahr, dass Völker, denen alle anderen Ressourcen fehlen, mit Optimismus und guter Laune allein nicht viel ausrichten können. Im reichen und verwöhnten Deutschland aber, das einer erstaunten Welt bis zur Wahl 1998 das Bild eines Querschnittsgelähmten geboten hat, wird diese immaterielle Kraft zum entscheidenden Produktionsfaktor."[34]

Wer mal in den Vereinigten Staaten gelebt hat und ein Kind dort in der Schule hatte, weiß, wie Peter Schneider, wie die mentale Droge wirkt, die man dort „high expectation" nennt: „Du bist gut, du kannst etwas, was andere nicht können, wir glauben an dich, du wirst es schaffen!" In Deutschland wird die Kunst des Ermutigens und Lobens hingegen weder geübt noch gelehrt. „Wer zuerst den Fehler findet – an einem Produkt, einem Projekt, einem Kollegen –, der hat den Vogel abgeschossen."

So gilt, meint Schneider, das Runtermachen, die ätzende Kritik, das Desillusionieren als Zeichen intellektueller Überlegenheit. Wer hingegen Lob ausspricht, bei dem liegt die Vermutung nahe, „dass er sein Studium vorzeitig abgebrochen hat oder im Sold des Gelobten steht".

Encouraging Leadership

Nur eine Ermutigungskultur schafft die richtigen Rahmenbedingungen für hohe Umsetzungskompetenz. „Wenn I nix soag", sagt der Bayer, „ist's Lob g'nug!" Und der Schwabe meint: „Net getadelt, ischt g'lobt!" Nichts sagen oder einfach ignorieren verletzt allerdings zutiefst das Bedürfnis des Menschen nach Anerkennung, unserem zentralen Antrieb schlechthin. Entmutigung raubt uns das Wichtigste, was wir im Leben brauchen, nämlich Mut.

Eine deutsche Unternehmensberatung filterte in einer empirisch gesicherten Studie als wichtigste Schlüsselqualifikationen für Zukunftsbewältigung Mut und Risikobereitschaft heraus. Der Königsweg, um das natürliche Wachstumspotential der Mitarbeiter zur Entwicklung zu bringen, ist deshalb Encouraging Leadership, die Kunst der aktiven Ermutigung.

[34] Schneider 1998

Überall dort, wo beim Einzelnen, in Work-groups oder im gesamten Unternehmen konstruktive Entwicklungsprozesse ausgelöst werden sollen, kann dies nur durch aktive Ermutigung geschehen. Dabei ist es unerheblich, um welche Veränderungsprojekte oder Zielvorgaben es sich handelt. Fallen sie auf den Boden der Entmutigung, dann sind und bleiben sie wirkungslos.

Dies erklärt zum Beispiel auch das Scheitern der meisten eins zu eins übertragenen US-Philosophien auf den deutschen Markt. Geringschätzend schaut die typisch deutsche Führungskraft auf die als oberflächlich apostrophierte Begeisterungsfähigkeit der US-Amerikaner. Es ist vermutlich richtig, dass Optimismus, Lebensmut und Risikobereitschaft allein wenig bewerkstelligen können, wenn alle anderen Ressourcen fehlen. Aber ohne Mut funktioniert alles andere auch nicht.

Der Unterschied beginnt bereits sehr früh. Während Kinder in den USA bereits in der Schule bei allem, was sie tun, hören: „Du bist du und gut genug. Du schaffst es", wird in Deutschland Lob und Ermutigung weder geübt noch gelehrt.

Ganz im Gegenteil: Derjenige, der zuerst den Fehler findet – am Kollegen, am Arbeitsergebnis oder einem Projekt – wird als besonders bedeutend eingestuft. Schlechtmachen und kritisieren, das ist für die Deutschen Ausdruck intellektueller Überlegenheit. Wer lobt, bringt sich, wie Peter Schneider so herrlich formulierte, in den Verdacht, dass er sein Studium vorzeitig abgebrochen hat oder im Sold des Gelobten steht.

Mit Mut und Selbstbewusstsein wären wir zwar gesellschaftlich nicht mehr so manipulierbar und konsumbereit, aber wir wären kreativer und entscheidungsfreudiger, würden unsere Herausforderungen aktiver angehen und schneller sinnvolle Kontakte zu anderen Menschen aufbauen. Ermutigung macht, wie der Psychologe Theo Schoenaker es formuliert, den Schwachen stärker, den Kranken gesünder, den Zweifelnden sicherer, den Ängstlichen mutiger, den Kleinen größer, macht Diskussionen konstruktiver, fördert den Frieden und die Harmonie in den Familien und am Arbeitsplatz und überall dort, wo Menschen zusammen sind.

Ermutigung ist das Öl im Getriebe einer funktionierenden Beziehung zwischen Vorgesetzten und Mitarbeitern. Sie wirkt präventiv und unterstützt die selbstregulierenden Kräfte des Menschen. Sie ist überall einsetzbar und erlernbar.

Das tägliche Handwerkszeug für ermutigende Führungskräfte

✓ Keine Kritik vor Dritten
✓ Emotionskontrolle
✓ Verzicht auf persönliche Angriffe
✓ Selbstbewusstsein stärken
✓ Verzicht auf Ego-Spiele
✓ Vermeiden der üblen Nachrede

Entmutigungsrituale sind in vielen Unternehmen fest etabliert und deshalb sehr schwer abzustellen. Encouraging-Leadership-Strategien müssen deshalb sorgfältig geplant und abgestuft eingeführt werden, sollen sie nicht als von oben verordnete Führungsleitlinien – abgedruckt in Hochglanzbroschüren – zur Lachnummer verkommen. Eine Kultur des Machbaren muss die Kultur der Begrenzung ablösen, damit auch bei uns im deutschen Sprachraum ein Klima der Leistungsbereitschaft durch positive Ermutigung entsteht.

Kein **Grundvertrauen**: Als Tiger gestartet – als Bettvorleger gelandet

Was uns täglich kränkt, worüber wir uns ärgern, was Schuldgefühle in uns auslöst und was Aggressionen provoziert, sind oft nicht die großen und dramatischen Zwischenfälle. Eine Reihe von scheinbar kleinen Auslösern, die wir zunächst kaum wahrnehmen, sind verantwortlich für den großen zerstörerischen Konflikt. Eine wesentliche und im Alltag hinsichtlich ihrer Bedeutung oft sträflichst missachtete und nicht selten grob missbräuchlich verwendete scharfe Waffe ist die verbale Äußerung, die scheinbar so nebensächlich hingeworfene negative Bewertung einer Person oder einer Handlung.
„Die Zunge ist ein scharfes Schwert" ist eine überlieferte und gelungene Metapher für die enorme Zerstörungskraft unserer Sprache. Kleine,

aber sehr gefährliche Nadelstiche, wie sie z. B. Eltern oft unreflektiert verwenden, sind dabei so scheinbar belanglose Sätze wie „Das schaffst du bestimmt auch wieder nicht ...“ oder „Mehr habe ich von dir auch nicht erwartet!“. Gelegentlich noch angetrieben von der irrsinnigen Annahme, man könnte seine Mitmenschen durch ein beleidigendes geäußertes Missfallen zur Verhaltenskorrektur ermutigen, setzen manche Väter und nicht wenige Mütter, aber auch Ehepartner und Vorgesetzte zu einer wahren Entmutigungsorgie an und sind gelegentlich dann noch stolz auf ihre „gelungene“ Formulierung. Wer kennt sie nicht, die entmutigenden Botschaften unserer Eltern, Lebenspartner und Freunde? „Das schaffst du nie!“, sagt die Mutter bei den ersten zaghaften Versuchen des Sohnes, in seinem Zimmer ein Bild selber aufzuhängen und dafür ein Loch zu bohren. „Du hast aber wirklich zwei linke Hände!“, sagt der Vater, als der Sohn ihm beim Rasenmähen helfen möchte, aber statt des Rasens das Kabel zerschneidet. „Mein Gott, stellst du dich blöd an“, sagt der Ehemann, als er seiner Frau die Funktionen seines Laptops erklären will. Wie kommt es zu solchen Attacken auf das Grundvertrauen?
Nun, das hat viel mit unserem Selbstbild, unserer Meinung über uns selbst zu tun. Wir Menschen sind soziale Wesen. Wir gehören alle einer Gemeinschaft an und möchten uns zugehörig fühlen. Tun wir das, dann erledigen wir unsere Aufgaben erfolgreich (siehe auch „Negaholismus“, Seite 86 ff.). Leider sind aber viele von uns mit dem Gefühl aufgewachsen, in der Familie nur geduldet zu sein, manche sogar mit der Überzeugung, nur lästig zu fallen oder sogar zu glauben, sie würden besser gar nicht existieren. Gerade auf Grund der zitierten verbalen Negativäußerungen fällt es uns oft schwer zu glauben, dass wir wertvoll sind und einen wichtigen Platz in der Gesellschaft haben. Die meisten Menschen kämpfen ihr ganzes Leben gegen die entmutigenden Erfahrungen in ihrer Kindheit und in der Schule. Minderwertigkeitsgefühle sind das Ergebnis einer langen Reihe solcher Erfahrungen und verbalen Kränkungen, die uns zu dem Schluss führen, „So wie ich bin, bin ich nicht gut genug“.
Wer sich minderwertig, klein, unterlegen fühlt, der hat, wie jeder von uns wohl weiß, auch die Neigung, andere klein zu machen. Wir kritisieren andere, wenn wir uns minderwertig fühlen. Wir werten andere ab, wenn wir uns selbst abgewertet haben, und so wird die Kette der

Zerstörung des Grundvertrauens weiter geschmiedet bis hin zur unaufhaltsamen und oft nicht mehr korrigierbaren Feindseligkeit zwischen Vater und Sohn, zwischen Ehepartnern und Geschäftsfreunden. Nicht wenige Leistungsstörungen von Kindern in der Schule sind nach Aussage von Kinderpsychologen auf die durch verbale Negativattacken von Vätern oder Lehrern ausgelösten Minderwertigkeitsgefühle zurückzuführen. So konnten sogar Asthmaanfälle bei Kindern deutlich reduziert werden, als man die Eltern einem verbalen Ermutigungstraining zugeführt hatte. Die Psychosomatik, also die Lehre von der Wechselwirkung zwischen körperlicher Erkrankung und seelischem Leiden, kennt eine Reihe von ähnlichen Fällen, wo z. B. jahrelang erfolglos medikamentös behandelte Verdauungsstörungen und Magenschmerzen von Ehefrauen geheilt werden konnten, nachdem man den Ehemännern durch Therapien beigebracht hatte, wertschätzende und vertrauensstärkende Botschaften auszusprechen und eine positive Grundhaltung zu leben.
Wie sieht es bei Ihnen aus? Machen Sie ein kleine Überprüfung und beobachten Sie, wie oft Sie die Tendenz haben, negative Äußerungen den Vorrang vor einer ermutigenden Botschaft zu geben.
„Nicht die Welt als solche ist schlecht, nur die Art und Weise, wie wir sie betrachten", sagte schon die Stoa vor mehr als 2000 Jahren. Sie haben es meistens selbst in der Hand. Wenn der Sohn am Abend erst mit den Hausaufgaben beginnt, können Sie sagen: „Aha, am Abend wird der Faule fleißig!" und einen guten Ansatz zur Leistung zerstören, oder Sie können ihn ermutigen mit dem einfachen Satz: „Prima, dass du loslegst!" Wenn der Ehepartner am frühen morgen ein Liedchen trällert, mag Ihnen der Satz durch den Kopf gehen: „Vögel, die morgens singen, holt abends die Katze!" Besser wäre: „Schön, dass du so fröhlich aufgewacht bist!"
Damit lenken Sie letztlich Ihre Aufmerksamkeit auf eine positive Grundhaltung, und Ihre Stimmungslage wird sich deutlich verbessern, das ohnehin meist geschwächte Grundvertrauen wird gestärkt. Übung macht den Meister. Geben Sie auch Ihren fehlerhaften Mitmenschen eine berechtigte Chance und schaffen Sie eine wertschätzende Atmosphäre. Nicht wie in der selbst erlebten Geschichte, wo der überstrenge Vater, der seinen um Anerkennung kämpfenden Sohn bei einem Fehl-

verhalten ertappte und ihn in Gegenwart seiner Freunde mit dem Satz aufmuntern wollte: „Na, wohl wieder als Tiger gestartet und als Bettvorleger gelandet.“ Der Vater strahlte ob seines gelungenen „Bonmots“. Der Sohn war wegen des Gesichtsverlustes den Tränen nahe und wird vermutlich lange an dieser Verletzung zu kauen haben. Vielleicht sogar – je nach Persönlichkeitsstruktur – vom Suizid bis zur Rache angestoßen werden. Bedenken Sie: „Die Zunge hat keine Knochen, aber sie kann Knochen brechen.“

Sieben Tipps

für eine ermutigende und aufbauende Kommunikation zur Stärkung des Grundvertrauens:

1. Kontrollieren Sie bewusst Ihre eigenen Sprachmuster.
   Motto: „Steter Tropfen höhlt den Stein“
2. Beobachten Sie bei anderen, wie oft „destruktive“ Wörter benutzt werden.
   Motto: „Wehre den Anfängen“
3. Schreiben Sie Ihre immer wiederkehrenden negativen Formulierungen auf, um sie besser identifizieren zu können.
   Motto: „Nur wer sich selbst kennt, weiß, was er anderen zumutet“
4. Nehmen Sie sich täglich ein oder zwei Anerkennungsrituale für wichtige nahe stehende Menschen vor und führen Sie sie aus – auch wenn es schwer fällt.
   Motto: „Jede Reise beginnt mit dem ersten Schritt“
5. Bleiben Sie dran!
   Motto: „Gut Ding will Weile haben“
6. Lassen Sie sich von Rückschlägen nicht beirren.
   Motto: „Es ist noch kein Meister vom Himmel gefallen“
7. Gehen Sie mit gutem Beispiel voran.
   Motto (nach Kierkegaard): „Erziehung ist Liebe und Vorbild“

Ungeeignete **Denkmuster**

Negaholismus

Die Verhaltensforscher gehen davon aus, dass rund 80 Prozent dessen, was wir tun und denken, den Gesetzen der Nachahmung unterliegen. Berücksichtigt man diese Zahl, dann wird schnell klar, welchen gravierenden Einfluss die Denk- und Verhaltensgewohnheiten der Eltern auf das heranwachsende Kind haben. Aber selbst einem mit gesundem Selbstvertrauen aufwachsenden Kind kann es natürlich passieren, dass es im späteren Schul- oder Berufsleben einem Auslöser der Zivilisationskrankheit des Negaholismus erliegt. Die Grundvoraussetzung dafür ist aber immer und in jedem Fall ein zu schwaches Selbstbewusstsein oder Selbstwertgefühl.

Versuchen wir bis an die Wurzel des Übels zu kommen, dann müssen wir natürlich die Frage stellen: „Wie kann es überhaupt zu einem desolaten Selbstwertgefühl kommen?"

Die Antwort kommt aus der Individualpsychologie Alfred Adlers. Adler sieht den Menschen als soziales Wesen, das einer Gemeinschaft angehört und sich zugehörig fühlen möchte. Wenn wir uns in einer Gemeinschaft, zum Beispiel am Arbeitsplatz, in einer Leistungsgruppe oder auch der eigenen Familie zugehörig fühlen, dann erledigen wir unsere Aufgaben eher erfolgreich und zufrieden stellend, weil wir uns einfach gut fühlen. Wer als Kind das Glück hatte, sich in der Herkunftsfamilie derart zugehörig und geborgen zu fühlen, der überträgt dieses Gefühl der Sicherheit ebenso wie die Bereitschaft, positiv und ergänzend auf die Gemeinschaft zuzugehen, auch auf das Erwachsenenleben und fühlt sich selbstbejahend als gleichwertiger Teil der ganzen Menschheit.

Sich zugehörig zu fühlen ist gekoppelt an die Gewissheit, dass man eine Bedeutung für die jeweilige Bezugsgruppe hat. Bei den meisten der Menschen, die uns im Seminaralltag über den Weg laufen, ist das nicht oder nur höchst eingeschränkt der Fall. Sie kommen sich in vielen Situationen als Außenstehende, klein und unbedeutend, nicht gleichwertig vor und können daraus nicht die Kreativität und Energie schöpfen, die für eine sinnvolle Umsetzung der Vorsätze und eine kreative Zusammenarbeit nötig wären.

Als Kind haben viele schon den Schluss gezogen, dass sie nicht wertvoll sind, dass sie so, wie sie sind, nicht sein dürfen und kein Platz für sie da ist: Nicht erstaunlich, dass es uns dann als Erwachsene auch schwer fällt oder sogar unmöglich ist, zu glauben, dass wir, nur weil es uns gibt, nur weil wir geboren wurden, einen festen Platz haben und dazugehören und nicht durch besondere Anstrengungen oder sogar überdurchschnittliche Leistungen den Platz erst erobern müssen.
Es fällt uns schwer, weil wir uns minderwertig fühlen. Kinder kommen nicht auf die Welt mit dem Gefühl, nicht gut genug zu sein. Das soziale Minderwertigkeitsgefühl, das der Adler-Schüler Rudolf Dreikurs das schwierigste Problem nannte, das der moderne Mensch zu lösen hat, wird erst in „guter" Zusammenarbeit von Kind und Erziehern entwickelt.
Der Individualpsychologe Theo Schoenaker sagt dazu, dass es viele Ursachen geben kann, warum jemand zu wenig Selbstwertgefühl hat: Wer als Kind zu sehr verwöhnt wurde, konnte seine eigenen Stärken nicht ausprobieren und erfahren und glaubt deswegen auch später noch, etwas nicht zu können oder es anderen überlassen zu müssen. Wer sich abgelehnt oder vernachlässigt gefühlt hat, glaubt auch als Erwachsener noch, in einer feindlichen Welt zu leben. Wer meint, immer auf Zehenspitzen stehen zu müssen, hat als Kind vielleicht erlebt, nur gut genug zu sein, wenn er besser war. Wer sein Vertrauen zu anderen Menschen verloren hat, hat vielleicht den frühen Verlust einer Person erlebt, die alles für ihn bedeutete, oder die Geburt eines Geschwisters, das ihm die Liebe der Mutter weggenommen hat.[35]
Die Gelegenheiten, um Minderwertigkeitsgefühle zu entwickeln, sind vielschichtig, aber fast immer hat mangelndes Selbstwertgefühl etwas mit unserer Neigung zu tun, uns ständig mit anderen zu vergleichen und deren Fähigkeiten, Qualitäten und Lebenssituationen zu überschätzen. Das Bedürfnis nach Zugehörigkeit ist ein leider oft unterschätztes menschliches Grundbedürfnis, das Minderwertigkeitsgefühl ein Ausdruck großer Kränkungen und Frustrationen. Glücklicherweise haben die meisten Menschen nur in Teilbereichen ihrer Vergangenheit schmerzhafte Erfahrungen gemacht und sind dadurch auch nur in einigen Lebensbereichen oder Lebensaufgaben, wie Adler es nennt, gehindert oder minderwertig.

[35] Schoenaker 1999

Aber es gibt genügend Menschen, die durch und durch entmutigt sind, sich nicht den Hauch eines glücklichen Lebens gönnen, sich für den Negaholismus – zumindest unbewusst – entschieden haben und mit erstaunlicher Festigkeit an diesem Selbstbild festhalten.
Das Selbst ist dabei so etwas wie die persönliche Einschätzung unserer Werthaltigkeit, eine persönliche Meinung über uns selbst, die unter Einfluss unserer Gene und der Sozialisation in den jungen Jahren gebildet wurde.
Durch das Prinzip der Hebbsschen Plastizität (siehe auch Seite 66 f.) wissen wir auch, wie schwer es ist und welche Anstrengungen es braucht, um von diesem Selbstbild wieder loszukommen. Es ist nicht einfach – aber jede Reise beginnt bekanntlich mit dem ersten Schritt.
Dieser erste Schritt kann die persönliche Reflexion sein. Hier eine kleine Einschätzungsübung von Chérie Carter-Scott, die den Begriff „Negaholismus“ geprägt hat, um damit das weit verbreitete Problem – den Hang zu Negativität und Selbstzweifel – zu kennzeichnen.

Test: Sind Sie Negaholiker?[36]

	Ja	Nein
1. Fällt es Ihnen manchmal schwer, morgens aufzustehen?		
2. Müssen Sie oft an die Niederlagen und Pleiten in Ihrem Leben denken?		
3. Ertappen Sie sich manchmal dabei, dass Sie sich auf das Schlimmste gefasst machen, damit Sie nicht enttäuscht werden?		
4. Beobachten Sie manchmal, wie Sie beim Hören von guten Nachrichten aus Angst vor den schlechten, die unweigerlich darauf folgen müssen, nervös werden?		
5. Beantworten Sie die Frage „Was wollen Sie?“ oft mit „Ich weiß nicht!“?		
6. Antworten Sie oft mit „Egal“, wenn man Sie fragt, was Sie wollen?		
7. Ertappen Sie sich oft dabei, die Fehler, Versehen, Pannen und sonstige Patzer in Ihrer Vergangenheit als Rechtfertigung dafür heranzuziehen, dass Sie kein neues Risiko eingehen?		

[36] Aus: Chérie Carter-Scott: *Negaholiker, der Hang zum Negativen*

	Ja	Nein
8. Wenn Sie sich irgendein großes Ziel vorstellen, hören Sie dann innere Stimmen, die Ihnen zuflüstern „Das packst du nicht ...“, „Das schaffst du doch nie ...“?		
9. Fällt es Ihnen schwer, sich für Ihre „Noch-zu-erledigen-Liste“ zu begeistern?		
10. Grübeln Sie oft über Missgeschicke, die Sie „verbrochen“ haben?		
11. Ertappen Sie sich häufig dabei, dass Sie sich selbst dafür heruntermachen, wie Sie aussehen, wie Sie sich bewegen oder wie Sie sprechen?		
12. Verfügen Sie über Listen von Dingen, die Sie erledigen wollten, jedoch nicht geschafft haben, und die Sie deshalb gleichsam als Beweismaterial gegen sich selbst anwenden?		
13. Fällt es Ihnen schwer, Ihre Erfolge zu feiern?		
14. Wenn Sie anfangen, sich Ihre Ziele vorzustellen, hören Sie dann eine kleine Stimme, die sagt: „Für wen hältst du dich eigentlich?“		
15. Wenn Sie Komplimente von Freunden bekommen, gehen Sie darüber hinweg, oder suchen Sie gar nach einem möglichen Hintergedanken?		
16. Wenn Sie in den Spiegel sehen, zählen Sie dann oft die grauen Haare und Falten?		
Glauben Sie, Sie könnten jemals ...		
17. ... Ihre Traumwohnung finden?		
18. ... Ihre Traumbeziehung realisieren?		
19. ... so viel Geld verdienen, wie Sie wollen?		
20. ... die Figur haben, die Sie sich wünschen?		
21. ... eine Arbeit haben, die Ihnen Spaß macht, Sie befriedigt und erfüllt?		
Ärgern Sie sich oft über sich selbst, weil Sie ...		
22. ... zu viel Geld ausgegeben haben und /oder ein Geizhals sind?		

	Ja	Nein
23. ... zu viel essen?		
24. ... zu viel trinken?		
25. ... Zeit verplempern?		
Fühlen Sie sich oft ...		
26. ... über sich oder andere verärgert?		
27. ... ängstlich, aus spezifischem Anlass oder generell?		
28. ... im Unklaren darüber, was Sie tun sollten?		
29. ... deprimiert, wegen allem oder wegen nichts?		
30. ... unschlüssig?		
31. ... ungeduldig?		
32. ... unsicher?		
33. ... einsam?		
34. ... reumütig?		
35. ... unglücklich?		
36. ... ungeliebt?		
37. ... bekümmert?		
Fühlen Sie sich selten ...		
38. ... ruhig?		
39. ... fähig?		
40. ... sicher?		
41. ... kompetent?		
42. ... selbstbewusst?		
43. ... begeistert?		
44. ... glücklich?		
45. ... freudig?		
46. ... liebenswürdig?		
47. ... optimistisch?		
48. ... stark?		
49. ... zufrieden?		
Und:		
50. Rackern Sie sich ständig ab, ohne am Ende Ihrer Bemühungen ein Gefühl der Vollendung und Erfüllung zu haben?		

Auflösung

Um das Ausmaß Ihrer Abhängigkeit von negativen Denkmustern festzustellen, werten Sie Ihre Antworten folgendermaßen aus:

- → Geben Sie sich 2 Punkte für jedes Ja auf die Fragen 1-16,
- → geben Sie sich 2 Punkte für jedes Nein auf die Fragen 17-21,
- → geben Sie sich 2 Punkte für jedes Ja auf die Fragen 22-49,
- → und falls Sie die Frage 50 mit Ja beantwortet haben, geben Sie sich weitere 2 Punkte.

Zählen Sie jetzt bitte Ihre Punkte zusammen und ermitteln Sie Ihren Zustand entsprechend der nachstehenden Einteilung.

0 Punkte: Sie können sich zu Ihrem positiven Selbstbild und Ihrem hohen Selbstwertgefühl gratulieren und sich auf ein gesundes, erfülltes Leben freuen.

2–24 Punkte: Ein leichter Fall von Negaholismus. Sie müssen sich jedoch keine große Sorgen machen. Ein bisschen Bestätigung und gutes Zureden von Ihnen selbst und von Ihren Lieben, und Sie kriegen das sehr gut hin.

26–40 Punkte: Sie haben eine deutliche Tendenz zum Negaholismus. Wahrscheinlich liegt es in Ihrer Familie. Wenn Sie die Sache sofort angehen, können Sie das Übel im Keim ersticken. Lassen Sie es weiterhin schwelen, so könnte es sich mit der Zeit äußerst schädlich auf Ihre Gesundheit auswirken. Eine Selbsterfahrungsgruppe, ein Workshop zur Erhöhung des Selbstwertgefühls, eine Therapie oder die Teilnahme an einer Selbsthilfegruppe wären angebracht. Außerdem sollten Sie sich im Vierteljahr mindestens ein Selbsthilfe-Buch zu Gemüte führen, das Sie beim Aufbau eines positiven Selbstbildes unterstützt.

42–60 Punkte: Sie müssen Ihren Zustand ernst nehmen. Ohne die richtige Behandlung und Pflege wird die Krankheit des Negaholismus bei Ihnen voll zum Ausbruch kommen. Sie brauchen jede Woche irgendeinen positiven Impuls, um dieser Situation abzuhelfen. Ein Schaubild an der Wand mit Sternchen und Aufklebern, Tagebuch-Schreiben, das Auflegen von Selbsthilfe-Kassetten zur Stärkung des positiven Selbstbildes

beim Autofahren oder vor dem Zubettgehen, ein Selbsthilfe-Buch pro Monat und zehn schriftliche Sätze lobender Selbstanerkennung pro Tag werden helfen, diesem fortgeschrittenen Krankheitszustand beizukommen.
62–80 Punkte: Sie befinden sich in der Gefahrenzone. Sie können nicht mehr einfach alles zudecken, die Situation hinnehmen oder hoffen, dass sie sich zum Positiven wendet, sobald Sie abnehmen, den gewünschten Job kriegen, die Traumbeziehung finden oder einen Ortswechsel versuchen. Gestehen Sie sich ein: Sie haben es mit einer richtiggehenden Sucht zu tun, und Sie müssen sich damit auseinander setzen. Psychisch machen Sie sich erbarmungslos nieder. Es gibt jedoch Hoffnung – es ist keineswegs alles verloren. Als Erstes müssen Sie akzeptieren, dass Sie „Negaholiker" sind, und sich verpflichten, alles Nötige zu unternehmen, um dieser Sucht entgegenzuwirken.
82–100 Punkte: Sie sind ein „amtlich bestätigter" Negaholiker! Sie müssen sich als solcher erklären und täglich Maßnahmen ergreifen, um dieser Sucht beizukommen. Sie ist inzwischen mächtiger als Sie selbst. Die Negativität ist dermaßen subtil, dass Sie sie kaum noch bemerken; Ihre Gedanken und Ihre Gefühle sind davon völlig beherrscht. Sie brauchen ein festes Programm, mit dessen Hilfe Sie Ihre Dämonen exorzieren können. Lesen Sie dieses Buch und werden Sie aktiv. Fangen Sie sofort damit an! Ein völlig neues Leben erwartet Sie; auch Sie können sich ein positives Selbstbild schaffen.

Nach dieser Auswertung wissen Sie etwas mehr über Ihre persönliche Disposition: Wenn Sie Negaholiker sind, dann sind Sie jeden Tag in einen inneren Kampf verwickelt. Ihre „Ich-kann-Persönlichkeit" kämpft gegen Ihre „Ich-kann-nicht-Persönlichkeit", und eine Ihrer größten Herausforderungen des Lebens wird es sein, zu lernen, wie man mit diesen inneren Kämpfen umgeht.
Ein erster Schritt kann es sein, in der eigenen wichtigen Umgebung, am Arbeitsplatz oder/und in der Familie und im Freundeskreis die unterschiedlichen Negaholikertypen zu identifizieren und deren Einfluss zu minimieren.
Da hätten wir z. B. folgende willkürliche Typisierungen, die für Männer wie Frauen gleichermaßen gelten:

Der Erbsenzähler

Vermutlich ein Mensch mit hohem **Ordnungswert** im Reiss-Motivations-Profil (siehe Seite 176 ff.). Er stellt sehr hohe, man könnte sagen, schon unrealistische **Ansprüche** an sich selbst und an andere. Er erwartet absolute **Vollkommenheit** und verlangt 100, nicht 99 Prozent, er akzeptiert nichts, was nicht an das Ideal heranreicht. Grundsätzlich ist er ein von Vorgesetzten anfangs sehr geschätzter Persönlichkeitstyp, da ein solcher Mensch immer hervorragende Leistungen erbringt, während es aber auf der anderen Seite schwierig bis unmöglich ist, es ihm recht zu machen. Jeder Fehler ist ihm **unerträglich**, und der Druck, seinen Ansprüchen zu genügen, ist sehr hoch. Sein psychologischer Unterbau zeigt eine tiefe Angst davor, unzulänglich zu sein und dadurch bloßgestellt zu werden (das gilt nicht nur für das Privat- und Berufs-, sondern natürlich auch für das Sportlerleben).

Der Überforderungskünstler

Dieser Negaholiker-Typus ist die gesteigerte Version des Erbsenzählers. Reicht es dem Perfektionisten noch aus, wenn seine Vorgaben erfüllt werden, so stellt dieser Typus ständig überhöhte **Ansprüche** an sich (und andere) bzw. setzt (sich) ständig Ziele, die unrealistisch und nicht erreichbar sind. Damit schafft er ein dauerhaftes **Verlierer-Klima**. Für ihn gilt besonders die Warnung von C. G. Jung: „Die übersteigerte Individuation wendet sich gegen das Selbst." Die Ergebnisse liegen auf der Hand: Er quält seine Mitarbeiter und sich selbst. Typische „Volltischler", die im Chaos untergehen, sind seine erklärten Feinde, sieht er so etwas, dann gerät er außer sich, und das Gleiche gilt für geringe Verspätungen, ungepflegte Kleidung oder nicht beachtete Regeln und Dienstvorschriften. Seine Grundeinstellung lautet: **„Nichts ist gut genug."**

Der Einpeitscher

Dieser Typus fordert als Vorgesetzter von sich und anderen das letzte Quäntchen Energie. Bedingungsloser **Einsatz**, keine Pausen, kein Smalltalk, **„Lunch is for loser"**. Bei seinen eigenen Vorgesetzten ist er oft geschätzt, denn der erste Eindruck, den er vermittelt, ist: Er hat seinen Laden im Griff! Als erklärter Feind von Weiterbildungsveranstaltungen findet er Spiel und Freude besonders **unnütz**, weil er sie als erklärte Leistungskiller ansieht.

Herrliche Aussicht!
Keine Zeit!

Der Profischieber

Guter Freund des stressgeplagten „Volltischlers“. Er hat panische Angst, die **Anerkennung** zu verlieren und ist deshalb stets für andere da – nur nicht für sich selbst. Da er keine Störung abblocken kann, bleibt ihm nur die Überstunde, um allen und allem gerecht zu werden. Der Preis ist hoch: Profischieber haben den höchsten **Krankenstand** und sind meistens nicht sehr beliebt.

Der Siedler

„Das haben wir schon immer so gemacht!“, ist seine wichtigste Lebensdevise. Zuverlässig und dauerhaft geht er seinen Weg, unbeirrt durch Rückschläge oder massive Anzeichen von Gefahr. Festgefahren in seiner **Routine**, ist er ein Garant für gleich bleibende Qualität, aber absolut ein Veränderungsverhinderer. Vermutlich hat er die besten Absichten, kann aber aus seiner Haut nicht raus. Menschen dieses Typus gilt es bei Change-Projekten besonders im Auge zu behalten. Sie können das Zünglein an der Waage sein und jedes Projekt kippen.

Der Karpfen

Der amerikanische Management-Guru und Bestsellerautor Dudley Lynch teilte die Mitspieler im „Teich“ in Karpfen, Haie, pseudoerleuchtete Karpfen und Delphine ein.

Der Karpfen achtet auf den **Mangel**, nicht auf den Erfolg. Er stört im Tagesgeschäft weniger, bewegt aber nichts. Seine Grundeinstellung im transaktionsanalytischen Sinne wäre: **„Du bist ok – ich bin nicht ok!“**

Der „Ja, aber“-Typ

Dieser Negaholiker-Typ hat ständig etwas zu nörgeln und auszusetzen und er fixiert erbarmungslos jedes Wort, jede Geste, jede Handlung, jedes Ereignis, um es **überkritisch** auseinander zu nehmen. Das gilt sowohl für ihn selbst als auch für seine Umwelt. Er fühlt sich selbst meist **wertlos** und blockiert, hat aber auch keine eigenen Vorschläge, wie es besser gemacht werden könnte.

Der pseudoerleuchtete Karpfen

Für ihn gibt es immer eine „höhere Instanz“, die für alles verantwortlich ist, die alles richtet. **„Vertraue auf Gott, er hilft dir“** ist seine Lebens-

devise und gleichzeitig seine Begründung dafür, keine Verantwortung zu übernehmen, nichts anzupacken und aus **Gleichgültigkeit** seine Lebensenergie zu ziehen.
Von der persischen Volksweisheit „Vertraue auf Allah – aber binde dein Kamel an" hat er vermutlich noch nie etwas gehört.
Er ist nicht aggressiv, verursacht wenig Störungen, ist aber auch nicht sonderlich beliebt – eher als **Sonderling** gekennzeichnet.

Der Hai

Für ihn ist das Leben ein Wettbewerb und damit auch ein ewiger Kampf. **„Meins, meins, alles meins"** ist sein Motto. Er zeigt im Reiss-Profil hohe **Macht-** und **Statuswerte**. Der Hai braucht sehr viel Anerkennung und er legt Wert darauf, andere Menschen zu beeindrucken, **Prestige** zu gewinnen. Für ihn ist alles mit Aggression zu erreichen. Das Ziel ist, anderen zu imponieren. Symptomatisch für ihn ist, jeweils die neueste Kleidung zu tragen und im Schickimicki-Lokal zu essen.

Sherlock Holmes

Er betrachtet das ganze Leben gleichsam durch die Lupe und das Vergrößerungsglas. Gnadenlos legt er den Finger in die Wunde eines gefundenen **Fehlers**. Er ist Weltmeister in der Disziplin **„Andere dabei ertappen, wie sie Fehler machen"**, um diese nicht selten künstlich zu erhöhen und den Verursacher öffentlich zu brandmarken. Damit spielt er in Vollendung das Spiel **„Ich bin besser als du!"**. Er kennt keine Gnade. Durch die Kennzeichnung anderer lenkt er auch gerne von eigenen Fehlern ab oder schlüpft zuweilen in die Rolle des Erbsenzählers, um nicht angreifbar zu sein. In der Regel spüren die Mitarbeiter instinktiv und intuitiv seine Spionagetätigkeit und bauen eine eigene Abwehr auf. Durch solche Spiele wird viel gute Energie, die an anderer Stelle im Unternehmen dringend gebraucht würde, sinnlos vernichtet.

Der Kassandra-Typ

Eigentlich hat er alles schon gewusst. Er hat es kommen sehen. Und er hat **ja immer schon gesagt** ...
Sein Qualitäts- oder Machbarkeitsurteil können Sie noch vor der Beweisaufnahme bekommen und es zeigt Ihnen, was an der Sache schlecht

oder nicht machbar ist. Wie einst Apollo in der griechischen Mythologie hat ihm aber mittlerweile jeder im Unternehmen die Glaubwürdigkeit aberkannt und kaum einer, der ihn länger kennt, hört noch auf ihn. Seine Anerkennung versucht er sich oft bei neuen Mitarbeitern zu holen, bis diese ihn auch identifizieren und letztlich ablehnen.
Bei diesem Typus kann die sich selbst erfüllende Prophezeiung am gnadenlosesten zuschlagen. Wichtig ist die Erkenntnis, dass seine **negativen Gedanken** deren Realisierung noch begünstigen oder unter Umständen sogar erst verursachen.

Der Minenleger

Er ist derjenige, der Sie als vermeintlichen Experten um Hilfe, Unterstützung, Beistand oder Rat bittet: aber eigentlich nur, um sich in ein besseres Licht zu rücken, nachdem er alle Ihre Ratschläge in den Wind geschlagen hat.
So pirscht er sich an Sie ran und lobt Ihre wie auch immer geartete Kompetenz über den grünen Klee. Das könnte Ihnen schon verdächtig auffallen. Aber da die meisten Menschen ja, wie wir schon aufgezeigt haben, mit Anerkennung nicht gerade überfüttert sind, schmeichelt es Ihnen und Sie stehen mit guten Ratschlägen zur Verfügung. Aber alle Ratschläge und Hilfsangebote lehnt er ab, indem er Ihnen erklärt, dass er all dies auch schon probiert hat und sich schließlich noch mit dem Satz verabschiedet: „Danke für die Hilfe!" Gleichzeitig sendet er Ihnen jedoch unterschwellig die Botschaft: „Da war jetzt leider nichts dabei, was ich nicht selber gewusst hätte! **Ich bin doch besser als du, du Blödmann ..."** Dieser Typus inszeniert gerne Situationen, in denen er eine Mine auslegt, auf die die Mitarbeiter oder Mitmenschen auch mit den besten Absichten direkt treten müssen. Die Wirkung spüren Sie gelegentlich nicht sofort. Irgendwie kommen Sie mit einem komischen Gefühl aus dieser Begegnung heraus, und ein Test würde deutlich zeigen, dass Ihre Stimmung ebenso wie Ihre Energie im Keller ist.

Die Klagemauer

Egal, wo Sie ihn treffen, dieser Typus hat immer eine **Negativstory** auf Lager. Die Welt ist schlecht, man wird pausenlos betrogen, alle wollen nur dein Geld, es gibt keine Liebe mehr usw. usw.

Blind für die positiven Dinge des Lebens, fixiert er – unterstützt durch die klassischen Medien – das gesamte Böse dieser Welt. Dass er selbst diese Wirklichkeit erst konstruiert, will er nicht wahrhaben und lehnt auch jede Erklärung ab. Es ist so, wie es ist – **negativ**!
Wie Erich Fromm schon formulierte, sind diese Menschen, wie der Negaholiker schlechthin, eine große Gefahr für die Gesundheit. Jüngere Studien der Psycho-Neuro-Immunologie zeigen, dass durch die innerliche Einstellung das Immunsystem geschwächt oder gestärkt werden kann. Stark vereinfacht könnte man sagen, dass der Negaholiker vermutlich ununterbrochen sein Immunsystem schwächt und somit anfälliger für viele Krankheiten ist. Und – wie Erich Fromm sagte – diese Krankheit ist ansteckend.

Der Undercover-Agent

Immer fröhlich, immer lustig, wandelt dieser Negaholiker-Typ scheinbar als das genaue Gegenteil von Negativität durch die Welt. Erst bei näherem Durchleuchten seiner Botschaft wird Ihnen bewusst, dass er ein zutiefst **negatives Weltbild** hat und seine Erscheinung der ständige Versuch ist, dies nicht nach außen dringen zu lassen. Eigentlich ein typischer **Verdränger** und psychosomatisch vermutlich der **Magengeschwür-Typ**, risikiert nie etwas, lässt immer die anderen vor und fällt durch Zynismus und Sarkasmus – gelegentlich unterhaltsam – auf.

Vermutlich könnten wir oder Sie diese Liste problemlos erweitern. Alle Formen des Negaholikers treten im Alltag nicht nur nebeneinander, sondern sehr oft auch bunt gemischt auf. Sie sind unterschiedliche Erscheinungsformen einer Antriebskraft: Selbstsabotage. Selbstsabotage ist die Gesamtheit der inneren Haltungen, der negativen Gefühle und der daraus resultierenden Handlungen oder Blockaden.
Nun sind Sie vermutlich kein Therapeut und auch nicht therapeutisch auf solche Erscheinungsformen vorbereitet. Dazu kommt noch, dass nicht immer sofort erkennbar ist, dass es sich um einen Negaholiker handelt. Denken Sie aber immer daran, dass diese Negativitis zu den ansteckenden Krankheiten gehört und unbedingt Vorsorge betrieben werden muss, um in einem hochinfektiösen Umfeld wie in Ihrem Unternehmen oder generell in Deutschland (siehe Peter Schneider) nicht zum Opfer oder sogar Überträger zu werden.

Ich sehe keinen Ausweg..

Erstrebenswerte Abwehrstrategien

Sie können sich dagegen wappnen, von der Negativitis angesteckt und selbst zum Negaholiker zu werden. Erstrebenswerte Abwehrstrategien sind im Sinne der Individualpsychologie:

✓ Interesse für andere zeigen
✓ öfter ermutigen
✓ aufmerksam zuhören
✓ Begeisterung zulassen und zeigen
✓ Geduld üben
✓ der freundliche Blick
✓ die freundliche Stimme
✓ das Gute fixieren
✓ Versuche und Fortschritte loben und anerkennen
✓ selbstverantwortlich handeln
✓ sich öfter zurücknehmen und meditieren

Beziehungs**unfähigkeit**

„Viel Glück" für Ihre Beziehung

Eine Legende[37]
Als Neil Armstrong, der erste Mensch auf dem Mond, nach der vollbrachten Pioniertat wieder in die Mondfähre einstieg, sprach er den rätselhaften Satz: „Viel Glück, Mr. Gorsky!"
Viele NASA-Mitarbeiter meinten, das sei vielleicht eine Spitze gewesen, die sich gegen einen der rivalisierenden Kosmonauten richtete. Aber weder im russischen noch im amerikanischen Raumfahrtprogramm gab es einen Mitarbeiter dieses Namens.
Jahrzehntelang blieb ungeklärt, was der Astronaut gemeint haben könnte. Anfang 1997, im Anschluss an einen Vortrag in Tampa Bay, Florida, brachte ein Reporter die 28 Jahre alte Frage wieder einmal vor – und erhielt eine Antwort. Anscheinend war Mr. Gorsky inzwi-

[37] Aus: Werner Küstenmacher: *Reisen zum Mond*

schen gestorben, und Armstrong konnte endlich die Wahrheit ans Licht bringen. Als Neil noch ein kleiner Junge war, spielte er mit seinem Bruder im Garten Baseball. Ein Ball landete genau unter dem Schlafzimmerfenster der Nachbarn – Mr. und Mrs. Gorsky. Als Neil sich bückte, um den Ball aufzuheben, hörte er, wie Mrs. Gorsky ihren Mann anschrie: „Oralen Sex? Du willst oralen Sex?! Du kannst oralen Sex haben, wenn der Nachbarsjunge auf dem Mond rumläuft!"

Fehlende Beziehungskompetenz: ein Lagebericht

Mehr als 75 Prozent der deutschen Führungskräfte leiden unter massiven psychosomatischen Erkrankungen wie Herzrhythmusstörungen, Verdauungsproblemen, Schlaflosigkeit, zu hohem Blutdruck und sozialen Ängsten. Zu diesem Ergebnis kam das Karlsruher Institut für Arbeitshygiene, und ein Frankfurter Psychoanalytiker hält mehr als zwei Drittel der deutschen Manager auf Grund ihrer erkennbaren Verhaltensauffälligkeiten für dringend behandlungsbedürftig.

Mit der auf der anderen Seite noch oft als Gegenbeweis konstatierten Leistungsfähigkeit ist es laut einer neueren Studie der Boston University auch nicht mehr sehr weit her.

Allerdings verhindern oder beenden psychische Krankheiten in der heutigen Leistungsgesellschaft nicht zwangsläufig eine hoffnungsvolle Karriere als Manager, Professor oder Rechtsanwalt. Zu diesem Schluss kam die Bostoner Studie an über 500 Inhabern von leitenden oder Spitzenpositionen. 73 Prozent waren trotz schwerer psychischer Deformationen bis hin zur diagnostizierten Schizophrenie und schweren Depression in der Lage, eine Vollzeitstelle auszufüllen. 62 Prozent hatten ihre gegenwärtige Position – trotz Krankheit – schon seit zwei Jahren inne und 69 Prozent konnten ihren Verantwortungsbereich im Unternehmen oder in der Institution, in der sie arbeiteten, sogar noch ausdehnen.

Mehr als 20 Prozent verdienten mehr als 100.000 Dollar im Jahr.

Auch wenn sich der Verdacht aufdrängt, dass eventuell eine psychische oder psychosoziale Deformation – zumindest vorübergehend – karrierefördernd sein könnte, so darf doch der volkswirtschaftliche Schaden nicht außer Acht gelassen werden.

Nach den Infektionskrankheiten mit 22,9 Prozent und Unfällen/Unfallfolgen mit 11 Prozent rangieren psychische und neurologische Störungen („mental problems“) in den Statistiken der Weltgesundheitsorganisation WHO mit 10,5 Prozent an dritter Stelle – noch vor Herz-Kreislauf-Erkrankungen (9,7 Prozent).
Allein vier der zehn bedeutendsten Volkskrankheiten der Welt entstammen laut WHO dem Bereich der Psychiatrie: Angst- und Zwangsstörungen (400 Millionen), Depressionen (340 Millionen), Alkoholabhängigkeit (290 Millionen) und Schizophrenie (45 Millionen).
Die Dunkelziffern liegen um ein Vielfaches höher, da psychische Erkrankungen nicht nur lange verleugnet werden, sondern oft auch als vorübergehend definierte „Befindlichkeitsstörungen“ nicht in den zugrunde liegenden Statistiken auftauchen. Der finanzielle Schaden für die Volkswirtschaften liegt bei zweistelligen Milliardenbeträgen.
Ein neues Verständnis von psychischen und psychosozialen Belastungen, deren Auslöser und alternative Wege aus der Krankheit sowie in der Vorbeugung sind dringend erforderlich. Der oft zitierte ganzheitliche Ansatz ist auch hier gefordert und rückt plötzlich den Umgang mit Emotionen in eine Schlüsselposition des Betrachtungsrahmens von persönlichen und betrieblichen Gesundheitsbemühungen. Dass erst mit Bekanntwerden der horrenden Kosten für Fehlzeitenanalysen und Leistungsdefizite die Wirtschaft diese Probleme in den Fokus nahm, kennzeichnet das Paradigma der Leistungsgesellschaft und kann nicht überraschen.
Wobei das tatsächliche Bemühen um Änderung jedoch erst einsetzte, als genügend Materialien in Form von Leistungsstudien vorlagen, die eindeutig skizzierten, dass Zukunftstauglichkeit und Innovationskraft in direkter Korrelation mit der „mentalen Stärke“ des Unternehmens stehen.
Heute kann wohl niemand mehr leugnen, dass die Definition von Gesundheit der Komplexität des körperlichen und seelischen Organismus Rechnung tragen muss. Theoretisch dominiert dabei das biopsychosoziale Modell, das auf dem Begriff des „Netzwerk Mensch“ beruht: Biologische, psychologische und soziale Faktoren wirken wechselseitig aufeinander ein.
So spielt die Betrachtung und Berücksichtigung chronobiologischer Modelle oder das Konzept dynamischer Erkrankungen für die Medizin

eine immer bedeutendere Rolle. In biologischen Systemen handelt es sich immer um ein interagierendes Netzwerk, in dem Gesundheit als ein systemischer, hochkomplexer Prozess im Leben jedes Einzelnen begriffen werden muss. Zwar kann dieses komplexe System viele Zustände annehmen und ist nie ganz im „Gleichgewicht" – der Mensch ist also nie entweder ganz krank oder ganz gesund. Doch Krankheiten oder psychosomatische Störungen sind eine dramatische Beeinträchtigung oder Unterbrechung dieser körpereigenen rhythmisch-zyklischen Abläufe, die sowohl auf zellulärer, organischer als auch auf emotionaler oder psychischer Ebene ablaufen und vielfältig miteinander verwoben sind – mittlerweile kennt man einige hundert solcher Rhythmen. So gelten insbesondere „Zivilisationskrankheiten" wie Herz-Kreislauf-Probleme als ausgesprochene Rhythmusstörungen.
Den Begriff „Gesundheit" zu definieren heißt demnach, nicht mehr, wie in den Anfängen der mechanischen Schulmedizin, ausschließlich die anatomischen Strukturen des menschlichen Körpers zu berücksichtigen, sondern eher ein komplexes Verständnis für die Wechselwirkungen und Kommunikationsformen des gesamten biopsychosozialen Netzwerks zu entwickeln.

Mangelnde Beziehungsfähigkeit macht krank

Welche wichtige Rolle dabei die emotionalen und sozialen Beeinflussungsfaktoren spielen, zeigen vor allem die Arbeiten des amerikanischen Harvard-Mediziners Dean Ornish. Der Herzspezialist wurde mit seiner Ornish-Therapie weltberühmt – mit Raucherentwöhnung, Bewegung, gesunder Ernährung und therapeutischer Zuwendung konnte er sogar schwer Herzkranke ohne operative Eingriffe heilen. Er fordert nun einen neuen Betrachtungsrahmen für die Medizin, deren wichtigsten Wirkungsfaktor er selbst euphorisch und metaphorisch als „Heilkraft der Liebe" bezeichnet.
Viele Studien belegen heute, dass eine ausgewogenere Lebensweise – mehr Bewegung, angemessene Ernährung, regelmäßige Gewichtskontrolle, Alkohol- und Nikotinverzicht – unser Wohlbefinden und – was für die Wirtschaft wichtig ist – Leistungsvermögen deutlich verbessern kann.

Ornish geht nun aber meiner Meinung nach noch einen, *den* entscheidenden Schritt weiter und kommt auf Grund jahrelanger Forschung und Analyse von Hunderten Studien zur Feststellung, dass Liebe und menschliche Zuwendung, also *emotionale Stabilität*, unsere Gesundheit am stärksten beeinflussen – auch wenn dies von den vielen traditionellen und an einem alten Weltbild orientierten Medizinern noch weitgehend ignoriert wird.
Die außergewöhnliche Heilkraft und zentrale Bedeutung positiver zwischenmenschlicher Beziehungen für die Gesundheit und das Leistungsvermögen des Einzelnen und letztlich natürlich auch der Organisationen und der Gesellschaft wurde gerade in den letzten Jahren weltweit in vielen wissenschaftlichen Untersuchungen mit Hunderttausenden von Menschen dokumentiert.
Diese Ergebnisse zeigen auf, dass das Eingebundensein und die positive Beachtung in sozialen Netzwerken – und natürlich ebenso die Missachtung und Ausgrenzung – allem zugrunde liegen, was uns krank oder gesund macht, uns traurig oder glücklich sein lässt, Leid bringt oder heilt.
„Käme ein neues Medikament mit der gleichen positiven Wirkung auf den Markt", betont Ornish, „müsste es jeder Arzt seinen Patienten sofort verschreiben – es nicht zu tun, wäre unterlassene Hilfeleistung und ein schwerer ärztlicher Kunstfehler"[38]. So zeigen repräsentative Studien auf der ganzen Welt, dass sozial schlecht integrierte und emotional ausgegrenzte und vernachlässigte Menschen vergleichsweise ein zwei- bis fünfmal so hohes Risiko haben, zu erkranken und früher zu sterben.
Dieses Phänomen gilt für Krankheiten wie Schlaganfall, Krebs, Atemwegserkrankungen, koronare Herzkrankheiten, Magen-Darm-Störungen oder andere schwere Erkrankungen und ist unabhängig von Alter, Geschlecht, Rasse, sozioökonomischem Status, subjektivem Gesundheitszustand oder gesundheitsschädigenden Lebensweisen wie Rauchen, Alkoholkonsum, falscher Ernährung oder Bewegungsmangel. So leben Menschen mit engen sozialen Bindungen und emotionaler Stärke trotz körperlich ungesunder Lebensweise deutlich länger als jene in emotionalem Terror und schlechten sozialen Kontakten, aber gesünderem Lebensstil.

[38] Ornish 2001

Die höchste Lebenserwartung haben natürlich diejenigen, die emotional ausgeglichen ihre Beziehungen pflegen und dabei körperlich noch gesund leben.
Obwohl Liebe, emotionale Zuwendung, stabiles Selbstwertgefühl und menschliche Nähe eine so große Rolle für unsere Gesundheit spielen, räumt Dean Ornish ein, dass man nur wenig darüber weiß, warum dies so ist. Viele intensive Gespräche von Ornish mit anerkannten Experten – Medizinern, Psychologen, Soziologen, Epidemiologen, Psychoneuroimmunologen, Humanbiologen oder Evolutionsforschern – zeigen, dass diesen Zusammenhang zwar niemand erklären kann, ihn die meisten aber – eher intuitiv – verstehen. Ornish betont dabei, dass auffallend viele Wissenschaftler Krankheiten als Energiestörungen verstehen, und emotionale Zuwendung, Akzeptanz und positive menschliche Nähe die Lebensenergie im Organismus frei fließen lässt.
Vor diesem Hintergrund müssen wir nun alltägliche Aggressionsexzesse, Beleidigungen, emotionale Ausgrenzungen und die zunehmenden Entmutigungsrituale in unseren Büroetagen und im persönlichen Umgang mit unseren Mitmenschen hinsichtlich ihrer verkannten und sträflichst vernachlässigten Bedrohungspotentiale neu definieren.

Gefühlsterrorismus als Alltagskampf

Wer mit einigermaßen klarem Blick durch die Welt eilt – zugegeben, die Zahl jener Menschen wird immer geringer -, erkennt und spürt vor allen Dingen, dass er von gut ausgebildeten Gefühlsterroristen umringt, ja eingekeilt ist. Einige schaffen es sogar, selbstkritisch festzustellen, dass die hinreißend deutlich formulierte Graffiti-Botschaft auf der Autobahnbrücke der A 3 kurz hinter Oberhausen – „Sie stehen nicht im Stau – Sie sind der Stau!“ – auch hier ihre Gültigkeit hat.
Sie sind vermutlich nicht nur von Gefühlsterroristen umgeben. Sie sind selbst gut ausgebildete Gefühlsterroristen.
Alles andere wäre auch eher außergewöhnlich. Zumindest in Deutschland.
Mit der Distanz eines ins europäische Ausland geflüchteten Skeptikers lichtet sich der Schleier der Eingebundenheit etwas, und es lässt sich nachvollziehen, wie der deutsche Schriftsteller Peter Schneider nach

bereits zweijährigem Aufenthalt in den Staaten bei einem Blitzbesuch in Deutschland über die aggressiven Gefühlsverrohungen und autoaggressiven Attacken ebenso verblüfft war wie über die wachsende Zahl der staatlich geförderten „Ausbildungslager“ und die zahlreichen Praktikums- und Hospitationsmöglichkeiten für angehende Gefühlsterroristen in Schulen, Hochschulen, an Arbeitsplätzen und im öffentlichen Leben. In Deutschland scheint, wie bereits erwähnt, ein neues Gesellschaftsspiel in Mode zu sein, und dies heißt möglichst viele Menschen beim Fehlermachen zu ertappen und um Gottes willen nicht zu loben und zu ermutigen, schreibt Schneider. Der Unterschied beginnt nach Schneider bereits mit der Einschulung. In den USA, schreibt er, bekommt ein Schüler, wenn er in die Schule kommt, erst einmal zehn Pluspunkte. In Deutschland bekommt der Schüler, wenn er eingeschult wird, erst einmal zehn Minuspunkte.[39]

Was ist passiert?

Der moderne Mensch im Morgengrauen der großen Zeitenwende fängt als Anfänger in seinen Weltverhältnissen an, zu begreifen, dass das einfache Denken ausgedient hat, wie es der Psychologe und Schriftsteller Andreas Huber in seinem Werk über die Bedeutung der Komplexität im neuen Jahrhundert so schön detailliert beschreibt – die „Idee der Einfachheit zerfällt in Stücke“, formulierte es der Nobelpreisträger Ilya Prigogine. Gleichzeitig entwickeln sich im täglichen Guerillakampf die Grundfertigkeiten des Überlebens für die Meisterschaft im „Ich gegen dich“-Spiel als Konsequenz der Überforderung des Einzelnen.

Die Rahmenbedingungen einer Gesellschaft, die von ihren Missständen profitiert und bei näherem Betrachten des Wohlstandsindikators „Bruttosozialprodukt“ mehr Interesse am „kranken“ Menschen haben muss – weil beim gesunden Kompensations-, Frustrations-, Aggressions-, Spontaneitäts- und Impulskäufe als umsatzfördernde Rahmenbedingungen wegfallen –, liefern dafür den gut bearbeiteten Nährboden.

Lassen Sie uns die Aufmerksamkeit nur auf einige wenige Auffälligkeiten richten. Es gibt Hunderte solcher Sichtfenster und es würde Raum und Zeit sprengen, sie alle hier aufzuführen.

So werden zum Beispiel durch fortschreitende *Ent-Ritualisierung* die letzten verbliebenen Oasen des Gefühlslebens trockengelegt. Besinnliche

[39] Schneider 1998

Feier- und Festtage zur inneren Reinigung zu nutzen ist für den normalen Menschen fast unmöglich geworden. Der ihnen ursprünglich innewohnende Zugang zur distanzierten Betrachtung der eigenen und fremden Probleme im Zusammenleben und die stützende und fördernde Funktion der menschlichen Begegnung im Rahmen religiöser Rituale (z. B. des Kirchgangs) laufen leer. Das Eingebundensein in die Gemeinschaft, eine in den alten Ritualen bestens gepflegte Praxis und nach Alfred Adler eines der wichtigsten Grundgefühle des Menschen, findet in den nach Wettbewerben der Konsumindustrie strukturierten, gesponserten und dementsprechend gestalteten Ersatzveranstaltungen keinerlei Entsprechung.
Die einst kraft- und antriebspendende Polarität in der klaren Abgrenzung unterschiedlicher gesellschaftlicher Rituale und Alltagsentsprechungen kann in einer auf permanentes „Mehr“ ausgerichteten Grundphilosophie nicht mehr zugelassen werden. Die ersten Weihnachtsdekorationen und Werbeaktivitäten tauchen bereits Ende September auf. Mit „Rücksicht“ auf die europäischen Nachbarländer (z.B. Spanien) wird vermutlich demnächst, beginnend mit Allerheiligen als Brückenpfeiler, die weihnachtliche Geschenkzeit bis in den Januar erweitert, und es werden sozusagen als zweiter Weihnachtsblock neue Märkten generiert, um die Zeit bist Ostern nahtlos zu überbrücken.
Valentinstag, Vatertag, Muttertag, Kindertag, Hunde- und Katzengeburtstage lassen das Leben zu einer einzigen Kakophonie des inhaltslosen Aneinanderreihens von fremdgesteuerten Interessen werden, in der der Einzelne die Zeit dazwischen nicht mehr genießen kann. Wie Experten es bei zu intensivem Fernsehgenuss registriert haben, wird die Gegenwart nur noch als „Rauschen“ ohne Unterscheidungen wahrgenommen, und wie die Junkies greifen wir, wenn das „Rauschen“ aufhört, als mittlerweile abhängig Konditionierte gierig neue „Räusche“ auf, die gesellschaftlich legitimiert angeboten werden.
Die *Ent-Tabuisierung* wichtiger Korrelative im Zusammenleben, wie das Einhalten bestimmter Moral- und Wertbezüglichkeiten (Kleidung, Benimmregeln, sexuelle Tabus etc.) liefert zwar dem „modernen“ und „aufgeklärten“ Menschen (der wir ja alle gerne sein wollen) scheinbar die seiner Intelligenz zustehende Entscheidungsvielfalt, überfordert ihn aber in noch größerem Maße, da er nicht auf diese Verantwortung vorbereitet wurde.

Es gibt kaum noch Tabus – und damit kaum noch Orientierungsrahmen. Hilflos getrieben im Meer der Unverbindlichkeiten, suchen Einzelne, wie qualvoll Ertrinkende, die nach jedem Strohhalm greifen, in Ersatzreligionen vom hemmungslosen Konsum bis hin zu übertriebenen Selbstentwicklungen, -ansprüchen und -beobachtungen (Fit- und Körpermedien und -institutionen haben Hochkonjunktur) den Rettungsring zum Überleben und geraten dabei doch nur noch tiefer in den zerstörenden Sog der Superlativ-Fixierungen.

„So viel Vorgeschmack von der Hölle – so wenig Nachgeschmack vom Paradies", sagt Botho Strauß.

Die gesellschaftliche Reise ins Uferlose schreit nach Orientierungsrahmen zum Überleben, und die Gesellschaft selbst zieht sich dabei – fadenscheinig, aber in der eigenen Logik zwingend richtig – auf die Position des Selbstmörders zurück, der aus dem 20. Stock eines Hochhauses gesprungen war und, als er am 10. Stock vorbeiflog, rief: „Bis jetzt ging alles gut!"

Logisch zu Ende zu denken scheint diesen gegenwärtige Zustand niemand.

Selbst die Gebildetsten unter uns huldigen dem kurzfristigen Denken und weigern sich z. B. auf Stufe 5 weiterzudenken, weil der Zustand auf Stufe 6 alles vorher so logisch Aufgebaute in Frage stellen, mit einem anderen Vorzeichen versehen und uns zum Handeln in entgegengesetzter Richtung zwingen würde, wie es der Freiburger Hochschulprofessor und Friedensforscher Peter Kern so treffend formulierte.

Das dritte Phänomen, die *Ent-Grenzung*, bürdet uns analog zum Verlust der Tabus die Pflicht zur Ausbildung von Reife, Weisheit und Toleranz auf, die weder institutionell, also durch gesellschaftliche Prägungsinstanzen wie Familie, Peer-Groups und Schule oder Arbeitsplatz, noch individuell, zum Beispiel durch „frei" zu gestaltende Zeiträume, zu gewährleisten ist. Die Aufhebung der Grenzen, die rein elektronisch durch E-Commerce-Firmen bereits erfolgreich vollzogen wurde, während mit der gleichen Elektronik an anderen Plätzen der Welt – zum Beispiel im Tschetschenienkrieg – Grenzen blutig verteidigt werden, die immateriell schon gar nicht mehr existieren, wird von den meisten Menschen als bedrohliche Abenteuerreise ins Ungewisse empfunden.

„Die Globalisierung“, bemerkte *global player* Rolf Breuer, Ex-Chef der Deutschen Bank, „überfordert die Menschen intellektuell“. Aber es ist eben nicht nur die Aufhebung der äußeren Grenzen, die uns überfordert. Die selbst verursachte Drehgeschwindigkeit in der Zentrifuge zur Auflösung alter Standards kann nicht mehr ausreichend kontrolliert und vor allem vom „normalen“ Menschen nicht mehr verstanden werden. Angesichts der neuen Weltverhältnisse sind sich vor allem postmoderne Philosophen, Historiker und Sozialwissenschaftler einig: Neben dem Zerbrechen der Identität und der Auflösung des Ichs diagnostizieren sie einen Verlust der Wahrheit und das Verschwinden der Wirklichkeit.
Wie immer die Ordnungen, Fundamente und Strukturen der einzelnen Lebenswelten ausgesehen haben – es gibt sie am Anfang des dritten Jahrtausends nicht mehr. So haben viele wirtschaftliche, politische, technologische, kulturelle und wissenschaftliche Entwicklungen und Umwälzungen die individuellen Lebensverhältnisse zutiefst verändert: Die Dauerarbeitslosigkeit am Ende des Industriezeitalters, die Auflösung gesellschaftlicher Bindungen in Familie, Arbeiterschaft oder Bürgertum, der Niedergang des Sozialstaates und seiner Versorgungssysteme, die Digitalisierung aller Lebensbereiche, die Naturkatastrophen auch in geografisch ruhigen Gebieten, neue Epidemien oder wachsende Flüchtlingsströme, der Zerfall der UdSSR, die Geburt des Genschafs Dolly, die wissenschaftliche Entdeckung des Chaos oder die zunehmende Ohnmacht der vermeintlich allmächtigen Schulmedizin sind für Experten ein Teil dieses Szenarios.
Anscheinend gibt es demnach für die Weltverfassung unserer modernen Zeit neben der von Jürgen Habermas Mitte der achtziger Jahre geprägten „neuen Unübersichtlichkeit“ nur einen kleinsten überschaubaren Nenner, und dies ist die Begrifflichkeit Komplexität. Im Denken wie im Handeln sehen wir uns Herausforderungen gegenüber, für die unsere Handwerkszeuge aus der Werk- und Denkzeugkiste der kartesianischen Denkfabriken von eindimensionalen, kausalen oder mechanistisch-rationalen Schablonen nicht mehr ausreichen.
Dietrich Dörner, Hochschulprofessor in Bamberg und führender deutscher Komplexitätsforscher, bündelt die Ergebnisse seiner langjährigen Lohausen-, Tanaland- und Waldbrand-Computersimulationen komple-

xer Welten in der zentralen Botschaft, dass der Mensch in seiner Art zu denken vermutlich nicht für komplexe Welterfahrungen geeignet ist.[40] Fazit: So kommen wir nicht weiter. Wie dann?

Vermutlich wird der Königsweg erfolgreicher Zukunftsbewältigung – zumindest kurzfristig und im privaten Bereich – nicht in großen Weltentwürfen zu suchen sein, sondern eher in der Art und Weise des konstruktiven und vertrauensvollen Umgangs miteinander. Ganz im Sinne von Dr. Rolf Berth, dem Vordenker der Denkfabrik der Kienbaum-Stiftung, der seine empirischen Studien erfolgreicher Unternehmungen mit der Empfehlung abschloss, dass, wer zukunftsorientiert arbeiten möchte, die zwischenmenschliche Qualifikation „ergänzendes Aufeinanderzugehen" im Unternehmen mit höchster Priorität zu fördern hat.[41] Das wichtigste Werkzeug zur Komplexitätsbewältigung ist nach Niklas Luhmann, dem kürzlich verstorbenen Gesellschaftstheoretiker, erstaunlicherweise *Vertrauen*.[42]

Vertrauen und ergänzendes Aufeinanderzugehen, also letztlich Beziehungsfähigkeit, brauchen für ihre Ausformung allerdings selbstbewusste und feedbackbereite Persönlichkeitsstrukturen, die weder zur individuellen Grundausstattung der Gefühlsterroristen gehören noch in den derzeit angebotenen Nachrüstungkatalogen zu finden sind.

Einige wenige „Edeltuner" bieten abseits – allerdings mit wachsender Konjunktur – noch wenig beachtet und von vielen in ihrer Bedeutung auch noch unterschätzte Alltagswerkzeuge an.

Schauen wir einmal näher hin.

Emotionale Terrorstrategien

Eine Studie der Trainer-Akademie-München unter Hunderten von Seminarteilnehmern in Führungs- und Motivationsveranstaltungen in den letzten Jahren kam zu dem Ergebnis, dass die Schwächung der Leistungsfähigkeit und des Innovationspotenzials vorwiegend durch folgende emotionale Terrorstrategien verursacht wird, die es gilt, gezielt zu eliminieren:

[40] Dörner 1989

[41] Berth 1995

[42] Luhmann 2001

- → Üble Nachrede
- → Beleidigung/persönliche Angriffe
- → Sexistische Anspielungen
- → Ausgrenzung und Missachtung
- → Besserwisserei und Rechthaberei
- → Zynismus/Sarkasmus
- → Abschätzige Körperbotschaften (Mimik und Gestik)
- → Fehlerfixierung (Angst vor Misserfolg)
- → Lügen und bewusste Falschinformationen
- → Zügellose Aggression (anschreien, brüllen, Drohgebärden)

Mangelnder **Humor**

„Wer zuletzt lacht, hat schon eine Menge verpasst." Heiterkeit und Freundlichkeit schöpfen Leistungsressourcen aus. Wer lacht, ist erfolgreicher.

Arzt zum Manager: „Alkohol macht gleichgültig." Manager zum Arzt: „Ist mir doch scheißegal!"
Können Sie darüber lachen?
Lachen und Humor als Karrierekompetenz für zukunftsorientierte Führungskräfte scheinen im kühlen Geschäftsalltag des Shareholder-Value-Denkens, wo höchstens Schadenfreude in Emotionen bewegt, doch eher abwegig. Aber aufgepasst, dieses verstaubte Denkmuster muss ad acta gelegt werden.
Selbst der höchste Intelligenzquotient bedeutet keine berufliche Erfolgsgarantie in einer immer komplexer und unvorhersehbarer werdenden Arbeitswelt, wenn die entsprechende psychologische Disposition fehlt.

Mit dem HQ auf der Erfolgsspur

Nachdem Daniel Goleman in seinem Bestseller „Emotionale Intelligenz" klargestellt hat, dass unser EQ genauso wichtig ist wie unser IQ, messen Emotions- und Sozialpsychologen einer weiteren – bislang eher

nebensächlichen Kategorie – dem Humorquotienten HQ – große Bedeutung bei.
Die außergewöhnliche Heilkraft und die zentrale Bedeutung von Lachen und Humor für das Immunsystem werden in Medizin und Psychotherapie schon lange nicht mehr in Frage gestellt. Im Management dagegen wird dem Humor als Leistungsindikator bislang noch keine Beachtung geschenkt. Doch sollten Manager den jüngsten Studien der Gelotologie, der Wissenschaft vom Lachen, mehr Aufmerksamkeit widmen.
Gerade dort, wo durch hohe Veränderungsgeschwindigkeit und turbulente Märkte die dringend benötigten Leistungsressourcen in hausinternen Grabenkämpfen und Egostrapazen verschlissen werden und Humor sich allenthalben auf Sarkasmus und Zynismus beschränkt, könnte eine „Humor-Kultur" wahre Leistungsschübe freisetzen.
Die Gelotologie formuliert vier Dimensionen der Wirkung von Humor, welche in direkten Zusammenhang mit Studien über innovationsfördernde Schlüsselqualifikationen und Kernkompetenzen gebracht werden können.

1 **Emotionale Wirkung**
Humor löst Hemmungen, reaktiviert verdrängte Affekte, ermöglicht einen unmittelbaren und spontanen Austausch menschlicher Gefühle und stärkt somit erheblich die allseits geforderte soziale Kompetenz.

2 **Kognitive Wirkung**
Humor regt die in der heutigen Komplexität dringend benötigten kreativen Potentiale an, aktiviert Entscheidungsprozesse und begünstigt den oft geforderten Perspektivenwechsel. Ebenso sensibilisiert Humor Verständnis für neuartige Zusammenhänge und verhilft zu mehr Offenheit gegenüber Veränderung.

3 **Kommunikative Wirkung**
Humor wirkt erfrischend, entspannend und anregend und trägt zu einer freundlich-konstruktiven Beziehung innerhalb des Teams bei. Damit festigt sich das Arbeitsbündnis und die Beziehungen werden krisen- und konfliktstabiler.

4 **Gesundheitliche Wirkung**
Lachen ist gesund – und senkt die Absentismuszahlen. Zahlreiche Studien weisen nach, dass Humorreaktionen nachhaltig das Immun-

system beeinflussen, dass Lachen u. a. Schmerz reduziert, Stress erfolgreich abbaut, Durchblutung und Verdauung fördert und hilft, die Managerkrankheit Bluthochdruck erfolgreich zu senken.

Humor kann man lernen

Für nachweislich Humorlose besteht Hoffnung. Humor wird heutzutage als eine Fähigkeit betrachtet, die man erfolgreich lernen kann. Auch die für die Wissenschaft so wichtige quantitative Erfassung des Phänomens ist weit fortgeschritten. Willibald Ruch vom Institut für Physiologische Psychologie an der Universität Düsseldorf hat einen Fragebogen entwickelt, der die Heiterkeitsdisposition zum Beispiel mit Hilfe von Multiple-Choice-Fragen ermittelt und damit einen Humor-Quotienten erschließt.[43]

Der Kommunikationsforscher Paul Watzlawick sieht im Humor für den modernen Manager im Dauerfeuer der Neuorientierungen eine wichtige Bezugsgröße, weil jemand, der „mit Entsetzen feststellen musste, dass seine Konstruktion der Wirklichkeit sich als nicht tauglich erwiesen hat“, im Lachen „eine Befreiung aus der Ausweglosigkeit der Situation“ erfährt.

Wünschenswert wäre, dass zukünftig der HQ zu den Auswahlkriterien für Kunden und Bewerber zählte.

Woran man Unternehmensberater (und Trainer!) erkennt

Eine Geschichte, die wir in Seminaren immer gern erzählen, handelt von einem Schäfer, der seine Schafherde am Rande einer verlassenen Straße hütete. Plötzlich brauste ein nagelneuer Porsche Boxster heran und hielt mit quietschenden Reifen. Der Fahrer, ein junger, sehr adretter Mann mit Armani-Anzug, Cerruti-Schuhen, Ray-Ban-Sonnenbrille und einer Pal-Zileri-Krawatte, stieg aus dem Auto aus und fragte den Schäfer:

„Wenn ich herausfinde, wie viele Schafe Sie haben, bekomme ich dann eines?“

[43] Ruch 1998

Der Schäfer sah den jungen Mann an, dann seine grasende Schafherde und antwortete:
„Ja, wenn Sie das können, dann bekommen Sie ein Schaf."
Der junge Mann parkte das Auto, verband sein Notebook mit seinem Handy, surfte im Internet die NASA-Homepage an, scannte die Umgebung mit seinem GPS-System, öffnete eine Datenbank und 60 Excel-Sheets mit diversen Makros und druckte mit seinem Hightech-Miniprinter eine 150-seitige Auswertung mit Farbbildern und Grafiken aus.
Dann wendete er sich dem Schäfer zu und sagte:
„Sie haben genau 1586 Schafe."
Der Schäfer antwortete:
„Das ist richtig, Sie können sich ein Schaf nehmen."
Der junge Mann nahm sich ein Schaf und setzte es in seinen Porsche.
Da wandte sich der Schäfer an den jungen Mann und fragte:
„Wenn ich Ihren Beruf errate, bekomme ich dann mein Schaf zurück?"
Der junge Mann antwortete:
„Ja, warum nicht. Mal was anderes."
Der Schäfer sah dem Mann tief in die Augen:
„Sie sind ein Unternehmensberater."
„Woher wissen Sie das?", fragte ihn der junge Mann sichtlich verblüfft.
„Sehr einfach", antwortete da der Schäfer:
„Erstens sind Sie hier erschienen, ohne dass ich Sie darum gebeten habe. Zweitens haben Sie etwas erzählt, was ich sowieso schon wusste und mir dafür etwas in Rechnung gestellt. Und drittens haben Sie keine Ahnung, was ich hier mache, sonst hätten Sie nicht meinen Hund eingepackt."

Was wir tun **können**, um endlich etwas zu **tun**!

Der eine wartet, dass die Zeit sich wandelt,
der andere packt sie kräftig an und handelt.

Dante Alighieri

Tu endlich was, du fauler Hund!

Der erfolgreiche Motivationstrainer Nikolaus Enkelmann erzählte in seinem Seminar einmal folgende Geschichte:

In einer kleineren Stadt erkrankte ein 10-jähriger Schüler an Kinderlähmung. Von diesem Tag an war er an den Rollstuhl gefesselt und sein Leben veränderte sich dramatisch. Er zog sich immer mehr zurück und entwickelte sich zu einer introvertierten Persönlichkeit, zu einem Bücherwurm, zu einem Stubenhocker. Denn er konnte nicht mehr – wie alle anderen Kinder – Räuber und Gendarm, Nachlaufen, Verstecken und andere Spiele spielen.

Die Klasse des Jungen war organisiert im CVJM. Zwei Jahre später verließ der Schriftführer des CVJM die Stadt. Da der Posten vakant war, fragte man den jetzt 12-Jährigen, an Kinderlähmung erkrankten Schüler: „Möchtest du diesen Posten übernehmen?" Am liebsten hätte er vor Freude Ja gesagt, aber er traute sich nicht.

Da man für diese Aufgabe auch keinen anderen Schüler gewinnen konnte, fragte man ihn immer wieder. Nach vier Wochen war er dazu bereit. Es war für ihn ein schöner Tag, denn nun war er wieder mit dabei, wenn geplant und organisiert wurde. Er war nicht länger ein Außenseiter.

Oft haben Kranke ein noch intensiveres Mitgefühl als gesunde Menschen. So machte der Junge eines Tages bei einer Sitzung des CVJM den Vorschlag: „Wir sollten Geld sammeln für ein Lepra-Krankenhaus in Indien."

Nicht die kleinste Reaktion in der Versammlung war die Folge. Aus Trotz und verletztem Stolz kündigte er an: „Dann mache ich es alleine." „Das wirst du schon schaffen", sagten die anderen, aber er spürte, sie sagten es, um ihn nicht zu kränken oder zu verletzen.

Er meditierte und überlegte – er überlegte und meditierte. Doch nichts geschah. Eines Tages kam seine gesunde Schwester aus der Stadt, und sie hatte ihm aus einer Buchhandlung ein großes Poster mitgebracht. Sie kennen diese Poster mit Sinnsprüchen wie: „Vor dem Denken das Gehirn einschalten" usw.

Auf diesem Poster standen die Worte: „Tu endlich etwas, du fauler Hund“ – und das einem 12-Jährigen im Rollstuhl.
Er meditierte nicht mehr, er überlegte nicht mehr, er handelte. Er telefonierte, schrieb Briefe, und schon nach 14 Tagen hatte der Junge die ersten 2.500 DM erhalten. Mit diesen 2.500 DM ging er zur nächsten Sitzung des CVJM. Plötzlich waren alle Kameraden für diese Idee.
Das Krankenhaus wurde gebaut, auf Grund der Initiative eines 12-jährigen Jungen im Rollstuhl.
„Tu endlich etwas, du fauler Hund!“ Was muss passieren, damit in Ihrem Leben etwas passiert?

Seinen Job als Manager und Führungskraft effektiv und kompetent auszuführen heißt Gestalten, heißt Lenken und Entwickeln.
Im Sinne des Managementprofessors Gilbert J. B. Probst sind damit exakt die Tätigkeiten angesprochen, die nicht nur ein Sich-Anpassen an Gegebenheiten, ein Überlassen des Systems an seine Selbstregulation, Selbstorganisation und Selbstentwicklung beinhalten.[vi]
„Es wird vielmehr handelnd etwas auf einer konkreten materiellen Ebene (substanzielles Organisieren) und einer abstrakten geistig-sinnhaften Ebene (symbolisches Organisieren) zu schaffen sein.“[44]
Zweifellos werden dabei die „Dinge“ vorab geistig entworfen, Modelle gebildet, bevor sie dann letztlich konkret geschaffen, gelenkt oder in Entwicklungsbahnen geleitet werden. Dazu steht der Manager oder die Führungskraft in der ständigen Verpflichtung, die eigenen Lebensentwürfe und Werk- und Denkzeuge anwendungsorientiert zu überprüfen, zu füttern und zu kontrollieren. Betrachten wir dabei die wichtigen erkannten Schlüsselqualifikationen für erfolgreiches Managen und Führen und stellen wir uns die Frage, wie tief und ob überhaupt die Erkenntnisse unterschiedlicher wissenschaftlicher Teildisziplinen entsprechend von der Zielgruppe reflektiert werden, so ergeben sich erschreckende Erkenntnisse.
Ob es die neuen Erkenntnisse über organisatorisches und individuelles Lernen, die jüngsten Ergebnisse der Hirnforschung, die bahnbrechenden

[44] Probst 1992

Untersuchungen der Volitions- oder Handlungsforschung oder Reflexionen auf die Motivationspsychologie sind oder die Ausführungen über die hinlänglich untersuchten und veröffentlichten Prinzipien lernender Organisationen – lebens- und arbeitspraktische Hilfestellungen konnten daraus nur wenige erwachsen.

Die vier Bausteine der Führungskompetenz

Was Führungskompetenz ist, wurde vielerorts diskutiert und präzisiert. Viele Modelle sind sehr pragmatisch eingerichtet und vermitteln ein Bild von Kompetenz als statischem Zustand.
Unser Modell zeigt eher ein dynamisches Bild vom Kompetenzbegriff. Es setzt sich holzschnittartig aus vier Bausteinen zusammen:
Der erste Baustein ist das, was wir hier die „persönliche Antriebsstruktur" nennen und die unterschiedlichen **Lebensmotive** charakterisiert. Eine Führungskraft sollte die jüngsten Ergebnisse der Motivationsforschung kennen und sich ein genaues Bild davon machen, was die eigenen Mitarbeiter – im positiven Sinne – antreibt und was nicht.
Einen hohen Zündungswert z. B. in den Lebensmotiven Macht, Anerkennung oder Ordnung zu haben ist in unterschiedlichen Kontexten wichtig, und ohne diese Eigenschaften wird man nicht die Kompetenz haben, bestimmte Aufgaben zu lösen oder zu bewältigen.
Aber diese Antriebsmotive müssen mit den entsprechend wichtigen **Kenntnissen** gekoppelt sein, damit auch das Richtige zum richtigen Zeitpunkt angekurbelt und erledigt werden kann. Kenntnisse sind dabei theoretisch verfügbare oder praktisch orientierte mentale Konzepte, die in Verbindung mit den **Erfahrungen** neuronale Schaltkreise und Verknüpfungen entstehen lassen (siehe auch „Wie unser Gehirn Erfahrungen speichert", Seite 66 ff.), die unser Handeln ziel- und umsetzungsorientiert beeinflussen.
Die vierte Komponente sind **Fertigkeiten**. Eine Fertigkeit ist die Handlungsdimension der Führungskompetenz, welche nur funktionieren kann, wenn sie auch praktisch anwendbar ist und angewendet wird. Fertigkeiten entwickeln sich im Zusammenhang und im Zusammenspiel von Lebensmotiven, Kenntnissen und Erfahrungen.
Welche Kenntnisse sind es, die einer modernen und zukunftsorientierten Führungskraft die Rollen- und Verhaltensmuster an die Hand geben, um

die eigene Arbeit umsetzungskompetent erfolgreich bewältigen zu können? Nach Untersuchungen des Management-Vordenkers Gilbert J. B. Probst sind es unterschiedliche Felder, denen wir die nötige Aufmerksamkeit schenken sollen bzw. deren Kenntnisse handlungsleitend sein werden. Er kennzeichnete dazu vorrangig die Theorie des „vernetzten Denkens", den Konstruktivismus als erkenntnistheoretische Basis und die jüngsten Erkenntnisse der Hirnforschung über das Lernen als wichtigste zukunftsrelevante Schlüsselqualifikationen und unternehmerisch als unabdingbare Voraussetzung für Zukunftsqualifikation.
Wir möchten diese Basisfelder um die Bereiche Motivations- und Handlungsforschung und das Thema „neue Intelligenzen" ergänzen, um zu verstehen, *was wir tun können, um endlich etwas zu tun.*
So sind die Schlüsselqualifikationen:

→ komplexe Herausforderungen managen;
→ die eigene Führungswirklichkeit als Konstruktion verstehen;
→ individuelles und organisatorisches Lernen fördern;
→ multiple Intelligenzen erkennen und berücksichtigen;
→ Antriebsmotive identifizieren und respektieren;
→ Volitionsstrategien anwenden.

Erste **Schlüsselqualifikation**: Komplexe Herausforderungen managen

In einem komplexen Weltverständnis entwickeln sich die Dinge oft anders, als wir sie vorhergesehen haben.

Erstens kommt es anders, und zweitens ...

Eine Geschichte, die wir in Seminaren immer wieder gern erzählen, ist die eines Mannes, der an seinem 49. Geburtstag zum Frühstück kam und wusste, dass seine Frau sehr nett sein, „Alles Gute" sagen würde und vielleicht auch ein kleines Geschenk für ihn hätte. Aber sie sagte nicht einmal „Guten Morgen", schon gar nicht „Alles Gute!". Er sagte sich, na gut, so sind halt die Frauen. Aber die Kinder

haben es sicher nicht vergessen. Die Kinder kamen, sagten auch kein Wort und ließen ihn völlig links liegen.
Als er sich auf den Weg ins Büro machte, fühlte er sich ziemlich niedergeschlagen. Er ging durch die Eingangstür seines Büros und Beate, seine Sekretärin, kam auf ihn zu. „Alles Gute zum Geburtstag, Boss!“ Danach fühlte er sich schon ein bisschen besser, wenigstens eine hatte sich erinnert.
Er arbeitete bis mittags. Pünktlich um zwölf klopfte Beate an seine Tür und sagte: „Wissen Sie, es ist so ein schöner Tag und es ist Ihr Geburtstag, lassen Sie uns doch Mittagessen gehen, nur Sie und ich!“ Er antwortete: „Das ist die beste Idee, die ich heute gehört habe.“ ... Also gingen sie.
Sie gingen nicht in ihr übliches Lokal, sie fuhren aufs Land zu einem kleinen gemütlichen Restaurant, um ein wenig Privatsphäre zu haben. Sie tranken zwei Martini und erfreuten sich am hervorragenden Mahl. Auf dem Weg zurück ins Büro sagte Beate: „Wissen Sie, es ist so ein schöner Tag und Ihr Geburtstag, wir müssen doch nicht ins Büro zurückfahren, oder?“ „Nein, Beate, müssen wir nicht“, sagte er. „Dann fahren wir doch zu mir in meine Wohnung“, schlug Beate vor.
Als sie in ihrem Apartment ankamen, tranken sie wieder einige Martini und ein bisschen Champagner und rauchten gemütlich eine Zigarette. Beate sagte augenzwinkernd: „Wenn es Sie nicht stört, würde ich mir gern etwas Bequemeres anziehen. Ich gehe nur schnell ins Schlafzimmer und bin gleich wieder da!“
Er brachte nur ein erregtes „Sicher, tun Sie nur!“ heraus, und sie verschwand im Schlafzimmer.
Nach einigen Minuten kam sie wieder heraus ... trug eine Geburtstagstorte in den Händen ... gefolgt von seiner Frau, den Kindern und alle sangen „Happy Birthday to you“ ...Und er saß da auf der Couch ... und hatte außer seinen Socken nichts mehr an!

Was Führungskräfte über Komplexität und vernetztes Denken wissen sollten

Mehr als je zuvor bestimmen komplexe Problemsituationen die Handlungsfelder und den Anforderungskatalog an die Führungskräfte.

„Komplexe Problemsituation“ steht hier im Sinne der Aussagen über vernetztes Denken jedoch nicht einfach als Modewort oder als Bezeichnung für eine schwierige und „komplizierte Aufgabe“. Komplexe Problemsituationen haben im Sinne der Komplexitätsforschung ganz bestimmte eigene Charakteristiken und erfordern im Führungs- und Managementalltag deshalb auch entsprechende Methoden und Hilfsmittel. Die Komplexität wird nach Gilbert Probst u. a. durch die Vielfalt der beteiligten Elemente und Systeme und vor allem durch die gleichzeitige Dynamik, d. h. Veränderungshäufigkeit und Veränderungsgeschwindigkeit, hervorgerufen. So spielen heute in Managementsituationen neue und vielfältige Faktoren eine bisher unbekannte, aber gewichtige Rolle, nehmen Einfluss auf die anderen Teile des Systems und ändern ständig das Geschehen und die Ergebnisse.

Beispiele dafür sind die Verkürzung von Produktlebenszyklen (man denke nur an Videorecorder, die durch DVD abgelöst wurden, oder Faxgeräte, die weitgehend durch E-Mails an Bedeutung verloren haben), Veränderungen in Märkten durch politische, soziale oder technologische Einflüsse (wie zum Beispiel schnell wachsende Märkte in Asien, der Zusammenbruch des Kommunismus, der Beitritt osteuropäischer Länder zur EU etc.), Wertewandel und Wertepluralität, internationale Vernetzung und vieles mehr.

Genügte noch vor Jahren die Überwachung einiger wichtiger Kerndaten, die es ermöglichten, die Entwicklungen zu identifizieren und zu kontrollieren, so ist dies mit der zunehmenden Geschwindigkeit von Vernetzung und innerer Dynamik fast unmöglich geworden.

Komplexe Probleme haben besondere Eigenschaften

Sie sind komplex, weil sie viele verschiedenartige Elemente enthalten, die untereinander vielfältig verknüpft sind und sich in Beziehungen, Interaktionen und Elementen stets verändern.

Sie sind dynamisch und enthalten eine große Anzahl von möglichen Zuständen und Verhaltensweisen.

Komplexität produziert bei uns häufig Ungewissheit, Unsicherheit, Nichtvorhersagbarkeit, abnehmende Erwartbarkeit, Intransparenz, zeitliche Unstimmigkeiten.

Die Expertenkommission für vernetztes Denken wäre jetzt da.

Obwohl wachsende Komplexität bekanntlich Unsicherheit, Unbestimmtheit, abnehmende Prognostizierbarkeit u. Ä. produziert, müssen Führungskräfte tagtäglich Entscheidungen treffen und handeln. Der Umgang mit komplexen Phänomenen erfordert von ihnen entsprechende Fähigkeiten, Denk- und Werkzeuge. Sie sollen mithelfen, komplexe Wirkungsmechanismen zu identifizieren und angemessen mit ihnen umzugehen. Wir können feststellen, dass unangemessene Methoden und Handlungen in komplexen Situationen meist neue, und häufig sogar schwierigere und unerfreuliche Probleme schaffen, unvorhersehbare Nebenwirkungen erzeugen können und Fehlentwicklungen oder Umkippeffekte auslösen. Dies manifestiert sich, wie die Versuche des Komplexitätsforschers Professor Dietrich Dörner zeigten, etwa in der Umweltproblematik: Während die letzten Gemeinden z. B. ihre Bachläufe noch nicht alle begradigt haben, fangen die ersten schon wieder an, gezielt Unregelmäßigkeiten und Mäander einzubauen. Es zeigt sich in politischen Entwicklungen, wo wie z. B. im Irak die kriegerische Handlung schnell vollzogen ist, aber die Konsequenzen im Wiederaufbau nicht durchdacht waren. Und es zeigt sich in Misserfolgen und Zusammenbrüchen großer Organisations- und Managementprojekte, wie der Neue Markt sie an der Börse zu Hunderten geliefert hat. Wenn wir, wie Probst schreibt, den menschlichen Umfang mit komplexen Phänomenen zu analysieren versuchen, so ist zu bemerken, dass in vielen Fällen die eigentlichen, tiefer liegenden Probleme einer Situation gar nicht erkannt worden sind. Es werden meist nur einzelne Teile isoliert gesehen, oberflächlich die Situation erfasst, einzelne Symptome behandelt oder scheinbar logische Lösungen unreflektiert und in der Beschleunigungsfalle übereilig akzeptiert.
Sehr häufig wird zu spontan und hyperaktiv in die Problemstruktur eingegriffen, mit wachsender Problematik immer übereilter und phantasieloser, und nicht an den geeigneten Orten oder zum richtigen Zeitpunkt gehandelt.
Die Analyse- und Handlungshilfen müssen deshalb abhängig vom jeweiligen Problemtyp – der als problematisch beurteilten Situation – ausgewählt werden, sagt Probst. Schon nach kurzer Überlegungen zeigt sich, dass „wir bei komplexen Problemsituationen nicht so tun können, als ob sie halt doch einfach wären (z. B. indem wir die Dynamik oder einige

Interaktionen und Beziehungen ‚vergessen')". Es hat auch keinen Sinn, einzelne Punkte herauszugreifen, zu analysieren und sie zu beeinflussen zu versuchen. Auch geht es nicht darum, schnell zu entscheiden und zu handeln. Zwar lassen sich Menschen durch Entschlusskraft, „Sicherheit, einfache Analysen und klare Bestimmungen beeindrucken, aber die reale Situation nimmt darauf keine Rücksicht. Das beliebte lineare und isolierende Denken und Handeln kann in einer eigendynamischen und vernetzten Situation kaum zum Erfolg führen."[45]

Das systematische oder ganzheitliche Denken hat sich hingegen seit jeher mit dem Umgang von Komplexität beschäftigt.

Die Bausteine des systemischen oder ganzheitlichen Denkens
(nach Gilbert J. B. Probst)

Ganzheit und Teil

Was uns interessiert, sind Ganzheiten, die von einer Umwelt abgrenzbar sind. Viele verschiedene Ganzheiten führen untereinander verknüpft zu einem größeren Ganzen und bilden so eine Hierarchie von Systemen. Aber das einzelne Ganze ist nicht etwas objektiv Gegebenes. Es ist aus verschiedenen Perspektiven unterschiedlich abgrenzbar. So ist auch das Ziel und der Zweck eines Handlungssystems nicht a priori gegeben.

Vernetztheit

Die Teile, aber auch die Systeme selbst sind auf vielfältige Art und Weise miteinander verknüpft. Daraus entsteht für uns, die in solchen Systemen entscheiden und handeln, die Dynamik und die Unbestimmtheit. Der „Aufbau" des Systems ist der Produzent jedes Verhaltens des Systems.

Offenheit

Die Offenheit des Systems bewirkt, dass vielfältige Wechselwirkungen nicht nur zwischen den Elementen oder Teilen innerhalb des Systems bestehen, sondern auch zwischen dem System und seiner Umwelt. Die Offenheit bewirkt auch, dass kein System völlig unabhängig ist, sondern immer auch von der Umwelt mitbeeinflusst wird. Es muss sich einpassen in seine Umwelt, aber auch Einfluss nehmen, um zu überleben.

[45] Probst 1981

Komplexität
Soziale Systeme sind nicht bloß kompliziert, wie z. B. die meisten Maschinen. Sie sind komplex, weil sie außerordentlich viele Verhaltensweisen produzieren können, je nach den Interaktionen, die im System möglich und erlaubt sind. Hier liegt einerseits das Verhaltenspotenzial, das so wichtig für das Überleben in einer sich ständig verändernden Umwelt ist. Es ist aber auch die sich aus dem Aufbau und der Dynamik ergebende Eigenschaft, welche uns die prinzipiellen Grenzen des exakten Wissenkönnens, des Prognostizierens zukünftiger Zustände und des „Machens" vor Augen führt.

Ordnung
Trotz der hohen Komplexität ist jedoch eine Ordnung zu erkennen. Auf Grund von Regeln oder Regelhaftigkeiten entstehen Verhaltensmuster. Solche Verhaltensmuster sind häufig nicht das Resultat bewusster Gestaltung, sondern das Resultat der Wechselwirkungen und sich ergebenden Regelhaftigkeiten. Zumindest sind Ordnungsmuster nicht auf einen Ursprung, beispielsweise auf den Organisator oder den Planer, reduzierbar.

Lenkung
Auf der – auch dynamisch gesehenen – Geordnetheit von Verhaltensmustern beruht die Fähigkeit von Systemen, sich selbst unter Kontrolle halten zu können, bestimmte Zustände und Prozesse anderen vorzuziehen. Systeme sind also gelenkt oder besser „lenkig". Lenkungsfunktionen finden im System selbst statt und können auf verschiedenste Weisen ausgestaltet sein. Lenkungsmechanismen können in einem dynamischen System im Laufe des Zusammenwirkens der Teile von selbst entstehen, aber auch von Menschen bewusst geschaffen werden.

Entwicklung
Soziale Systeme sind zweck- und zielgerichtet. Zweck und Ziele können sich im Laufe der Zeit und des Zusammenwirkens von Menschen und im Zusammenwirken mit der Umwelt jedoch ändern. Soziale Systeme weisen eine wertbehaftete, sinngebende Dimension auf und haben die Fähigkeit, sich in Frage zu stellen, indem sie ihre eigenen Ziele, Strukturen und Verhaltensweisen beurteilen und verändern. Sie können lernen und ihre Lernfähigkeit verbessern.

Diese Bausteine lehren uns als Denk- und Handlungsgrundlage im Führungs- und Managementalltag kurz gesagt,

- ✓ die Eigenschaften des Ganzen zu erkennen und Erklärungen nicht aus den Einzelteilen durch einfache Addition ableiten zu wollen;
- ✓ in Zusammenhängen, Abhängigkeiten, Interaktionen, Zirkularitäten und Netzen zu denken;
- ✓ Umweltfaktoren und System als Teil desselben Netzwerkes zu sehen;
- ✓ Verhaltens- und Handlungsmöglichkeiten stufengerecht und im Rahmen der Wirkungsverläufe zu verstehen;
- ✓ die Grenzen der Machbarkeit und die Eingriffsmöglichkeiten zu erkennen;
- ✓ systemgerecht, d. h. mit dem System und nicht gegen es einzugreifen und damit seine Eigenschaften zu nutzen;
- ✓ integrierend und entwicklungsorientiert zu agieren, entsprechend zu realisieren und zu führen.

Um nun möglichst gezielt und richtig mit komplexen, vernetzten Problemsituationen umgehen zu können bzw. um Denkfehler im Umgang mit Komplexität zu vermeiden, ist es angebracht, einer ganzheitlichen Problemlösungsmethodik zu folgen.
Dieses methodische Vorgehen zeichnet komplexitätskompetente Führungskräfte aus. Wir lehnen uns hier an die theoretisch ausgebaute und im Unternehmenszusammenhang praktisch erprobte Methodik nach Gomez, Probst und Ulrich[46] an.
Der Biokybernetiker Frederic Vester[47] und der Organisationsexperte Peter M. Senge[48] haben auf ähnlichen Grundgedanken basierend ähnliche Problemlösungsmethoden entwickelt.
In seinen Büchern beschreibt Professor Probst zahlreiche Projekte, die auf dieser Basis erfolgreich angestoßen oder unterstützt wurden[49], so zum Beispiel:

---

46 Vgl. Gomez, Probst 1987, Ulrich, Probst 1988, Probst, Gomez 1990
47 Vester 1980, 1988
48 Senge 1990
49 Vgl. dazu besonders Probst, Gomez 1990

- ✓ im Rahmen eines Frühwarnsystems in einem Informatikunternehmen und einer Fluggesellschaft,
- ✓ bei der strategischen Planung in einem Informatikunternehmen, im Bankensektor, im Verlagswesen, im Buchhandel, in der Werbebranche, in der Maschinenindustrie,
- ✓ in der Entwicklung von Leitbildern für Spitäler, für die Flugsicherung der Schweiz oder Leitbilder für die Regionalplanung,
- ✓ im Umweltmanagement und der strategischen Ausrichtung im europäischen gemeinsamen Markt der Pharmaindustrie,
- ✓ im operativen Bereich in der Entwicklung eines Fahrzeugs in der deutschen Automobilindustrie, der Gestaltung des Bereichs Technik einer Fluggesellschaft,
- ✓ im Projektmanagement eines industriellen Großprojektes,
- ✓ in einem Ausbildungskonzept in einer Versicherungsgesellschaft usw.

Worauf komplexitätskompetente Führungskräfte achten müssen

Klare Fragestellungen und überschaubare einzelne Schritte helfen, um verschiedenen Denk- und Handlungsfallen wirkungsvoll entgegenzutreten oder sie zu vermeiden. Diese Schritte sind jedoch nicht notwendigerweise nacheinander abzuarbeiten, sondern treten je nach Problemsituation in den Vordergrund und sind möglicherweise auch mehrmals zu durchlaufen.

Bestimmen der Ziele und Modellieren der Situation

Zu Beginn ist es notwendig, als Grundprämisse zu akzeptieren, dass eine Situation in den seltensten Fällen einfach ist und in der Regel sehr verschieden betrachtet und abgegrenzt werden kann. Je nach „Sichtweise" präsentiert sich eine Situation unterschiedlich und zeigt dann meist andere Elemente, Beziehungen und Interaktionen.
Ein Problem oder besser noch das eine problematische Situation produzierende System ist nicht etwas objektiv Gegebenes. Die jeweilige Perspektive, der vorhandene Erfahrungshintergrund, die vorliegende Ausbildung, der historische Rahmen, der psychologische Zustand und vieles mehr bestimmen bei der jeweiligen Abgrenzung durch den/die

Beobachter das System und damit natürlich auch das, was zum System gehört bzw. was ausgeschlossen oder vernachlässigt werden kann, und wo die notwendigen Grenzen zu ziehen sind. Teamarbeit und das Einnehmen unterschiedlicher Rollenfunktionen, wo z. B. die Führungskraft auch einmal nur „normales" Teammitglied ist, sind für einen Perspektivenwechsel unabdingbar.
Um klar zu erkennen, welche Perspektiven bei einer Systembestimmung oder Problembeschreibung sinnvoll sind, brauchen wir möglichst exakt formulierte Ziele.
Diese Ziele sind Orientierungshilfen, Landkarten, Richtungsweiser und Kompass zugleich. Es geht dabei letztlich nicht um einen detailliert festgelegten Endzustand im klassischen Sinne, sondern um ein zukünftig brauchbares Muster.
Die Zielsetzung sollte klar sein, auch wenn sie vielleicht nur vorläufigen Charakter hat, und es sollte formuliert werden, wie sie im Verlauf von Analysen hinterfragt und überdacht werden kann. Dies ist eine wichtige Voraussetzung für die Definition der Problemlösung. In diesem Kontext müssen wir uns natürlich immer wieder fragen, ob wir noch das richtige Ziel verfolgen, eingebettet in ein größeres Ganzes.
Das Sich-klar-Werden über die Ziele ist ausgesprochen wichtig.[50] Auf den Punkt gebracht heißt das: Es gilt, Symptome vom eigentlichen Problem zu unterscheiden. Es ist jedoch für jede Evaluation von Verhaltens- und Problemlösungsmöglichkeiten wichtig, genau und konkret zu wissen, was am Ende herauskommen soll.
Um das Problem zu lösen, ist es nicht nur wichtig, Ziele klar, wenn möglich positiv („Was wollen wir?") und spezifiziert zu formulieren, „sondern sie auch in ihren Abhängigkeiten, Ausschließlichkeiten oder Beeinträchtigungen zu erkennen. Ziele sind stets selbst Teil eines Netzwerkes." Wird z. B. als Ziel eine Wertsteigerung des Unternehmens angestrebt, so ist zur Abgrenzung der Situation eine Markt-/Produktübersicht nicht ausreichend. „Wertsteigerungspotentiale können aus der Sicht der Beschaffung, der Menschen, der Logistik, Übernahmemöglichkeiten, Kooperationsfähigkeit usw. erzielt werden."[51]

[50] Vgl. Dörner 1989
[51] Vgl. Gomez, Weber 1989, Gomez, Probst 1995

Denkfallen, in die wir immer wieder hineingeraten:

1 Probleme sind eindeutig objektiv gegeben und müssen nur noch ausreichend klar formuliert werden.
2 Jedes auftretende Problem ist die direkte Konsequenz einer zu suchenden Ursache und kann anhand eines klar skizzierten Istzustandes auch ausreichend verstanden werden.
3 Verhalten ist grundsätzlich vorhersagbar, notwendig ist nur eine ausreichende Informationsbasis.
4 Jede Problemsituationen lässt sich grundsätzlich beherrschen, es ist lediglich eine Frage des Aufwandes und der Vorgehensweise.
5 Ein guter Manager, eine gute Führungskraft kann und muss klare und eindeutige Problemlösungen finden, deren Wirkungen vorhersagen und sie in die Praxis direktiv umsetzen.
6 Mit der Einführung der Lösung können wir in der Regel das Problem endgültig abhaken.

Die 6 Denkfallen im Umgang mit komplexen Problemen im Führungsalltag

Denkfalle 1

Probleme sind eindeutig objektiv gegeben und müssen nur noch ausreichend klar formuliert werden.

In einem ersten Schritt muss überlegt werden, welche Perspektiven für eine Systemabgrenzung sinnvoll und notwendig sein könnten. Die Grenzen des Systems sind meist nicht einfach zu bestimmen und auch bei komplexen Phänomenen nie auf nur eine Perspektive reduzierbar. Im Regelfall entpuppen sich so genannte erste Eindrücke eines Problems als bloße Symptome für weit tiefer liegende Zusammenhänge und Ursachen. Damit müssen wir die oft so nahe liegende und bequeme und angenehme Überzeugung hinter uns lassen, dass ein Problem doch „nur ein Führungsproblem" oder „nur ein Vertriebsproblem" ist. Nur durch überlegte Wahrnehmung aus verschiedenen Perspektiven und durch klare Zielbestimmungen finden wir ein umfassendes, ganzheitliches und auch

brauchbares Bild der Situation und schaffen es, von einfachen Symptomen zu eigentlichen Problemen vorzustoßen.
Hilfreich ist dabei, eine Situation aus unterschiedlichsten Blickwinkeln zu sehen und aus einengenden „defensive routines" herauszulösen. Nur so können wir feststellen, welche Elemente, Teile und Beziehungen für die jeweilige Problemsituation von Bedeutung sind und wie sie zusammenhängen und sich beeinflussen.

Umsetzungsimpuls

Umsetzungsorientierte Führungskräfte (Rubicon-Manager)

- ✓ nehmen sich für die Abgrenzung einer Problemsituation genügend Zeit, um nicht Lösungen für Symptome oder „falsche" Probleme (verglichen mit den impliziten oder expliziten Zielen) zu suchen;
- ✓ grenzen die Situation aus verschiedenen Perspektiven ab, um zu einem ganzheitlichen Bild zu gelangen. Problemdefinitionen werden iterativ überprüft, korrigiert oder ergänzt;
- ✓ klären Ziele ab, um Leitplanken, Richtungen, zukünftige gewollte Muster und Grenzen zu erkennen. Langfristige sinnvolle Ziele, zukünftige Entwicklungspfade und Verhaltensmuster dominieren als Ausgangspunkt. Vernetzer überprüfen die Richtigkeit der Ziele, ihre Rationalität, Einbettung und die wichtigen Einflussgrößen;
- ✓ erfassen die Situation in ihren Zusammenhängen – als Netzwerk;
- ✓ suchen bewusst, Ausschnitte, Beschreibungen, Geschehnisse in einem größeren Ganzen zu sehen;
- ✓ wählen Vorgehen und Methoden auf Grund der Komplexität der Problemsituation. Komplexe, dynamische Situationen erfordern heuristische, qualitative Problemlösungsmethoden mit Mustererkennung und „ökologischen Lenkungsvorstellungen".

Denkfalle 2

Jedes auftretende Problem ist die direkte Konsequenz einer zu suchenden Ursache und kann anhand eines klar skizzierten Istzustandes auch ausreichend verstanden werden.

Es fällt uns leicht und ist bequem, bei Problembetrachtungen in Ursache und Wirkungszusammenhängen zu denken. Dann sind für uns die Dinge scheinbar einfach zu orten, zu überprüfen und zu kontrollieren.

Bei komplexen Problemsituationen sind die Teile jedoch häufig stark vernetzt und interaktiv. Eine Veränderung in einem Teil des Systems wirkt sich unmittelbar und mittelbar in und auf vielen anderen Bereichen des Systems aus. Dabei können sich sogar über nicht vorhersehbare und zirkuläre Rückkopplungen wichtige Entwicklungen aufschaukeln oder auch stabilisieren. Am schwierigsten ist es jedoch, die zeitlichen Dimensionen zu erfassen und zu verstehen.

Denn die Unsicherheit und Unbestimmtheit in einem komplexen System wird durch die Vernetztheit und die zeitlichen Eigenschaften bestimmt. Gerade damit hat unser menschliches Gehirn jedoch anscheinend große Schwierigkeiten.

Dietrich Dörner[52] stellt ernüchternd fest, dass wir eher Raum- als Zeitwesen sind. Je komplexer eine Situation daher ist, umso wichtiger ist es, dass wir sie als Wirkungsgefüge verstehen, die Interaktionen in ihren Einflussarten untersuchen, die Bedeutung von Beziehungen und Wirkungen erkennen und vor allem ein Gefühl für Zeitverläufe erhalten. Es ist daher nicht leicht, diese komplexen Dinge räumlich oder gedanklich zu fassen. Erfahrungen aus Projekten einer Reorganisation, der Umsetzung eines Leitbildes, der Verwirklichung einer Strategie, der Einführung eines neuen Produktes bestätigen dem Praktiker schnell, wie leicht es ist, Zeiträume falsch einzuschätzen. Anhand der Methodik versuchen wir, Abbildungen der Situation und des Geschehens plastisch zu machen.

Umsetzungsimpuls

Umsetzungsorientierte Führungskräfte (Rubicon-Manager)

- ✓ suchen komplexe Probleme in ihrer Vernetztheit zu erkennen und zu analysieren;
- ✓ nehmen Analysen von Teilen vor, ohne das Ganze aus den Augen zu verlieren (arbeiten auf verschiedenen Ebenen im Sinne eines Auflösungskegels oder Zooms);
- ✓ beachten, dass wesentliche Eigenschaften verloren gehen, wenn man das System in seine Teile zerlegt, aber auch, dass aus dem vernetzten Ganzen Eigenschaften entstehen, die nicht in den Teilen zu finden sind;

[52] Dörner 1989

- ✓ anerkennen und erforschen eine Vielzahl von Einflüssen und gleichgerichteten oder entgegengerichteten Wirkungsverläufen;
- ✓ beziehen die Dynamik in ihre Modelle mit ein und akzeptieren so das Veränderliche und Veränderbare. Damit verbunden ist die Erkenntnis, dass sich Beziehungen und Interaktionen je nach Situation in unterschiedlicher Art, unterschiedlich intensiv und in unterschiedlichen Zeitdimensionen auswirken können;
- ✓ nehmen zirkuläre Wirkungen, Nichtlinearitäten, Sprungfunktionen, Schwellwerte, Umkippeffekte usw. in ihren Analysen wahr.

Denkfalle 3

Verhalten ist grundsätzlich vorhersagbar, notwendig ist nur eine ausreichende Informationsbasis.

Gerade im Führungs- und Managementalltag erleben wir oft, dass wir Resultate bekommen, die so niemand voraussehen und erwarten konnte. Selbstregulation, Selbstorganisation und Selbstentwicklung zeichnen komplexe Wirkungsgefüge aus, und deshalb sind meist keine exakten Vorhersagen, sondern „nur" Mustervorhersagen angebracht. Daran können auch eine immer zuverlässiger werdende EDV und noch so gute und schnelle Computer nichts ändern. Die Veränderlichkeit und die „Freiheit des Wählens" und Entscheidens ist impliziter Teil des vernetzten Sozialsystems. Hinzu kommt, dass sich die Funktionen auf Grund der Interaktionen ändern (können) und allein durch Begleitumstände Dinge in Gang gesetzt werden, die so nicht zu erwarten waren.

Selbst erfüllende oder selbst zerstörende Prophezeiungen sind dafür gute Beispiele[53]. Mit der Szenariotechnik haben wir ein wirksames Instrument, um unterschiedliche Bedingungen zu erproben. So gewinnen wir ein Gefühl für das System bzw. die Rahmenbedingungen einer Problemsituation.

Umsetzungsimpuls

Umsetzungsorientierte Führungskräfte (Rubicon-Manager)

- ✓ halten zukünftige mögliche Verhaltens- und Situationsmuster in Szenarien fest und interpretieren sie im Netzwerk;

[53] Vgl. Watzlawick 1981

- ✓ erhalten durch geistiges oder technisches Simulieren ein Gefühl für die Verhaltensweisen und Evolution eines Systems;
- ✓ üben eine kritische Zurückhaltung im Umgang und in der Machbarkeit mit komplexen Systemen;
- ✓ wissen, dass auch noch so genaue Detailanalysen häufig keine zusätzliche Sicherheit geben können;
- ✓ spielen zukunftsorientierte Eingriffsmöglichkeiten und Verhaltensmuster durch und konkretisieren so Zeiträume und Zielvorstellungen;
- ✓ denken in Chancen und Gefahren, wenn sie sich mit Veränderungen nicht beeinflussbarer Umwelt-Schlüsselgrößen auseinander setzen.

Denkfalle 4

Jede Problemsituationen lässt sich grundsätzlich beherrschen, es ist lediglich eine Frage des Aufwandes und der Vorgehensweise.

Nach Gilbert J. B. Probst und der systemischen Sichtweise sind wir immer ein Teil des Problems, und wir sind auch Gestalter und Lenker. Für den handlungs- und zukunftsorientierten Rubicon-Manager ist die Beschäftigung mit den Lenkungsmechanismen und den Lenkbarkeiten daher eine Selbstverständlichkeit.

Zuerst müssen wir die Frage stellen, wo denn überhaupt Lenkungsmechanismen vorliegen, was überhaupt lenkbar ist und auf welcher Lenkungsebene wir uns gerade befinden.

Lenkungsmechanismen sind über das ganze System verteilt zu finden. Sie können und dürfen nicht einfach isoliert zugeordnet werden.

Diese Mechanismen wirken über stabilisierende und verstärkende Interaktionen. Aus der Betrachtung einer vernetzten Darstellung können wir erkennen und ableiten, wo und wie solche Kreisläufe wirken.

Ebenso kann dabei die Funktion und das Rollenverständnis von Teilen des Netzwerkes gefördert werden. Beobachtungen des Alltags haben gezeigt, dass die meisten Menschen die Lenkungsmöglichkeiten überschätzen und gerne so tun, als sei alles machbar.

Nicht selten vergeuden wir unnötig Zeit, um in endlosen Meetings über Dinge zu debattieren, die auf der gegebenen Führungs- oder Problemlösungsebene gar nicht lenkbar sind.

Die Berücksichtigung der Lenkungsmöglichkeiten hilft der Führungskraft zu erkennen, dass es in einem vernetzten System nie einfach *die* Lenkungseinheit zu suchen und zu finden gibt. Eine von bequemen Geistern gewünschte Reduktion der gestaltenden und lenkenden Kräfte auf ein mögliches, einzeln herauszugreifendes Teilsystem oder vielleicht sogar ein einzelnes Element ist vermutlich eher auszuschließen.
Akzeptiert man über das ganze System verteilte Lenkungsmechanismen, so hilft das, mit dem System als Ganzheit Veränderungen einzuleiten. Probst vergleicht die „Kräfte“ eines Systems mit japanischen Kampfsportarten, wo es auch wichtig ist, die wirksamen Punkte am Körper des Gegners zu kennen und dort anzusetzen.
So können die Bewegungen des Systems (Strategien des „Gegners“) genutzt, verstärkt oder umgeleitet und damit viel Energie für Veränderungsprozesse gespart werden. Außerdem können wir spezielle Elemente kennzeichnen und berücksichtigen, die uns schon frühzeitig Veränderungen signalisieren, so dass wir bereits im Voraus handeln oder Krisenpläne vorbereiten können und nicht bloß auf Geschehenes reagieren müssen. Dies ist die Chance für eine Früherkennung von möglichen Problemen, die erlaubt, Risiken zu erfassen und zu vermeiden, aber auch Chancen zu nutzen und frühzeitig genug aufzubauen.

Umsetzungsimpuls

Umsetzungsorientierte Führungskräfte (Rubicon-Manager)

- ✓ erfassen ihre Lenkungsmöglichkeiten ebenengerecht. Sie fragen sich, von welcher Gestaltungs- und Lenkungsebene auszugehen ist;
- ✓ simulieren ihre Eingriffsmöglichkeiten im Netzwerk, um ein Gefühl für gezielte Eingriffe zu erhalten;
- ✓ anerkennen, dass Lenkung über das System verteilt ist und eine isolierte Maßnahme nur sehr selten zur gewünschten Systemveränderung führen kann;
- ✓ beziehen lenkende Kräfte im System frühzeitig in ihre Überlegungen mit ein;
- ✓ legen Indikatoren zur Überwachung der Entwicklungen der Problemsituationen und zum Erkennen von Chancen im Netzwerk fest (Früherkennung);

✓ analysieren die Wirksamkeiten möglicher Lenkungseingriffe (richtiger Ort, Intensität der Wirkung, Zeitrahmen) und simulieren gedanklich oder technisch im Netzwerk.

Denkfalle 5

Ein guter Manager, eine gute Führungskraft kann und muss klare und eindeutige Problemlösungen finden, deren Wirkungen vorhersagen und sie in die Praxis direktiv umsetzen.

Eine Führungskraft, die sich der Komplexität bewusst ist, weiß, dass sie mit Sofortmaßnahmen, Einzeleingriffen und eindeutigen Handlungen selten zu befriedigenden Lösungen kommen kann.

Vor dem Hintergrund der jeweiligen Zielsetzungen müssen die jeweiligen Handlungsmöglichkeiten erarbeit und evaluiert werden. Je vernetzter eine Problemsituation ist, je größer die Verhaltenseventualitäten sind, umso schwieriger wird es, mit spontanen Handlungsimpulsen oder Einzelmaßnahmen ganzheitliche Lösungen und Wirkungen zu erzeugen. Einfache Lösungen werden immer seltener. Die Wirkungen der Lenkungsmaßnahmen sind wie bereits erwähnt letztlich nicht mehr eindeutig prognostizierbar.

Um zu entsprechenden Strategien und Lösungen zu gelangen, sind daher nicht einfach weitere Detailanalysen vorzunehmen. Vielmehr geht es darum, einfallsreich neue Handlungsmöglichkeiten zu erarbeiten und an den speziellen Systemstrukturen und -eigenschaften zu überprüfen. So kann eine qualitative und quantitative Evaluation vorgenommen und anschließend in Projekten und Maßnahmen konkretisiert werden.

„Rubicon-Manager“ greifen mit einem hohen Verständnis und unter Berücksichtigung für systemische Zusammenhänge in eine Situation ein. Sie beachten Rückkopplungsschleifen, Eigenschaften der Teile im Rahmen des größeren Ganzen, Synergien von Eingriffen, intrinsische „Kräfte“ und Autonomien. Im Vordergrund stehen dabei die Selbstorganisationsmechanismen[54].

Dadurch wird nicht nur die Auswahl der Strategien, sondern auch die Realisierung von Maßnahmen beeinflusst.

---

[54] Vgl. Probst 1987, Klimecki, Probst, Eberl 1991

Das Problem ist sehr komplex,..
..eine Lösung muss her.
Was macht er?

Kopf oder Zahl..
!

Umsetzungsimpuls

Umsetzungsorientierte Führungskräfte (Rubicon-Manager)

- ✓ suchen unvoreingenommen, kreativ und systembezogen nach Lösungen und Handlungsmöglichkeiten;
- ✓ beurteilen ihre Strategien und Handlungen auf ihre Systemhaftigkeit und Kombinationsmöglichkeiten und berücksichtigen mögliche Synergien;
- ✓ nutzen sowohl im Suchprozess als auch in der Evaluation die adäquaten „Systemregeln“;
- ✓ fördern die Autonomie der Systeme und Teilsysteme zur Gestaltung und Erhaltung von selbst organisierenden Einheiten und zur Erhöhung von Flexibilität;
- ✓ wählen Zeitpunkt und Zeiträume systemgerecht;
- ✓ streben nach lern- und entwicklungsfähigen Systemen;
- ✓ leiten für die Umsetzung jeweils Projekte und Maßnahmen ab, die den Kontext und die internen Regelhaftigkeiten berücksichtigen und mitgestalten.

Denkfalle 6

Mit der Einführung der Lösung können wir in der Regel das Problem endgültig abhaken.

Dieses Argument soll helfen, die Umsetzung zu sichern. Doch Probleme werden, wie Probst es treffend formulierte, nicht auf Papier, in Dokumenten oder in Instrumenten gelöst. Problemsituationen sind wie gesagt das Resultat von vernetzten Elementen eines Systems. Sie verändern sich aber mit jeder Entscheidung und Handlung. Da nützt auch ein schnelles Eingreifen am „richtigen“ Ort nicht. Neue Schwierigkeiten tauchen auf, andere präsentieren sich zu einem späteren Zeitpunkt wieder, eventuell an einem anderen Ort. Genau da liegt eine letzte Denk- und Handlungsfalle:

Führungskräfte, die in ihrem Managementalltag die Erkenntnisse des systemischen und vernetzten Denkens berücksichtigen, haben das Ziel, die Systemeigenschaften und -regeln so zu verändern, dass Problemsituationen nicht mehr bestehen können oder selbstständig aus dem

System heraus aufgelöst werden, weil es gelernt hat, mit solchen Situationen automatisch umzugehen. Problemlösungen können daher nicht ein- für allemal entwickelt und beschlossen sein. Wenn die Ausgangslage und unsere Prämissen sich verändern oder sich als falsche Annahme erweisen, müssen sich auch die Lösungen verändern und entwickeln können. Um diesen Anforderungen gerecht zu werden und um entsprechend auch diese letzte Denkfalle zu vermeiden, fordern die Komplexitätsforscher Probst und Gomez strategisches Controlling und ein frühzeitiges Erkennen von Veränderungen und Änderungsmöglichkeiten. „Aus dem Umgang mit einer Problemlösung, der Erarbeitung von Verhaltensmöglichkeiten und der Umsetzung und Überwachung (Controlling, Früherkennung) können soziale Systeme lernen und sich entwickeln. Sie erhöhen ihr Problemlösungspotential und die Handlungsmöglichkeiten durch einen Prozeß des institutionalen Lernens. Entwicklung umfaßt dabei die wertbezogene Wahl und Nutzung von Systemeigenschaften, Fähigkeiten, Denkweisen, Ziel- und Handlungsmöglichkeiten.“[55]

Umsetzungsimpuls

Umsetzungsorientierte Führungskräfte (Rubicon-Manager)

- ✓ suchen kontinuierlich Veränderungen in Umwelt und System kritisch zu überprüfen (strategisches Controlling);
- ✓ gestalten Problemlösungsprozesse möglichst so, dass sie selbsttätig ablaufen und sich anpassen können;
- ✓ fördern Lernen und Lernen zu lernen im System, damit die Problemlösungsfähigkeit und die Handlungsmöglichkeiten verbessert werden;
- ✓ bauen Lernbarrieren ab, damit Traditionen überhaupt verlernt werden können (z. B. bestehende Strukturen und Verhaltensweisen, Handlungsmuster, Denkweisen usw.);
- ✓ machen durch Teamarbeit und Workshops Lernen und Lerninhalte bewusst;
- ✓ fördern die Varietät der Wahrnehmung bzw. der Konstruktionen von neuen Realitäten, fördern Innovationen, Reflexion, Offenheit für Neues, Experimente;
- ✓ helfen Informationen zu diffundieren und kommunikativ zu sein.

[55] Klimecki, Probst, Eberl 1991

Die hohe Veränderungsgeschwindigkeit der Informationsgesellschaft scheint Raum und Zeit zu transzendieren. Globale Verantwortlichkeit wird immer wichtiger. Nicht wenige Entscheidungen haben weltumspannende Bedeutung, und die damit zu erwartenden Problemsituationen – wie wachsende Umweltreaktionen (Erdbeben, Klimaveränderung etc.), Gesundheitsproblematiken (z. B. Sars, Aids und andere Seuchen), Veränderungen in den gesellschaftspolitischen (Afghanistan, Irak, Israel) und wirtschaftlichen Strukturen, Revolutionen im technologischen Bereich – brauchen neue adäquate Antworten. Wir können konstatieren: Das Bedürfnis nach Führungskräften, die in ihrem Handeln im Großen wie im Kleinen die Erkenntnisse der Komplexitätsforschung und des vernetzten Denkens berücksichtigen, wird immer größer.
Bereits in der Schule sollten Kinder an die differenzierte Betrachtung von Problemlösungen und systemischen Vernetzungen herangeführt werden (siehe auch Kapitel „Keine Lernkompetenz“, Seite 62 ff.). Dies ist als Zielvorstellung auch richtig.
Trotzdem werden wir nicht alle von einem Tag auf den anderen unsere Denk- und Handlungsweisen verändern.
Traditionelle Denkfallen und Abwehrmechanismen („defensive routines“) müssen *verlernt* werden, bevor wir neue Denk- und Handlungsmuster *erlernen* können[56]. Hier zeichnen sich gerade neue Erkenntnisse und Handlungsanweisungen ab. Um sich mit neuen vernetzten Bildern der Unternehmenssituation auseinander setzen zu können, müssen Führungskräfte sich auch von ihren tradierten und traditionellen Bildern und Metaphern trennen können.[57]
Gilbert J. B. Probst bringt es auf den Punkt, wenn er gezielt Forderungen an ganzheitlich orientierte Führungskräfte und Manager stellt. Seiner Meinung nach sind viele Führungskräfte zurückhaltend gegenüber Vernetzern, weil sie Aufdeckung fürchten und Vernetzer zudem überheblich wirken, da sie Zusammenhänge erkennen und bemüht sind, das große Ganze zu sehen. Überdies erfordert die Auseinandersetzung mit Vernetzern das Erarbeiten von Netzwerken. „Damit fällt eine große Eigenleistung an, die Dialogbereitschaft, Kommunikation und Feedback erfordert. Die Auseinandersetzung mit komplexen, konkreten Problem-

[56] Vgl. Argyris 1982, 1989
[57] Siehe auch Fuchs, Huber 2002

situationen erzeugt unausweichlich Unsicherheit, Dialog und Konflikte. Dies muß akzeptiert werden, damit erfolgreich vernetzt gedacht und gehandelt werden kann."
Außerdem führt die Arbeit mit Vernetzern laut Probst meist zu einer Erschütterung des Machbarkeitsglaubens. „Der Umgang mit Vernetzern erfordert Zeit, da die Vernetzungen erarbeitet und analysiert werden müssen. Er eignet sich nicht für (vor)schnelles Entscheiden."[58]

Erwartungen an den Vernetzer		**Anforderungen für den Umgang mit Vernetzern**
Weiß, wie komplexe Problemsituationen abzubilden sind (Methodik, Instrumente)	→	Wollen/Bereitschaft, mit Komplexität umzugehen
Breites Allgemeinwissen und gutes methodisches Wissen; Generalistenwissen	→	Bereitschaft, Detail- und Spezialwissen in die Vernetzung einzubringen und zusammenzuarbeiten
Ganzheitliche Sichtweise	→	Keine Angst, der „andere" könne alles sehen
Bewusstmachung der möglichen Perspektiven; Einbringung „neuer" Perspektiven. Kritisches Hinterfragen	→	Offenheit, neue Denk- und Handlungsweisen anzugehen. Bereitschaft, traditionelle Weltbilder in Frage zu stellen
Verändern der Wahrnehmungsmuster; Lernbarrieren abbauen	→	Bereitschaft, traditionelle Denk- und Handlungsweisen zu verlernen
Teamorientieres Vorgehen bei der Problemabgrenzung und -bearbeitung	→	Teamfähigkeit
Moderator-, Kultivator-, „Gärtner"-Funktion	→	Engagement und Motivation; Aufnahmebereitschaft (Feedback)
Arbeitet an konkreten Problemsituationen (mit Leidensdruck); nutzt „Lernen durch Tun"	→	Betroffenheit (Leidensdruck); Einbringen der Interessen; Bereitschaft, Probleme offen zu legen
Sucht Lösungen, die im Kontext möglichst wirksam werden; deckt Lenkungsmöglichkeit und systemgerechte Eingriffsmöglichkeiten auf	→	Entscheidungsfreude, Kompetenz und Zeitakzeptanz („notwendige Zeit; warten können"); ebenengerechte Mitarbeit; Handlungsfähigkeit

---

[58] Klimecki, Probst, Eberl 1991

Zweite **Schlüsselqualifikation**: Die eigene Führungswirklichkeit als Konstruktion verstehen

Wie unsere Wahrnehmungen die Realität formen

In tief verankerten Überzeugungen und Weltbildern spiegelt sich auf sehr menschliche Art das Bild wider, das wir uns von der Welt machen, und diese Illusionen halten wir dann für die Realität. Dass es sich – vor allem für Führungskräfte – sehr wohl lohnen kann, gelegentlich auch eine andere Sichtweise zu „konstruieren“, belegt die amüsante kleine Geschichte von Hänsel und Gretel, die wohl jeder gut kennt. Aber heute einmal aus der Sicht der Hexe erzählt:

Die Hexe[59]

Es waren einmal ein Hund und ein Löwe, die sich gegenseitig Geschichten erzählten. Eines Tages war der Löwe mit dem Erzählen dran und fing an:
Es war einmal eine alte Hexe, die hatte ihr ganzes Leben lang gearbeitet, hatte gezaubert vom frühen Morgen bis zum späten Abend, hatte gehext und Zaubersprüche aufgesagt jeden Tag und war nun in das Alter gekommen, wo ihre Zauberkraft nachließ und ihre Kräfte langsam schwanden.
Sie wurde aber nicht böse und giftig darüber wie andere Hexen, wenn sie so alt werden, sondern sagte sich: „Mit meiner Zauberkraft geht es zu Ende. Da will ich mir eine andere Beschäftigung suchen, damit ich nicht faulenzen muss und auf trübe Gedanken komme. Ich werde mein Haus zum schönsten Hexenhaus weit und breit machen!“
Und schon am nächsten Tag begann sie, ihr Häuschen aufs wunderlichste zu schmücken. Auf die Dachziegel legte sie Lebkuchen, die Wände verkleidete sie mit Brot und Kuchen, verziert mit Mandeln und Nüssen, ihre Glasfenster hängte sie aus und hängte neue ein, ganz aus weißem Zucker.

59 Aus: Paul Maar: *Der tätowierte Hund*

Das dauerte viele Wochen; jeden Tag musste die alte Frau in der Küche stehen und backen. Aber sie arbeitete unermüdlich, und endlich war das Häuschen fertig.
Da war die Hexe stolz auf ihr Haus! Jeden Abend saß sie auf der Bank neben der Haustür, betrachtete die bunten Mauern, hexte mit ihrer versiegenden Zauberkraft mühsam noch einen roten Zuckerguss auf einen Kuchen oder verzierte einen Lebkuchen mit einer Nuss, wischte Staub und rieb die Zuckerscheiben glänzend.
Und wenn irgendein Tier an ihrem Haus vorbeikam, stehen blieb und schließlich sagte: „So ein schönes Haus habe ich noch nie gesehen", wurde sie grün vor Stolz.
Eines Tages stand die Hexe gerade vor ihrem Backofen und wollte einen Lebkuchen backen, weil der Wind in der Nacht einen vom Dach geweht hatte. Da war es ihr, als knuspere draußen jemand an ihrem schönen Haus und breche ganze Stücke ab. Ängstlich rief sie:
„Knusper, knusper, kneuschen.
Wer knuspert an meinem Häuschen?"
Von draußen antwortete ein dünnes Stimmchen:
„Der Wind, der Wind,
das himmlische Kind!"
„Da bin ich beruhigt", seufzte die Hexe erleichtert. „Es ist nur der Wind, der da draußen lärmt. Und ich hatte schon Angst, jemand wolle mein Häuschen zerstören."
Wie sie das gerade sagte, zersprang ihre schönste Fensterscheibe, an der sie drei Wochen gearbeitet hatte, ein Mädchen griff nach den Splittern und aß sie auf!
Mühsam humpelte die Hexe nach draußen, um zu sehen, wer der Störenfried sei.
Vor dem Haus standen zwei Kinder, das Mädchen und außerdem ein Junge, rissen die Dachziegel herunter, um sie aufzuessen, zerbrachen die Wand und zersplitterten die weißen Zuckerfenster.
Da war die Hexe traurig und wütend zugleich.
„Wer seid ihr?", fragte sie. „Und warum zerstört ihr mein liebes Haus, an dem ich so lange gebaut habe?"
Die Kinder antworteten, sie heißen Hänsel und Gretel und hätten aus Hunger von dem Haus gegessen.

„Warum habt ihr aber gelogen und gesagt, ihr wäret der Wind?“, forschte die Alte weiter. „Hättet ihr an meine Tür geklopft und um Essen gebeten, so hätte ich es euch nicht verwehrt!“
Da blickten die beiden Kinder beschämt zu Boden.
Aber weil sie der alten Hexe trotz allem Leid taten, sagte sie: „Kommt nur herein und bleibt bei mir, es geschieht euch kein Leid!“ Und sie fasste beide an der Hand und führte sie in ihr Häuschen. Da ward gutes Essen aufgetragen, Milch und Pfannkuchen mit Zucker und Äpfel und Nüsse. Hernach wurden zwei schöne Bettlein weiß gedeckt, und Hänsel und Gretel legten sich hinein und meinten, sie wären im Himmel.
Als sie so friedlich schliefen, betrachtete die Hexe sie und sagte: „Sie waren sehr böse zu mir, haben gelogen und mein schönes Häuslein zerstört. Aber vielleicht sind sie nicht ganz verdorben. Ich will sie dabehalten, ihnen zu essen geben und versuchen, sie zu bessern.“
Am nächsten Morgen gab sie den beiden eine leichte Arbeit zu tun und rührte dann einen Teig an, denn sie wollte den Schaden an ihrem Haus wieder ausbessern. Aber Hänsel, der naschhaft war und dem die süßen Lebkuchen auf dem Dach besser schienen als das Frühstück auf dem Tisch, ging hinaus und begann leise vom Haus zu essen.
Als das die Hexe merkte, wurde sie sehr zornig. „Ich habe dich nicht bestraft für deine Lügen und deine bösen Taten, sondern dir und deiner Schwester sogar zu essen und ein Bett zum Schlafen gegeben!“, schalt sie. „Und du ungezogenes Kind lohnst es mir, indem du den Schaden an meinem Haus noch ärger machst!“ Und zur Strafe und damit er nicht noch mehr Unheil anrichten konnte, sperrte sie ihn in einen Stall neben dem Haus.
Damit er es aber gut hatte in seinem Gefängnis und nicht zu hungern brauchte, fragte sie ihn oft durch das Gitter: „Bist du auch satt, bekommst du genügend zu essen? Streck deinen Finger heraus!“
Hänsel hatte sehr viel zu essen bekommen, aber da er sehr gefräßig war, täuschte er die alte Frau, die schon nicht mehr richtig sehen konnte, durch eine arge List, um noch mehr zu erhalten: Er streckte ein abgenagtes Knöchlein durch das Gitter und sagte mit kläglicher Stimme: „Meine Schwester gibt mir zu wenig Mahlzeiten, ich bin schon ganz schön mager.“

Die Alte betastete das Knöchlein und sagte: „Fürwahr, er ist ganz mager! Gretel, er muss mehr zu essen bekommen!"
Die Gretel aber, die ein faules Mädchen war, maulte und sagte, sie könne nicht kochen.
„Dann musst du eben backen!", rief die Hexe und heizte den Backofen an, um für den Hänsel eigens ein großes Brot zu backen. Als sie aber das Feuer angeschürt hatte und gerade nachsehen wollte, ob recht eingeheizt sei, da gab ihr die arglistige Gretel von hinten einen Stoß, dass die Hexe weit hineinfuhr, machte die eiserne Tür zu, schob den Riegel vor, und die arme Alte musste elendiglich verbrennen.
Dann befreite das böse Mädchen ihren Hänsel aus dem Stall, wo er seine Strafe absitzen sollte, und sie durchwühlten gemeinsam das ganze Hexenhaus.
In einer Ecke hatte die Hexe eine Kiste mit Perlen und Edelsteinen stehen, die ein Erbstück von ihrem Vater war, einem großen Hexenmeister. Die raubten die beiden Kinder, stopften sich die Taschen voll mit Schmuck und Geschmeide und liefen schnell aus dem Wald.
„Und weißt du, was sie hinterher den Leuten erzählten?", fragte der Löwe den Hund.
„Was denn?", fragte der mit großen Augen.
„Sie haben doch wahrhaftig behauptet, die Hexe hätte sie aufessen wollen! Diese bösen Kinder!"
„Ich muss sagen", entgegnete der Hund, „ich habe die Geschichte nicht so erzählt bekommen. Da hörte sich alles ganz anders an, obwohl eigentlich das Gleiche geschah!"
„Aha!", machte der Löwe. „Da sieht man es wieder: Leute glauben viel lieber die Unwahrheit als die Wahrheit und erzählen dann ohne schlechtes Gewissen Lügengeschichten weiter! Denn die Geschichte hat sich so zugetragen, wie ich sie dir mitgeteilt habe, das weiß ich von jener Hexe, die sie mir anvertraut hat."
„Wenn das so ist", überlegte der Hund, „dann möchte ich gerne einmal ‚Rotkäppchen' von einem Wolf erzählt bekommen!"

Die Philosophie des „Konstruktivismus" geht davon aus, dass die Welt ein Resultat unserer Konstruktionen der Wirklichkeit ist. Demnach ist das, was wir für die wirkliche Welt, also unsere allgegenwärtige Realität halten, etwas, das wir – ohne uns dessen bewusst zu sein – selbst geschaffen haben und laufend neu schaffen. Wirklichkeit wird demnach nicht „gefunden" oder „entdeckt", sie wird individuell und subjektiv hergestellt.

Wer sich mit einem Sachverhalt beschäftigt, will in der Regel etwas erkennen. Er will dahinter kommen, wie etwas wirklich „ist" oder „funktioniert". Geschichtlich betrachtet hat es viele Versuche gegeben, das menschliche Erkennen als solches selbst zu begreifen, und die Annahmen darüber, wie der Mensch die Welt versteht und wie er sein Wissen erwirbt und weitergibt, sind in der so genannten Erkenntnislehre und in Erkenntnistheorien formuliert worden.

Der Professor für kognitive Psychologie und Systemtheoretiker Ernst von Glasersfeld sagt dazu, dass die Erkenntnislehre unbefriedigend ist, weil sich schon die Vorsokratiker im 6. Jahrhundert v. Chr. der logischen Unmöglichkeit bewusst waren, eine objektive Welt zu erkennen. Glasersfelds Meinung nach haben seither die meisten Philosophen Metaphysik betrieben, anders wären sie um diese logische Barriere nicht herumgekommen. „Die metaphysischen Schriften sollten dann aber nicht etwa wie die Rigweda als mystische Gedichte gelesen werden, sondern gaben vor, Angelegenheit der Vernunft zu sein. Das ist das, was ich die Hypokrisie der abendländischen Philosophie nenne."

Schon Xenophanes sagte, dass, selbst wenn ein menschliches Wesen die Welt erkennen würde, wie sie wirklich ist, er das selbst doch nie wissen könnte. Er hatte also bereits verstanden, dass „man zu allem, was man durch einen Erkenntnisapparat anschaut, keinen anderen Zugang hat als eben durch diesen Erkenntnisapparat". Glasersfeld betont, dass das nicht nur für Wahrnehmung gilt, sondern auch für die Begriffsbildung „und überhaupt für alles, was man zum Aufbau eines Weltbildes verwenden kann. Und da man immer nur mit dem eigenen Erkenntnisapparat wahrnehmen, Begriffe bilden und intuieren kann, ist man nie in der Lage, das Bild, das man sich von der Welt macht, mit einer vom eigenen Erleben unabhängigen Realität zu vergleichen."[60]

Es ist also unberechtigt, von Erkenntnis oder von irgendwelchem Wissen, das wir haben, als Repräsentation einer objektiven Welt zu sprechen. Es

[60] Glasersfeld 1996

kann sich da nur um Vorstellungen handeln, die wir auf Grund unserer Erfahrungen aufgebaut haben.
Wahrheit im Sinne einer Übereinstimmung mit der Realität ist ausgeschlossen, denn von der Wahrheit verlangt man ja, dass sie objektiv ist und eine Welt beschreibt oder darstellt, wie sie „an sich“ ist, das heißt, bevor der Beobachter sie durch seinen Erkenntnisapparat wahrgenommen und begriffen hat.
In dieser Situation kann man nicht einmal von einer Annäherung an eine wahre Repräsentation der objektiven Welt sprechen, denn wenn man keinen Zugang zu der Realität hat, der man sich nähern möchte, kann man auch den Abstand von ihr nicht messen. Es ist also scheinheilig, die Hoffnung zu nähren, dass Erkenntnis im Laufe wiederholter Erfahrungen der Realität näher kommen kann.
Der Konstruktivismus ist eine neurowissenschaftlich fundierte Erkenntnistheorie, die die Erkenntnisse verschiedener wissenschaftlicher Disziplinen wie Hirnforschung, Neurobiologie, Kognitionspsychologie, Linguistik und Informatik miteinander verbindet.
Biologen wie Humberto Maturana und Franzisko Varela, Gehirnforscher und Kognitionswissenschaftler wie Gerhard Roth und Heinz Mandl, Kommunikationswissenschaftler wie Paul Watzlawick, Heinz von Foerster und Siegfried Schmidt, Gesellschaftswissenschaftler wie Niklas Luhmann, Pädagogen wie Horst Siebert und Philosophen wie Gregory Bateson leisteten einen Beitrag zu diesem Betrachtungsrahmen.
Die klassische wissenschaftliche Forschung ist seit einigen Jahrhunderten vom Geist der Aufklärung beseelt und geht davon aus, dass die Wirklichkeit bestimmten Gesetzen gehorcht und dass wir diese Gesetze grundsätzlich erkennen können. „Wir müssen die Natur mit Hunden hetzen, um ihr die letzten Geheimnisse zu entjagen“, formulierte schon René Descartes, der unser „kartesianisches Weltbild“ der Naturwissenschaft und der Wissenschaftsgläubigkeit entscheidend mit geprägt hat.
Der Mensch als Vernunftwesen – an diesen „Wunschträumen der Vernunft“ zweifelt der radikale Konstruktivismus. Er definiert wie gesagt die Realität vorrangig als subjektabhängig: Alles, was gesagt werden kann, wird von einem Beobachter zu einem anderen Beobachter gesagt, der auch er oder sie selber sein kann. Bildlich ausgedrückt: Nur aus der Sicht eines Menschen ist ein Flugzeug ein Flugzeug. Niemals für sich selber, also objektiv, d. h. unabhängig von einem Beobachter.

Chef- der Baum ist kerngesund. Was machen wir?
Weg damit!

Ich sehe nichts, ich höre nichts, ich weiß von nichts...

Was ein Flugzeug wirklich ist, darauf haben sich die Menschen weitgehend geeinigt. Dennoch ist es möglich, dass es für den einen ein Transportmittel ist, mit dem er die Welt erforschen und kennen lernen kann, und für den anderen ist es ein bedrohliches und gefährliches Umweltverschmutzungsinstrument, mit dem Krankheiten wie Aids oder Sars oder andere Seuchen quer über den Erdball verbreitet werden können. Menschliches Erkennen ist also subjektiv, aber nicht beliebig. Die Menschen eines Kulturkreises einigen sich in der Regel auf eine bestimmte Art, die Welt zu sehen, und dieser Art geben sie dann den Stempel „normal", also einzig möglich. Eine individuell abweichende Sichtweise wird nur unter Sanktionen akzeptiert. Menschliches Erkennen ist somit nur beschränkt ein individuelles Etwas, es ist primär ein soziales Phänomen.

Die Kernthese der Theorie lautet: Unser Erkenntnissystem – d. h. unsere sensorischen Wahrnehmungen (das, was wir sehen, hören, riechen, schmecken und fühlen) und Kognitionen (unsere Gedanken) – bildet die Außenwelt nicht „wahrheitsgemäß", quasi wie eine Foto- oder Videokamera ab, sondern wir konstruieren uns Wirklichkeiten eigener Art, die vor allem den Zweck haben, „viable", d. h. lebensdienliche Orientierungen und Handlungen zu ermöglichen.

Dabei gehen wir davon aus, dass das menschliche Gehirn als relativ geschlossenes und sich selbst organisierendes informationsverarbeitendes System meist mit sich selbst beschäftigt ist und nur zu einem geringen Teil mit der Verarbeitung von Informationen oder Reizen aus der Außenwelt. Diese Informationen der Außenwelt wie z. B. Töne oder visuelle Eindrücke bieten, durch die Sinnesorgane aufgenommen, dem Gehirn keine Informationen darüber, wie die Dinge der Welt sind, sondern dienen nur als Rohmaterial, das vom Gehirn erst interpretiert und verstanden wird. Wir hören eine Musik nicht mit unseren Ohren, sondern unsere Ohren nehmen Schallwellen wahr, setzten sie in einfache elektrische Impulse um und leiten sie an das Gehirn weiter, das aus diesen Impulsen erst die Musik werden lässt. Der Musikeindruck wird also erst im Gehirn erzeugt und nicht von den Sinnesorganen aufgenommen.

„Aus der Idee des Konstruktivismus ergeben sich zwei Konsequenzen. Erstens die Toleranz für die Wirklichkeiten anderer – denn dann

haben die Wirklichkeiten anderer genauso viel Berechtigung wie meine eigene. Zweitens ein Gefühl der absoluten Verantwortlichkeit. Denn wenn ich glaube, dass ich meine eigene Wirklichkeit herstelle, bin ich für diese Wirklichkeit verantwortlich, kann ich sie nicht jemandem anderen in die Schuhe schieben." (Frei nach Paul Watzlawick[61])

Wie ausgeprägt unsere neuronalen Netzwerke „mit sich selbst kommunizieren", ist durch die neuen computertomographischen Verfahren der Neurowissenschaften klar geworden, wo man zwecks Beobachtung der zerebralen Verarbeitung u. a. radioaktive Glukoselösung in die Gehirngefäße gespritzt hat und auf dem Computerbild deutlich die Verarbeitung verfolgen konnte. Abstrakt formuliert: Das Nervensystem interagiert mit seinen eigenen „Zuständen".

Die wesentliche Leistung des Gehirns besteht also darin, die von unseren Sinnesorganen (wie z. B. von den Augen beim Sehen) übertragenen Impulse aus der Außenwelt permanent zu interpretieren. Dabei schafft es sich seine eigene ganz persönliche Konstruktion davon, wie denn die Welt sei, ohne zu wissen, wie sie wirklich ist. Paul Watzlawick spricht von der Wirklichkeit erster Ordnung, die jenseits von uns „wahrhaftig" existiert, aber nicht von uns genau so erkannt werden kann; und von der Wirklichkeit zweiter Ordnung, die wir als Abbild unserer Sinneseindrücke aufbauen und somit der Verfälschung durch die zahlreichen bereits erwähnten Erinnerungen und Interpretationen unterliegen. Was wir erkennen und wahrnehmen – eher also „für" wahr nehmen –, sind immer nur unsere Erfahrungen von den Dingen, nicht die Dinge selber. Etwas verstehen heißt in diesem Sinne, eine Interpretation und Erklärung für uns selbst aufzubauen, die funktioniert und schlüssig zu sein scheint. Diese strukturierende Arbeit des Gehirns hat den Zweck, dem Individuum das Überleben in seiner Umgebung zu ermöglichen.

Diese Vorstellungen sind nicht neu, sondern wurden in der Vergangenheit schon von Immanuel Kant, Maria Montessori und Jean Piaget vertreten. Die Stoa formulierte bereits vor zweitausend Jahren die These: „Nicht die Welt als solche kann schlecht sein – nur die Art und Weise, wie wir sie betrachten." Der griechische Philosoph Epiktet und später der

[61] Zeitschrift „intra" Nr. 35 1998 und Mitschrift in seinen Seminaren

als Menschenfreund und gebildet charakterisierte römische Kaiser Marc Aurel formulierten vor diesem Hintergrund ihre lebensphilosophischen Betrachtungen.

Neu sind allerdings die physiologischen Entdeckungen der Hirnforschung der letzten Jahre, die diese Vorstellungen zu bestätigen scheinen. Die Einordnung von Führung unter diesen Prämissen, also die Vorstellung über Führung, was sie sein soll, wo sie stattfindet und wie sie funktioniert, ist komplex. Sie entsteht im gemeinsamen Handeln der beteiligten Individuen, wo eine Vielzahl gelegentlich sehr unterschiedlicher individueller Sichtweisen einfließt und die jeweilige Führungskultur prägt.

Umsetzungsimpuls

Für den konstruktivistisch geprägten Rubicon-Manager bedeutet dies, dass

- ✓ er einsehen muss, dass die Welt, die wir sehen, nicht *die* Welt schlechthin ist, sondern *eine* Welt von vielen möglichen Welten, welche wir gemeinsam mit anderen hervorbringen;
- ✓ er akzeptiert, dass wir alle die Verantwortung für die jeweilige Führungswelt tragen;
- ✓ sich dadurch aber auch neue Handlungsspielräume eröffnen;
- ✓ wir andere Wirklichkeiten konstruieren könnten und nicht unbedingt in der jetzigen leben müssen;
- ✓ unsere Interpretation von Führung immer eine Wahl darstellt. Man kann nicht nicht wählen.

Es kann nicht darum gehen, dem Individuum die „einzig richtigen" Verhaltensweisen oder Eigenschaften zu „verordnen", die dann in jedem Fall und überall zum Erfolg führen müssen. Individuelles Führungsselbstverständnis und kollektive Führungskultur entstehen und verändern sich interaktiv, durch Wechselwirkung innerhalb des Systems und gegenüber Umwelteinflüssen. In dieser Wechselwirkung zeigt sich, ob die gemeinsamen (vielleicht unausgesprochenen) Selbstverständnisse adäquat – letztlich also problemlösend – sind oder nicht.

Dritte **Schlüsselqualifikation**: Individuelles und organisatorisches Lernen fördern

Schneller und besser lernen als die Konkurrenz

„Schneller und besser zu lernen als die Konkurrenz ist der einzige wirklich dauerhafte Wettbewerbsvorteil", sagte Peter M. Senge, Leiter des Bereichs Systemdenken und Organisationslehre am Massachusetts Institute of Technology (MIT) und lenkte die Aufmerksamkeit vom individuellen Lernen in seiner ja so oft verlorenen Einsamkeit auf das Thema „Lernen in, mit und von Organisationen".
Auch Organisationen sind lernfähig, war seine Kernthese. Dazu müssen sie sich in fünf Disziplinen üben:

- ✓ Personal Mastery
- ✓ mentale Modelle
- ✓ die gemeinsame Vision
- ✓ Team-Lernen
- ✓ Systemdenken

Systemdenken ist die unabdingbare Voraussetzung für eine lernende Organisation, und diese „fünfte Disziplin" schafft auch die Voraussetzung für ein grundsätzliches Umdenken im unternehmerischen Bereich: Der Blick fürs Ganze wird geschärft, Wechselbeziehungen werden wahrgenommen, Veränderungsprozesse erkannt. Beim Aufbau einer lernenden Organisation ist es besonders wichtig, dass Lernhindernisse aufgedeckt und konsequent abgebaut werden. Organisationen lernen nur dann, wenn der Einzelne lernfähig ist.
Würde man eine lernende Organisation mit einer technischen Erfindung vergleichen, dann würde man die Komponenten als Technologien bezeichnen. Bei der Innovation des menschlichen Verhaltens muss man die Komponenten als *Disziplinen* sehen. Mit „Disziplin" meint Peter Senge nicht eine „erzwungene Ordnung" oder ein „Mittel der Bestrafung", sondern eine grundlegende Theorie und Methodik, die man lernen und beherrschen muss, um sie in die Praxis umsetzen zu können.

Eine Disziplin ist ein Entwicklungsweg, auf dem man bestimmte Fertigkeiten oder Kompetenzen erwirbt.
Wie bei jeder Disziplin – ob im Sport oder in der Musik – gibt es einige Menschen, die über eine „natürliche Begabung“ verfügen, aber, wie Peter Senge an zahlreichen Unternehmensbeispielen aufzeigt: Jeder kann durch Übung Meister werden. Peter Senge erklärt das Zusammenwirken von Einzelfaktoren beim Lernen am Beispiel der Flugmaschine der Gebrüder Wright, nach deren Erstflug es noch mehr als 30 Jahre gedauert hatte, ehe eine breite Öffentlichkeit von der zivilen Luftfahrt profitieren konnte.
Sobald eine neue Idee im Labor funktioniert, ist sie bei Technikern eine Erfindung. Kann sie zuverlässig, zu vertretbaren Kosten und in genügender Stückzahl reproduziert werden, ist sie eine Innovation. Eine grundlegende Innovation ist dann gegeben, wenn die Idee eine ganze Industrie hervorbringt – etwa das Telefon oder der Computer oder eben das Flugzeug.
Zwar war es den Gebrüdern Wright gelungen zu bewiesen, dass der Motorflug möglich ist, doch erst die im Jahr 1935 eingeführte McDonell Douglas DC-3 war das erste Flugzeug, das auch wirtschaftlich tragfähig war. Dazwischen lagen 30 Jahre und viele fehlgeschlagene Experimente.
Bei der DC-3 bildeten erstmals fünf kritische „Teiltechnologien“ ein erfolgreiches Ganzes. Nur vier davon hätten nicht gereicht, das haben andere Konstruktionen gezeigt.[62]
Die lernende Organisation ist den Theorien Peter M. Senges zufolge bisher erst eine Erfindung. Denn noch sind die fünf Teiltechnologien (oder Disziplinen), die für eine grundlegende Innovation notwendig sind, nicht zusammengelaufen. Lernende Organisationen unterscheiden sich von nichtlernenden Organisationen jedoch dadurch, dass sie sich durch den Prozess der genannten fünf ineinander greifenden Disziplinen ständig erneuern. Diese Anwendung ist in einem erfolgreichen Unternehmen kein einmaliger, abgeschlossener Vorgang, sondern ein ständiger Lern- und Veränderungsprozess.
Schauen wir uns die Teildisziplinen nun einmal etwas genauer an.

[62] Vgl. Senge 1994

Personal Mastery

Personal Mastery ist die geistige Grundlage der lernenden Organisation, die Disziplin der Selbstführung und Persönlichkeitsentwicklung. Wer diese Disziplin besitzt, kann seine wahren Ziele konsequent verwirklichen, denn er reagiert auf Neues und hört nie auf zu lernen.

Der Begriff *Mastery* – „Beherrschung" – kann bedeuten, dass jemand *über* Menschen oder Dinge herrscht. Aber er kann sich auch auf einen bestimmten Grad an Professionalität oder „Meisterschaft" beziehen. Ein Handwerksmeister, der sein Metier „beherrscht", übt keine Macht über seine Töpferwaren oder Webteppiche aus. Wer es zu einem hohen Grad an Personal Mastery bringt, verfügt über die Fähigkeit, seine wahren Ziele konsequent zu verwirklichen, er geht letztlich an das Leben heran wie ein Künstler an ein Kunstwerk. Das gelingt ihm, weil er offen auf Neues reagiert und nie aufhört zu lernen.

Personal Mastery bedeutet, dass man seine persönliche Vision kontinuierlich klärt und vertieft, dass man seine Energien bündelt, Geduld entwickelt und die Realität objektiv betrachtet. Diese Inhalte machen die Disziplin der Personal Mastery zu einem wesentlichen Eckpfeiler der lernenden Organisation – zu ihrer geistigen Grundlage. Das Engagement einer Organisation, zu lernen, kann immer nur so groß sein wie das ihrer Mitglieder. Die Ursprünge dieser Disziplin liegen in westlichen und östlichen Religionen ebenso wie in weltlichen Traditionen.

Peter Senge hat festgestellt, dass nur wenige Organisationen das Wachstum ihrer Mitglieder in dieser Hinsicht fördern, weshalb enorme Ressourcen ungenutzt bleiben. Unter den dreißigjährigen Mitarbeitern eines Unternehmens, die alle gut ausgebildet und hoch motiviert in ihren Beruf einstiegen, ist ein Teil dabei, die Karriereleiter nach oben zu steigen, während die anderen bloß an ihre Freizeitaktivitäten denken und im Büro ihre Zeit absitzen. „Sie verlieren ihr Engagement, ihr Sendungsbewusstsein und die freudige Aufregung, mit der sie an den Start gegangen sind. Wir kriegen verdammt wenig von ihrer Energie und so gut wie nichts von ihren Herzen."[63]

Erstaunlich wenig Erwachsene arbeiten, wie die Untersuchungen des MIT hervorbrachten, wirklich konsequent an der Entwicklung ihrer

[63] Senge 1999

eigenen Personal Mastery. Wenn man Erwachsene fragt, was sie vom Leben erwarten, so erzählen sie häufig als Erstes, wovon sie sich befreien möchten: „Ich würde mir wünschen, dass die Kinder groß sind und endlich ausziehen", erklären sie oder: „Ich möchte meine Knieprobleme loswerden."

Dagegen beginnt die Disziplin der Personal Mastery damit, dass wir uns über diejenigen Dinge klar werden, die uns wirklich wichtig sind, damit wir unser Leben in den Dienst unserer höheren Ziele stellen können (siehe auch „Fünfte Schlüsselqualifikation: Motivationskompetenz", Seite 174 ff.).

Die Aufmerksamkeit sollte sich, wie Senge fordert, auf Verbindungen zwischen dem individuellen Lernen und dem Lernen von Organisationen richten, auf die gegenseitigen Verpflichtungen von Individuum und Organisation und den speziellen Geist eines Unternehmens, das sich aus Lernenden zusammensetzt.

Mentale Modelle

Mentale Modelle sind tief verwurzelte Annahmen, Verallgemeinerungen oder auch Bilder und Symbole, die ausschlaggebend dafür sind, wie wir die Welt wahrnehmen und wie wir handeln. Es gilt, sie aufzudecken und kritisch zu betrachten.

Sehr häufig sind wir uns dieser mentalen Modelle oder ihrer Auswirkungen auf unser Verhalten nicht bewusst. So bemerken wir vielleicht, dass ein Kollege immer sehr elegant gekleidet ist, und sagen uns: „So ein Dandy." Wenn jemand in Jeans und Pullover herumläuft, ziehen wir vielleicht den Schluss: „Es ist ihm egal, was andere von ihm denken."

Mentale Modelle über mögliche Handlungsalternativen in unterschiedlichen Managementsituationen sind nicht weniger fest verwurzelt. Viele Erkenntnisse über neue Marktmöglichkeiten oder über veraltete Organisationsverfahren werden nicht praktisch umgesetzt, weil sie in Widerspruch zu stummen, aber machtvollen mentalen Modellen stehen. (Siehe auch „Keine Lernkompetenz", Seite 62 ff.)

Royal Dutch/Shell war, wie Senge erklärt, eines der ersten großen Unternehmen, die erkannten, wie wichtig es ist, die Lernfähigkeit der Organisation zu steigern. Bei Shell setzte sich diese Erkenntnis durch, weil man entdeckte, wie allumfassend der Einfluss von verborgenen

mentalen Modellen war, vor allem, wenn diese Modelle von sehr vielen Menschen geteilt wurden. Shell steuerte außergewöhnlich erfolgreich durch die dramatischen Veränderungen und Unwägbarkeiten, die das Welt-Ölgeschäft in den siebziger und achtziger Jahren kennzeichneten. Dieser Erfolg war zu einem großen Teil darauf zurückzuführen, dass das Unternehmen lernte, wie es die mentalen Modelle seiner Führungskräfte aufdecken und in Frage stellen konnte.
So war Shell Anfang der siebziger Jahre die schwächste der sieben großen Ölgesellschaften; Ende der achtziger Jahre die stärkste. Nach Ansicht von Arie de Geus, dem damaligen Gruppenkoordinator bei Shell, hängt eine kontinuierliche Anpassung und ein ständiges Wachstum in einer wechselhaften wirtschaftlichen Umwelt vom „institutionellen" Lernen ab, das heißt von dem Prozess, durch den Managementteams ihre gemeinsamen mentalen Modelle in Bezug auf das Unternehmen, seine Märkte und seine Wettbewerber verändern. Deshalb betrachten wir das Planen als Lernen und die Unternehmensplanung als „institutionelles Lernen".
Senge meint dazu, dass es für die Disziplin der mentalen Modelle zuerst einmal notwendig ist, den Spiegel nach innen zu kehren. Es gilt, die inneren Bilder, die jeder von der Welt hat, aufzudecken und kritisch zu betrachten. Schließlich müssen „lernintensive Gespräche" geführt werden, in denen jeder einerseits deutlich macht, was er denkt, und sich andererseits für die Einflüsse der anderen öffnet.[64]

Eine gemeinsame Vision entwickeln

Eine große Organisation kann auf Dauer nur mit gemeinsamen Zielen, Wertvorstellungen und Botschaften erfolgreich sein. Die gemeinsame Vision inspiriert alle Beteiligten, muss jedoch nicht nur auf Einwilligung stoßen, sondern echtes Engagement und aktive Teilnahme fördern.

Wenn es je eine einzelne Führungsidee gab, die Organisationen seit ewigen Zeiten inspiriert hat, so ist es die Fähigkeit, eine gemeinsame Zukunftsvision zu schaffen und aufrechtzuerhalten. Man kann sich nur schwer vorstellen, dass irgendeine große Organisation auf Dauer ohne gemeinsame Ziele, Wertvorstellungen und Botschaften von Führungskräften und Belegschaft erfolgreich sein könnte.

[64] Vgl. Senge 1999

Für IBM war dies der „Service“ und für Polaroid die Instantkamera; für Ford war es das Transportmittel für die Massen und für Apple die Computermacht für jedermann. Trotz enormer Unterschiede in Bezug auf Wesen und Inhalt dieser Visionen ist es all diesen Organisationen gelungen, die Menschen durch eine gemeinsame Unternehmensphilosophie und ein Gefühl von gemeinsamer Bestimmung zusammenzubinden.
Wenn eine echte Vision vorhanden ist (im Gegensatz zu den allseits bekannten „Visions-Erklärungen“), wachsen die Menschen über sich selbst hinaus: Sie lernen aus eigenem Antrieb und nicht, weil man es ihnen aufträgt. Aber viele Führungskräfte verfolgen persönliche Visionen, die nie in solche elektrisierenden gemeinsamen Visionen umgesetzt werden. Sehr häufig hängt die gemeinsame Vision einer Firma von dem Charisma ihres Leiters ab oder von einer Krise, die alle Mitarbeiter vorübergehend aktiviert. Aber wenn sie die Wahl hätten, würden die meisten Menschen nicht nur in Notzeiten, sondern täglich ein hohes Ziel verfolgen. Was fehlt, ist das Wissen darum, wie man eine individuelle Vision in eine kollektive umsetzt – nicht nur im Sinne eines „Kochbuchs“, sondern im Sinne von allgemeinen Prinzipien und bestimmten Techniken.
Zur Disziplin der gemeinsamen Visionen gehört die Fähigkeit, gemeinsame „Zukunftsbilder“ freizulegen, die nicht nur auf Einwilligung stoßen, sondern echtes Engagement und wirkliche Teilnahme fördern. Eine Führungskraft, die sich in dieser Disziplin übt, lernt, dass auch eine noch so tief empfundene Vision kontraproduktiv wirkt, wenn sie lediglich von oben verordnet wird.

Team-Lernen

Voraussetzung für das Team-Lernen ist der Dialog, die Fähigkeit der Teammitglieder, von eigenen Annahmen abzurücken und sich auf ein gemeinsames Denken einzulassen. Dazu müssen Interaktionsstrukturen, die das Lernen im Team behindern, erkannt werden. Das Team-Lernen ist eine Grundlagendisziplin, denn die elementare Lerneinheit in Organisationen bilden Teams, nicht Einzelpersonen.
Wie ist es zu erklären, dass ein Team von engagierten Managern, die einen individuellen Intelligenzquotienten von über 120 haben, einen kollektiven IQ von 63 aufweist? Die Disziplin des Team-Lernens setzt sich mit diesem Paradoxon auseinander.

Wir wissen, dass Teams lernen können. Im Sport, in den darstellenden Künsten und sogar – gelegentlich – im Geschäftsleben gibt es eindrucksvolle Beispiele dafür, dass die Intelligenz des Teams die Intelligenz des Einzelnen bei weitem überschreitet und dass ein Team außergewöhnliche Fähigkeiten zum koordinierten Handeln entwickelt. Wenn Teams wahrhaftig lernen, erzielen sie nicht nur herausragende Ergebnisse, sondern die einzelnen Mitglieder entwickeln sich auch schneller, als es andernfalls möglich wäre.

Am Anfang steht der „Dialog", die Fähigkeit der Teammitglieder, sich auf echtes „gemeinsames Denken" einzulassen. Für die Griechen bedeutete *dia-logos* das ungehinderte Fluten von Sinn, von Bedeutung in einer Gruppe, wodurch diese zu Einsichten gelangen kann, die dem Einzelnen verschlossen sind. Interessanterweise ist die Praxis des Dialogs in vielen „primitiven" Kulturen, wie zum Beispiel bei den nordamerikanischen Indianern, bewahrt worden, während sie in der modernen Gesellschaft fast völlig verloren gegangen ist. Heute werden die Grundsätze und Techniken des Dialogs neu entdeckt und in einen zeitgenössischen Kontext gestellt. (Der Dialog unterscheidet sich von der bekannteren „Diskussion", die mit Wörtern wie „Percussion" und „Concussion", also „Erschütterung", verwandt ist und bei der es buchstäblich darum geht, Argumente hin- und herzuwerfen, bis einer den Wettstreit gewonnen hat.)

Häufig ist das Verhalten eines Teams von tiefen Abwehrstrukturen geprägt. Wenn diese Strukturen nicht erkannt werden, machen sie jedes Lernen unmöglich. Aber wenn man sie erkennt und sich kreativ damit auseinander setzt, können sie das Lernen auch vorantreiben.

Das Team-Lernen ist von entscheidender Bedeutung, weil Teams, nicht einzelne Menschen die elementare Lerneinheit in heutigen Organisationen bilden. Sie sind die „Nagelprobe" für die Praxis. Nur wenn Teams lernfähig sind, kann die Organisation lernen.

Systemdenken

Systemdenken ist die integrative Disziplin. Sie verknüpft alle anderen zu einer ganzheitlichen Theorie und Praxis. Systemdenken hilft, die übergreifenden Muster zu verstehen und damit Veränderungen an der Gesamtheit, am System selbst, vorzunehmen.

Stellen wir uns einen heißen Sommertag vor, gegen Nachmittag beobachten wir, dass Wolken aufziehen, der Himmel sich rasch verdunkelt, plötzlich einsetzender Wind und die Beobachtung, dass die Blätter sich nach oben kräuseln, vermitteln uns, dass es bald regnen wird. Aus dem Schulunterricht wissen wir noch, dass das Regenwasser nach dem Unwetter viele Kilometer entfernt ins Grundwasser fließt und dass der Himmel sich bald wieder aufklären wird.

Wir wissen, dass alle diese Ereignisse zwar räumlich und zeitlich voneinander getrennt sind, aber doch irgendwie alle zu demselben Muster gehören. Die Ereignisse beeinflussen sich gegenseitig, auch wenn wir dieses Wechselspiel normalerweise nicht wahrnehmen. Man kann das System des Wetters und der Natur schlechthin nur verstehen, wenn man über die Einzelteile hinausblickt und das Ganze betrachtet.

Die Geschäftswelt und andere menschliche Unternehmen sind für Peter Senge ebenfalls solche Systeme. Auch sie sind durch ein unsichtbares Gewebe von zusammenhängenden Handlungen verbunden, die oft erst nach Jahren ihre volle Wirkung aufeinander entfalten. Da wir selbst ein Teil dieses filigranen Musters sind, fällt es uns doppelt schwer, das volle Bild der Veränderungen zu erfassen. Stattdessen neigen wir dazu, uns auf „Schnappschüsse" von isolierten Systemteilen zu konzentrieren, und wundern uns, warum unsere größten Probleme scheinbar unlösbar sind. Das Systemdenken ist ein konzeptuelles Rahmenwerk, ein Set von Informationen und Instrumenten, das im Lauf der letzten fünfzig Jahre entwickelt wurde, damit wir die übergreifenden Muster klarer erkennen und besser begreifen, wie wir sie erfolgreich verändern können.

Auch wenn die Mittel neu sind, ist die ihnen zugrunde liegende Weltanschauung etwas äußerst Intuitives: Experimente mit kleinen Kindern zeigen, dass sie mühelos lernen, systemisch zu denken.

Das Ausüben einer Disziplin bedeutet, wie es jeder Zen-Meister beschreiben würde, dass man nie fertig wird, dass man nie aufhören wird zu üben. Man „kommt niemals an". Eine Disziplin zu meistern ist ein lebenslanger Prozess. So wie man nie sagen kann: „Ich bin jetzt ein ausreichend gebildeter Mensch", kann man nie sagen: „Jetzt sind wir eine lernende Organisation." Je mehr man lernt, umso stärker wird die eigene Unwissenheit bewusst, ganz im sokratischen Sinne: „Je mehr ich weiß, umso mehr weiß ich, dass ich nichts weiß!"

Dass Organisationen von Disziplinen profitieren können, ist keine Erfindung von Peter Senge. Schon lange kennen wir Organisationsdisziplinen wie zum Beispiel die Marketingabteilung, das Rechnungswesen usw. Aber die fünf Lerndisziplinen von Peter Senge unterscheiden sich deutlich davon, weil sie „persönliche" Disziplinen sind. In jeder Disziplin geht es darum, wie der Einzelne denkt, was er wirklich erreichen will, wie er mit anderen interagiert und mit ihnen gemeinsam lernt. So ähneln sie eher künstlerischen als traditionellen Managementdisziplinen. „Das Rechnungswesen hält uns zwar über den ‚aktuellen Punktestand' auf dem laufenden, aber was noch als Aufgabe im Raum steht, ist, eine Organisation aufzubauen, ihre innovativen und kreativen Fähigkeiten zu fördern und ihre Politik und Struktur durch die Aufnahme neuer Disziplinen zu gestalten."[65]

Für Senge ist das auch der Grund, weshalb so viele große Organisationen eher flüchtige Erscheinungen sind, die einen kurzen Moment ihren „Platz an der Sonne" genießen und dann wieder sang- und klanglos im grauen Mittelmaß versinken.

Eine Disziplin auszuüben ist auch anders zu betrachten, als einfach nur ein anderes Unternehmen oder dessen „Erfolgsgeheimnisse" zu modellieren, wie wir es bei dem Lernen durch die „Best-practice-Methode" kennen. Solche Orientierungen richten für Senge oft mehr Schaden als Nutzen an, weil sie dazu führen, dass Unternehmen einzelne Praktiken nachahmen und immer „mit hängender Zunge" der neuesten Entwicklung hinterherlaufen. Er glaubt nicht, dass je eine wirklich gute Organisation durch Nachahmung geschaffen wurde, genauso wenig wie man eine starke Persönlichkeit entwickeln kann, indem man versucht, eine andere starke Persönlichkeit nachzuahmen.

Fazit für Senge:

„Als die fünf Teiltechnologien zusammenkamen und die DC-3 hervorbrachten, war die Luftfahrtindustrie geboren. Aber die DC-3 stand nicht am Ende dieses Prozesses. Sie war vielmehr Vorbotin einer neuen Industrie. Ähnliches gilt für die fünf Teildisziplinen des Lernens; eine Annäherung an diese Disziplinen wird nicht die eine lernende Organisation hervorbringen, sondern vielmehr eine neue Welle von Experimenten und neuen Entwicklungen auslösen."[66]

[65] Senge 1990

[66] Senge 1990

Die elf Gesetze einer lernenden Organisation

1 Die Lösungen von gestern sind die Probleme von heute
Häufig erkennen wir die Ursachen unserer Probleme nicht, gerade wenn sie durch unsere früheren „Lösungen" entstanden sind. Oft verlagert eine bestimmte Lösung die Probleme nur in einen anderen Teil des Systems. Schwierig wird es besonders dann, wenn die Personen, die das erste Problem gelöst haben, nicht dieselben sind, die das neue Problem erben.

2 Je größer die Anstrengung, desto schlimmer wird es
Das Systemdenken hat für dieses Phänomen einen Namen: „kompensatorischer Rückkopplungseffekt". Gut gemeinte Absichten lösen Reaktionen im System aus, die die Vorteile der Intervention zunichte machen. Zum Beispiel: Eines Ihrer Produkte verliert plötzlich Marktanteile. Sie forcieren ein aggressives Marketing, investieren in die Werbung und senken den Preis. Gleichzeitig müssen Sie jedoch in anderen Bereichen sparen. Die Qualität nimmt ab. Auf längere Sicht werden Sie mehr Kunden verlieren.

3 Das Verhalten verbessert sich, bevor es sich verschlechtert
Der „kompensatorische Rückkopplungseffekt" tritt meist mit Verspätung auf. Es entsteht eine zeitliche Verzögerung zwischen dem kurzfristigen Vorteil und dem langfristigen Nachteil. Diese für viele Management-Interventionen typische „Verbesserung vor der Verschlechterung" macht politische Entscheidungen oft so kontraproduktiv.

4 Der bequemste Ausweg führt gewöhnlich in die falsche Richtung
Für jeden ist es angenehmer, auf vertraute Lösungen zurückzugreifen und sich an das zu halten, was er am besten kennt. Wenn aber gravierende Probleme andauern oder sich verschlimmern, ist das ein sicheres Zeichen für ein unsystemisches Denken: das „Wir brauchen einen größeren Hammer"-Syndrom.

5 Die Therapie kann schlimmer werden als die Krankheit
Die vertraute Lösung ist oft nicht nur ineffektiv, sie kann auch gefährlich werden. Zu den langfristigen und besonders heimtückischen Folgen von unsystematischen Lösungen gehört, dass man immer mehr und mehr davon braucht. Wichtig für eine langfristige Lösung ist es aber, dass sie die Fähigkeit des Systems stärkt, seine Probleme selbst zu lösen.

6 Schneller ist langsamer
Alle natürlichen Systeme, seien es Ökosysteme oder Organisationen, haben eine optimale Wachstumsrate. Diese kann viel langsamer sein als das schnelle Tempo, das wir uns wünschen. Exzessives Wachstum wird das System zu kompensieren versuchen, auch wenn es sein Untergang sein könnte. Systemdenken nimmt darauf Rücksicht.

7 Ursache und Wirkung liegen räumlich und zeitlich nicht nahe beieinander
Es herrscht ein fundamentales Missverständnis zwischen dem Wesen der Realität in komplexen Systemen und der Art und Weise, wie wir über diese Realität denken. Wir müssen vor allem die Vorstellung aufgeben, dass Ursache und Wirkung in Raum und Zeit dicht beieinander liegen.

8 Kleine Veränderungen können große Wirkungen haben – Maßnahmen mit starker Hebelwirkung sind häufig unauffällig
Systemdenken zeigt, dass kleine, gezielte Aktionen an der richtigen Stelle manchmal tief greifende, nachhaltige Verbesserungen bewirken können. Systemdenker bezeichnen diesen Prozess als Hebelwirkung. Das Problem ist, dass die Eingriffe mit der stärksten Hebelwirkung häufig nicht in räumlicher oder zeitlicher Nähe zu den Problemsymptomen liegen.
Erst wenn wir die Kräfte verstehen, die in menschlichen Systemen am Werk sind, können wir die Veränderungen mit der stärksten Hebelwirkung entdecken. Dafür gibt es keine einfachen Regeln. Wir müssen lernen, auf die grundlegenden „Strukturen" und nicht auf die „Ereignisse" zu achten. (Senge beschreibt an anderer Stelle so genannte „Systemarchetypen", die Hinweise auf Bereiche mit geringer oder starker Hebelwirkung geben.)

9 Sie können den Kuchen essen und ihn behalten – aber nicht gleichzeitig
Manchmal lösen sich sogar verzwickte Probleme einfach auf, sobald man sie aus einer Systemperspektive betrachtet. Sie sind nur künstliche Produkte eines „Schnappschuss"-Denkens statt eines „Prozess"-Denkens. Sie erscheinen in einem ganz neuen Licht, sobald man bewusst an langfristige Veränderungen denkt.

Unternehmen, die sich beispielsweise auf dieses Denken einlassen, erkennen, dass sie hohe Produktqualität und niedrige Kosten nicht gleichzeitig haben können. Sie müssen Monate oder Jahre warten, bis die steigende Qualität die Kosten senkt.

10 Wer einen Elefanten in zwei Hälften teilt, bekommt nicht zwei kleine Elefanten

Ein lebendes System ist eine Einheit, sein Wesen hängt vom Ganzen ab. Dasselbe gilt für Organisationen. Um schwierige Führungsprobleme zu verstehen, muss man das ganze System sehen, das diese Probleme hervorgebracht hat.

In der Praxis ist es oft schwierig, dieses Prinzip anzuwenden, denn Unternehmen setzen ihre Mitglieder selten von wichtigen Interaktionen in Kenntnis. Die interne Aufspaltung in strikt voneinander getrennte Bereiche verhindert in den meisten Fällen, dass man bereichsübergreifende Erkundigungen anstellt. Jeder kennt nur seinen Aspekt des Systems und hat deshalb Schwierigkeiten, den Hebel zu finden. Denn die Hebelkraft steckt in den Interaktionen, die man durch die Betrachtung eines Teilaspektes nicht finden kann.

11 Niemand ist schuld

Nicht äußere Feinde und Ereignisse sind die Wurzeln unserer Probleme, sondern wir selbst. Das Systemdenken zeigt, dass es kein „draußen" gibt, dass wir und die Ursachen unserer Probleme immer Teile desselben Systems sind.

Training – mehr als reine Wissensvermittlung

Eine kritische Betrachtung des Lernens durch Managementtraining.

„Leben lernen kann man heutzutage anscheinend nur noch im Seminar der holistischen Managementtrainer. Das darf doch nicht wahr sein!", schrieb Gerhard F. Ortner in „Wirtschaft und Weiterbildung" und versucht damit die Schieflage unseres „vollmundig reformierten und expandierten" stattlichen Bildungssystems zu dokumentieren.

In der Tat wendet er sich damit einem Thema zu, welches erstaunlicherweise – oder auch erklärterweise – in der Medienwelt publikumswirksamer Trainer-, Seminar- und Weiterbildnerjournale eher ausgeblendet bleibt: der gesamtgesellschaftlichen Verantwortung erwachsenenpädagogischer Trainertätigkeit.

War der Trainer in den fünfziger Jahren noch der Experte für Lehrinhalte, in den sechziger Jahren erweitert um die Methodenkompetenz und bis Mitte der siebziger ergänzt durch Vorbereitung von Innovationsprozessen, so hat er doch seit Anfang der achtziger Jahre durch die Übernahme der Zuordnung als Experte für Lern- und Problemlösungsprozesse und der Erweiterung seiner Verantwortung um die Kompetenz der Normen und Wertidentifizierung seinen Verantwortungsbereich kräftig erweitert.[67]

Wird der Trainer aber weiterhin auf seine FAKO (Fachkompetenz), MEDIKO (Medien- und Methodenkompetenz) und KOKO (kommunikative Kompetenz) in der Funktionszuweisung wie auch in der Ausbildung reduziert, so wird er vielleicht seinen „eigenen Typ" entwickeln, aber seiner eher zeitgemäß geforderten sozial-anthropologischen Ausrichtung[68] keinen Schritt näher kommen. Wenn die Trainertätigkeit etwas mit Erwachsenenbildung zu tun hat, so stellt sie sich der Anforderung, den Menschen zu helfen, „sich selbst, die Welt und die Gesellschaft zu verstehen und diesem Verständnis gemäß zu handeln". Sie folgt damit einer aufklärerischen Funktion der Erwachsenenbildung.

Aufklärung wird aber nur dann angemessen verstanden, wenn sie mit den anthropologischen und politischen Prinzipien ihrer menschenrechtlichen Tradition verbunden bleibt.[69]

Damit wird die Tätigkeit des Trainers nicht mehr zum reinen Selbstzweck, sondern in den Dienst der zu vernünftiger Selbst- und Mitbestimmung verpflichteten Mitglieder einer demokratisch verfassten Gesellschaft gestellt.

Nach Hans Peter Strunk geht es dabei um die Aufgabe, die zur Wahrnehmung solcher Rechte und Pflichten erforderlichen Voraussetzungen erwerben zu helfen. Also nicht nur um die Aneignung von Kenntnissen,

[67] Siehe auch Stiefel 1991
[68] Stiefel 1991
[69] Strunk 1990

sondern ebenso um Aufbau und Entwicklung von Urteilsfähigkeit und Handlungskompetenz, um die in dieser gesellschaftlichen Phase notwendigen industriegesellschaftlichen Probleme lösen zu helfen.
Anscheinend doch erstaunlich, dass die „holistisch" und „chaotisch" interessierte Trainerzunft die zum Gebrauch bereitliegende, breite wachstumskritische Literatur nur geringfügig einfließen lässt.
Weniger erstaunlich allerdings, wenn wir uns der Tatsache stellen, dass in fast allen bildungspolitischen Dokumenten seit Mitte der achtziger Jahre deutlich wird, dass die Weiterbildung – und dies trifft besonders auf den Ausschnitt „Trainertätigkeit" zu – nicht von anthropologischen Prinzipien des Erwachsenenalters entworfen wird, die die politische Partizipationsfähigkeit ebenso wie die berufliche Tüchtigkeit einschließen, sondern dass der Ausgangspunkt der programmatischen Entwürfe im Kern ökonomische Interessen und Ziele sind.[70]
Diese Maßnahmen haben nicht die Mehrdimensionalität der menschlichen Existenz im Zielpunkt des Interesses, sondern begrenzen den Menschen auf seine Tüchtigkeit und Brauchbarkeit im Wirtschaftsprozess.
So reduziert sich Bildung zu einem politisch festgeschriebenen, qualifikationstheoretischen Ansatz. Damit folgen – ausschnitthaft betrachtet – die Bemühungen vieler Management-Trainer oft unreflektiert dem Trend zur Ökonomisierung aller Lebensbereiche mit all seinen gefährlichen Konsequenzen.
Eine Grundhaltung, die dem Witz aus dem Film „Die glorreichen Sieben" ähnelt, wo ein Mann aus dem Fenster des 10. Stockes eines Hochhauses gefallen war und beim Vorbeifallen im 2. Stock rief: „Bis jetzt ging alles gut!"
Gerade die Rolle des Trainers als Problemlöser erfordert die Fähigkeit zur Bewusstmachung und Berücksichtigung gesamtgesellschaftlicher Vernetzungen und Regelmechanismen, auch auf die Gefahr hin, die eigene Tätigkeit damit mehr als bisher in Frage zu stellen.
So hat z. B. Martin Jänicke, Professor für vergleichende Analysen politischer Systeme am FB Politikwissenschaften der FU Berlin, schon 1979 in einer Studie untersucht, in welchem Maße die Bekämpfung von typisch industriegesellschaftlichen Problemen zum Bruttosozialprodukt der kapitalistischen Länder beiträgt.

[70] Strunk 1990

Ein immer größerer Teil der Einkommensbezieher kapitalistischer Industriegesellschaften lebt demnach von strukturellen Problemlagen, die das Industriesystem systematisch hervorruft.
Wie Jänicke nachweist, setzt ein wachsender Teil des Bruttosozialproduktes der Industrieländer die Probleme des anderen Teiles voraus. (Damit wird das BSP als Wohlstandsindikator grundsätzlich in Frage gestellt. Thimothy Leary, das Enfant terrible der amerikanischen Psychoszene, schlug als Ersatz den SQ, den Selbstverwirklichungsquotienten, vor.)
Obwohl – oder weil? – immer mehr Einkommensbezieher von der professionellen Problembekämpfung leben, nimmt das Volumen der Probleme nicht ab. Das Gegenteil ist offenbar der Fall.[71]
Diese Paradoxie im watzlawickschen Sinne wird z. B. im Gesundheitswesen deutlich. Immer mehr Ärzte, immer besser wirkende Medikamente und Technologien – und trotzdem lässt die dramatisch ansteigende Kostenflut den Schluss zu, dass die Menschen immer behandlungsbedürftiger werden.
Ivan Illich schrieb dazu: „Der größte Teil der heutigen klinischen Therapien ist für die Heilung der Krankheiten nebensächlich, doch der Schaden, den die Medizin der Gesundheit von Individuen und der Bevölkerung zufügt, ist ganz erheblich. Diese Tatsachen liegen auf der Hand, sie sind zuverlässig dokumentiert und werden zuverlässig unterschlagen."[72]
Hans Rüsch konnte nachweisen, dass der regionale Anstieg der Ärztedichte nicht, wie man annehmen sollte, zu einem Rückgang der gesundheitlichen Probleme in der jeweiligen Region führte, sondern zu einem deutlichen Anstieg. Er empfahl, aufgrund der deutlich abgesunkenen Mortalitätsrate während eines Ärztestreiks in New York – makabrerweise –, dass verantwortungsbewusste Ärzte, so sie etwas für die Volksgesundheit tun wollten, öfters angeln statt behandeln sollten. Vielleicht trifft dies auch auf einige verantwortungsbewusste Trainer zu.

[71] Jänicke 1979
[72] Illich 1982

Professor Peter Kern sagte anlässlich des TAM-Symposions 1992 zum Thema „Paradigmenwechsel“ zu dieser Herausforderung gerade für Trainer: „Vernunft ist die Wahrnehmung des nächsthöheren Ganzen“, und forderte die stärkere individual-, sozial- und umweltverträgliche Ausrichtung von Trainingsmaßnahmen.
Es sei sicher vielen Trainer angeraten, das größere Ganze nicht aus den Augen zu verlieren und sich dabei der Bedeutung der Multiplikatorenverantwortung bewusst zu sein.
Laut Berufsverband der Verkaufsförderer und Trainer (BDVT) sind in der BRD tagtäglich mehr als 40.000 Trainer erwachsenenpädagogisch tätig. Eine gewaltige Chance, den richtigen Samen zu streuen.
„Unfortunately, the difference between the simplicity required for success and the simplicity that leads to failure is often subtle.“[73]

Vierte **Schlüsselqualifikation**: „Multiple Intelligenzen“ erkennen und berücksichtigen

Das Stichwort „emotionale Intelligenz“ hat spätestens seit den Büchern von Daniel Goleman auch das breite Publikum erreicht. Goleman verstand es, die grundsätzliche Erkenntnis des Intelligenzforschers Howard Gardner in ein „neues Gewand“ zu kleiden und für den Alltagsgebrauch aufzubereiten.
Eine lobenswerte Initiative, wenn man bedenkt, dass Howard Gardners Modell der sieben menschlichen Intelligenzen doch mehr als ein Jahrzehnt lang wenig bekannt war und eher ein Schlummerdasein im Expertenarchiv fristete.
Goleman hat seine Unterteilung in intrapersonale und interpersonale Elemente (oder Fähigkeiten) unterteilt und die Intelligenz-Typologie von Gardner entsprechend seiner Theorie zugeordnet.
Die erste Intelligenz-Typologie geht auf den griechischen Dichter Archilochos zurück, der zwei vorwissenschaftliche Intelligenztheorien

[73] Aus: MAO 1/93

unterschied: die „Igel“-Theorie und die „Füchse“-Theorie. Die Igel glauben an eine einzige, ganzheitliche Denkkapazität, die zu großen Teilen angeboren ist. Die Füchse dagegen gehen davon aus, dass die menschliche Geistesfähigkeit aus vielen verschiedenen Komponenten besteht. Der Streit zwischen „Füchsen“ und „Igeln“ hat sich bis in die Neuzeit fortgesetzt, und die Psychologen Charles Spearman (G-Faktor, „Igel“) und Louis L. Thurstone (mehrere Primärfaktoren) sind nach Gardner zu Symbolfiguren dieses Expertenstreits geworden.
Vorherrschend war allerdings immer noch der Glaube an ein einheitliches, weitgehend ererbtes Intelligenzpotential. Das Symbol für diese auf einen Zahlenwert gebrachte Auffassung vom menschlichen Denkvermögen ist der IQ.
Howard Gardner, in der Tradition der „Füchse“, glaubt jedoch, in der Fülle der Intelligenztheorien genügend Beweise für eine neue Theorie der relativ autonomen Intelligenz-Kompetenzen gefunden zu haben. Er verwendet in seinem Buch „Frames of Mind“ der Einfachheit halber den Plural und spricht von den menschlichen Intelligenzen. Seine Theorie begründet er auf Untersuchungen an hoch begabten und frühreifen Kindern, hirngeschädigten Patienten, Inselbegabten, normalen Kindern, normalen Erwachsenen, Spezialisten in verschiedenen Lebens- und Arbeitsbereichen und Menschen aus unterschiedlichen Kulturen. Gardner nimmt für sich in Anspruch, Querverbindungen zwischen diesen sehr unterschiedlichen Datenquellen gezogen und somit ein Netz von Daten und Fakten geknüpft zu haben, das seine Theorie der sieben Intelligenzen stützt. Er geht davon aus, dass diese sieben Kapazitäten im Alltagsleben so harmonisch aufeinander eingespielt sind, dass ihre relative Autonomie kaum erkennbar ist. Nur in Grenzbereichen, wie etwa bei Inselbegabten, wird erkennbar, dass es relativ scharf abgegrenzte, autonome Intelligenzleistungen gibt, die unabhängig von anderen Geistesfähigkeiten ausgeprägt sein können.
Was ist eine Intelligenz im Sinne von Howard Gardner?
Er definiert sie als „einen Satz von Fähigkeiten oder Techniken des Problemlösens, mit dem das Individuum echte Probleme oder Schwierigkeiten bewältigen oder ein wirksames Produkt oder Instrument schaffen kann“. Eine Intelligenz muss aber auch gleichzeitig das Potenzial enthalten, Probleme ausfindig zu machen oder gar sich selbst

zu schaffen. Denn darin liegt die Vorbedingung für den Erwerb neuen Wissens. Intelligenzen sind so gesehen sehr kulturabhängig, denn nicht jede Kultur stellt ihre Mitglieder vor die gleichen Probleme. Dennoch will Gardner mehr als eine der vielen *a priori*-Listen der menschlichen Intelligenzleistungen aufstellen. Ihm geht es darum, die allgemeinen menschlichen Fähigkeiten zu beschreiben, die letztlich in *allen* Kulturen und *allen* Menschen anzutreffen sind. Also müsse man die Fähigkeiten eines alternativen Heilers ebenso berücksichtigen wie die eines Psychoanalytikers, die eines Gurus ebenso wie die eines meditierenden Yogis.

Linguistische oder sprachliche Intelligenz

Nach Gardner sind bei der Arbeit eines Schriftstellers oder Dichters, der sich an einer Zeile austobt oder an einem vierzeiligen Vers feilt, zentrale Aspekte dieser Intelligenzform am Werk: Der Schriftsteller muss extrem sensibel für die vielen Schattierungen in der Bedeutung eines Wortes oder Satzes sein, und er muss versuchen, möglichst viele dieser Nuancen zu erhalten, anstatt einen Begriff seiner Entsprechungen zu entkleiden. Der Umgang mit Sprache, die Fähigkeit, Worte zur Problemlösung einzusetzen – seien die Probleme ästhetischer, logischer oder kommunikativer Art –, erfordert semantische, phonologische, syntaktische, schließlich auch pragmatische Fertigkeiten. Die semantische Fähigkeit beinhaltet die zentrale Aufgabe von Sprache, die Prüfung einer Wortbedeutung: Die Logik des Poeten ist ebenso streng wie die Logik eines Naturwissenschaftlers, meinte der Dichter T. S. Eliot.
Obwohl die meisten von uns keine Dichter oder Schriftsteller sind, besitzen wir doch alle diese linguistischen Kompetenzen mehr oder weniger ausgeprägt. Die linguistische Intelligenz ist denn auch die universalste – sie ist überall anzutreffen und wird, wie Gardner recherchierte, in allen Kulturen gleichermaßen hoch geschätzt.

Musikalische Intelligenz

Keine der menschlichen Intelligenzen ist so früh erkennbar wie das musikalische Talent. Schon beim Kleinkind beobachtete Gardner, wie ausgeprägt die musikalische Begabung ist. Die musikalische Intelligenz

ist für ihn eine unabhängige Intelligenzform, das zeigt sich unter anderem daran, dass selbst autistisch gestörte Kinder oder Kinder, die in anderen Intelligenzbereichen stark behindert sind, hohe musikalische Fähigkeiten entwickeln können. Man geht davon aus, dass das grundlegende Talent zur Musik weitgehend vererbt wird, dass aber wichtige, prägende Umwelteinflüsse, zum Beispiel durch frühes Training, mit eingesetzt werden müssen, um die erstaunlichen „frühreifen" Leistungen zu erzielen, die wir aus der Musikgeschichte kennen.
Ein japanischer Musiklehrer hat mit Vorschulkindern ein Violin-Lernprogramm entwickelt, das die begabten Kleinen zu höchster Meisterschaft in diesem frühen Alter führt.
Gardner hat den kreativen Prozess bei Komponisten untersucht und ist dabei zu der Überzeugung gelangt, dass die „Erfindung" von Musik kein Denkprozess ist, sondern eine Art „Tun", wie beispielsweise Igor Strawinsky es beschrieben hat. Arnold Schönberg schrieb, dass der Komponist eine Sprache spricht, die sein Verstand nicht versteht, ebenso wie ein Schlafwandler Dinge tut, über die er im Wachzustand keine Auskunft mehr geben kann.
Komponenten der musikalischen Intelligenz sind die Fähigkeiten, Melodien, Rhythmen und Timbres (Klangfärbungen) zu unterscheiden. Musik erfordert also eine *horizontale* Weise des Erfassens von Tönen und Tonfolgen *über einen Zeitraum* hinweg, und eine *vertikale* – die Wirkung von zwei oder mehreren Klängen *zur selben Zeit*, die Entstehung von Harmonien und Disharmonien.
Wie früh sich die musikalische Intelligenz bereits äußert, hat das tschechische Psychiater-Ehepaar Mechthild und Hanus Papousek erforscht: Sie stellten fest, dass Kinder schon mit zwei Monaten die Melodie, die Lautstärke und die Tonlage der Lieder ihrer Mütter erfassen können, und dass ein Kind schon mit vier Monaten eine rhythmische Struktur nachahmen kann. In der Mitte des zweiten Lebensjahres geschieht etwas Entscheidendes in der Entwicklung der musikalischen Intelligenz: Zum ersten Mal sind Kinder in der Lage, selbst eine Serie von Tönen hervorzubringen, mit denen sie Intervalle erforschen.
„Die Kinderpsychologin Jean Bamberger am Massachussetts Institute of Technology hat versucht, die Entwicklung der musikalischen Intelligenz analog zur kognitiven Entwicklungsfolge, wie sie Piaget beschrie-

ben hatte, zu formulieren. Sie kam jedoch zu dem Schluss, dass die musikalische Intelligenz sich nach eigenen Regeln und Gesetzen entwickelt und nicht mit der linguistischen oder logischen mathematischen Intelligenz in Verbindung gebracht werden kann."[74]
Wissenschaftler schlossen daraus nicht, dass es keine Querverbindungen zu anderen Bereichen des Intellekts geben könnte, und Robert Ornstein hat mit seiner multiplen Intelligenztheorie ebenso wie die jüngere Hirnforschung diesen Aspekt untermauert.
Claude Lévi-Strauss meint dazu, dass, wenn wir Musik erklären könnten, wir auch den Schlüssel zum menschlichen Denken hätten. Besonders mit der räumlichen Intelligenz scheint die musikalische Intelligenz eng zusammenzuhängen. Schließlich sagt man der Musik auch eine sehr enge Verbindung mit der Mathematik nach, und von Pythagoras bis Bach wurde immer wieder versucht, musikalische und mathematische Ordnungen zueinander in Beziehung zu sehen.

Logisch-mathematische Intelligenz

Im Gegensatz zur linguistischen und musikalischen Intelligenz sieht Howard Gardner die logisch-mathematische Intelligenz in ihrem Ursprung nicht in der auditorisch-oralen Sphäre.
Für ihn lässt sich diese Form des Denkens vielmehr auf die Begegnung mit der Welt der Objekte zurückführen. Wenn das Kind sich mit seiner Umwelt und ihren Objekten auseinander setzt, sie ordnet und neu ordnet und ihre Quantitäten zu erfassen lernt, erwirbt es die wichtigsten und grundlegendsten Kenntnisse im logisch-mathematischen Bereich. Diese Denkoperationen, die im Umgang mit Objekten erworben wurden, verselbstständigen sich später, und das Denken findet im objektfreien Raum statt und wird abstrakt. Von der sensomotorischen Beziehung zur Welt bis zum Reich der puren Abstraktion, bis zu der Höhe von Logik und Naturwissenschaft, ist die Kette der Entwicklungsschritte äußerst lang und komplex, aber schon in den ersten Schritten des Menschen auf dem Weg zum logisch-mathematischen Denken ist erkennbar, um welche Fähigkeiten es sich dabei handelt.

---

[74] Gardner 1983

Was ist der Unterschied zwischen der logischen und der mathematischen Komponente in dieser Intelligenzform?
Logik befasst sich mit Sätzen und Behauptungen, während sich die Mathematik mit abstrakten, nichtsprachlichen Entitäten auseinander setzt. Aber beide Bereiche sind eng miteinander verknüpft, und die Philosophen Alfred North Whitehead und Bertrand Russell haben versucht zu zeigen, dass selbst hinter den kompliziertesten mathematischen Sätzen simple logische „Einzelteile" zu finden sind, im Grunde dieselben Bausteine, die das Kind erwirbt, wenn es beginnt, operational zu denken.
Gardner hat die Einstellung großer Naturwissenschaftler zu dieser Intelligenzform, zu Logik und Mathematik, untersucht und festgestellt, dass die meisten von ihnen beide Fähigkeiten vor allem als nützliche *Werkzeuge* betrachten, kaum aber als Selbstzweck. Werner Heisenberg schrieb über Niels Bohr, dass er die Quantentheorie oder die klassische Mechanik benutzte wie ein Maler Pinsel und Farbe. Und Albert Einstein meinte, dass die Wahrheit in physikalischen Fragen nie auf mathematische und logische Betrachtung *alleine* gegründet werden kann.
Die logisch-mathematische Intelligenz hat einen ausgesprochen hohen Stellenwert in unserer Kultur. Stillschweigend und unkritisch nahmen wir jahrelang an, dass diese Intelligenz in ihrer „reinen Form" Grundlage für alles andere und der Kern des Denkens schlechthin sei und uns zu Höchstleistungen, aber auch zur Selbstzerstörung treiben kann.

Räumliche Intelligenz

Räumliche Intelligenz ist die Fähigkeit, die sichtbare Welt akkurat zu erfassen, zu transformieren und zu modifizieren, so dass aus den anfänglichen Wahrnehmungen neue Aspekte und Sichtweisen möglich werden. Dazu gehört auch das Speicherungsvermögen für solche Wahrnehmungen und die Fähigkeit, selbst ohne sichtbare Hinweise mit Formen und Räumen umzugehen und sie im Geist zu manipulieren. Die räumlichen Fähigkeiten sind in einer Reihe von Lebenssituationen nützlich und werden dort auch entwickelt: Orientierung in Städten und auf Ozeanen, Wiedererkennung von Objekten und Szenen, sogar wenn sie teilweise verändert worden sind; Umgang mit zweidimensionalen und dreidimensionalen Abbildungen der realen Welt, grafisch oder fotografisch,

Umgang mit Symbolen wie Karten, Diagrammen, geometrischen Formen. Dass es sich bei der räumlichen Intelligenz um eine separate, autonome Intelligenzform handelt, glaubt Gardner unter anderem daraus ableiten zu können, dass es autistische oder sonst behinderte Menschen gibt, deren räumliche Intelligenz besonders gut ausgebildet ist. Er verweist auf das Beispiel eines fünfjährigen autistischen Mädchens, das in diesem Alter bereits extrem gut zeichnen konnte, wobei vor allem die räumliche Repräsentation hervorstach.

Von Albert Einstein wird berichtet, dass er den Zugang zur Naturwissenschaft über die Lektüre von Euklid (dem Begründer der wissenschaftlichen Geometrie) fand: Die Faszination der räumlichen Formen und ihrer Entsprechungen war es, die Einstein nach eigenem Zeugnis stark anzog. Seine Intuitionen wurzelten in der klassischen Geometrie, sein Denken war bildlich, und er dachte seine Gedankenexperimente in räumlichen Bildern.

Ein besonders interessantes Ergebnis bei der Untersuchung räumlicher Intelligenz und ihrer Entwicklung ist, dass sie sich mit zunehmendem Alter immer weiter verbessert. Pablo Picasso, Tizian, Henry Moore sind Beispiele für Künstler, die eigentlich erst in ihren späten Lebensjahren den Höhepunkt ihres Schaffens erreichten.

Die räumliche Intelligenz scheint sich, wie Gardner formulierte, mit zunehmender Lebenserfahrung kumulativ zu entwickeln, in vielen Jahren des Umgangs mit der äußeren, konkreten Welt wird sie immer umfassender – im Gegensatz etwa zur logisch-mathematischen Intelligenz, die in späteren Lebensjahren oft nachlässt. Eine Art „Gestalt"-Sensibilität, wie man die räumliche Intelligenz auch umschreiben könnte, nimmt offensichtlich im Alter zu.

Körperlich-kinästhetische Intelligenz

Ein Prototyp dieser Intelligenzform ist der Pantomime: Er tut alles das, was wir im täglichen Leben auch tun, aber er macht es so komisch und virtuos, so plastisch und präzise, dass wir die Herkunft der Bewegungsabläufe – unseren Alltag – vergessen. Pantomimen, wie Schauspieler und Tänzer und andere „Bewegungskünstler", verfügen über eine ausgeprägte kinästhetische Intelligenz. Merkmal dieser Begabung ist es, den

eigenen Körper in hoch differenzierter Weise einzusetzen, um Dinge auszudrücken oder eine Leistung zu erzielen. Diese körperliche Intelligenz hat zwei Aspekte: jenen, die eigene Körperfunktion optimal zu kontrollieren, und den zweiten, Objekte geschickt und kunstvoll zu manipulieren. Tänzer und Schwimmer sind Beispiele für den ersten Aspekt, Bildhauer, Ballspieler und Pianisten für den zweiten. Selbst das Boxen, oft als brutale und primitive Sportart verschrien, wird von einem Schriftsteller wie Norman Mailer zum „Dialog zwischen zwei Körpern, zwischen zwei Intelligenzen" hochstilisiert.
Es war immer schwierig, körperliche Intelligenz als eigene und autonome Intelligenzform darzustellen – zu alt ist die Tradition in der westlichen Kultur, Körper und Geist zu trennen und den Körper als zweitrangig, als Instrument des Geistes, darzustellen. Der berühmte Tänzer Michail Barischnikow meint: „Tanzen ist wie eine Vielzahl neuer Sprachen zu erlernen – jede fordert einem neue Leistungen an Flexibilität ab. Der Tänzer ist wie ein Sprachschüler, er hat nie genug gelernt ...". Und der Beckenbauer des amerikanischen Eishockey, Wayne Gretzky, schreibt: „Die meisten Leute glauben, dass ich so gut spiele, weil ich instinktiv spiele. Das ist falsch. Niemand würde sagen, dass ein Arzt seinen Beruf durch den Instinkt gelernt hat. Ich habe Eishockey so studiert, wie ein Medizinstudent Medizin studiert hat, ich habe genauso viel Zeit und Genauigkeit darauf verwandt."[75]

Intrapersonale Intelligenz

Das Kennenlernen von sich selbst und der adäquate Umgang mit diesen spannenden Informationen ist nach einem Artikel der „Harvard Business Review"[76] eine der wichtigsten Zukunftskompetenzen. Nur wer sich selbst kennt, weiß, was er anderen zumutet.
Schon für Sigmund Freud war Selbsterkenntnis der Schlüssel zur psychischen Gesundheit. Er forderte die Bereitschaft, sich den unvermeidlichen Schmerzen und Paradoxien der menschlichen Existenz zu stellen. Diese Bereitschaft und die damit notwendig verbundene Fähigkeit, sich

[75] Zitiert nach: Gardner 1983
[76] Sonderheft „Führung" 12/2002

selbst zu erkennen, sieht Gardner als eine autonome Form der Intelligenz. Die intrapersonale (etwa: nach innen gerichtete) Intelligenz beschreibt für ihn die Fähigkeit, das eigene Gefühlsleben zu erfassen, die eigenen Gefühle zu verstehen und sie zu benennen, sie schließlich ausdrücken zu können, möglicherweise symbolisch, und sie als Leitgrößen fürs eigene Verhalten zu benutzen. Man könnte diese Intelligenz auch als „Fähigkeit zur Introspektion" beschreiben, als eine Zugangsweise zum eigenen Selbst, wie sie bei herausragenden Schriftstellern, etwa Marcel Proust, zu finden ist, oder in der Weisheit alter Menschen, die auf einen Reichtum innerer Erfahrungen zurückgreifen können, um jüngere Menschen zu beraten und anzuleiten.

Interpersonale Intelligenz

Diese Form der Intelligenz ist sozusagen die Kehrseite der intrapersonalen Intelligenz: Wer sich selbst erkennen kann, ist besser fähig, mit anderen Menschen umzugehen. Gardner definiert interpersonale Intelligenz als die Fähigkeit, Unterschiede im Verhalten und in den Gefühlen anderer Menschen erkennen zu können, ihre Intentionen und Motivationen zu verstehen und darauf kompetent zu reagieren.
Diese beiden letzten Intelligenzen, die Howard Gardner unter dem Dachbegriff „personale Intelligenz" gemeinsam behandelt, sind bei anderen Autoren unter dem Stichwort „soziale Intelligenz" beschrieben worden. Aber erst neuerdings finden diese zwischenmenschlichen Fähigkeiten Eingang in die Messung von Intelligenz – etwa in simulierten Problemlöse-Situationen, die soziale Kompetenz erfordern.

Fünfte **Schlüsselqualifikation**: Motivationskompetenz

Wie seinen individuellen Fingerabdruck
so hat auch jeder Mensch
sein persönlich unverwechselbares Motivprofil.

Steven Reiss

Warum wir tun, was wir tun

Bereits Mitte 1998 veröffentlichte einer der weltweit anerkanntesten Psychologen, Dr. Steven Reiss von der Ohio State University, relativ unbeachtet von der europäischen Fachwelt bahnbrechende Ergebnisse aus seinen wissenschaftlichen Studien zum Thema: Warum Menschen das tun, was sie tun.

Die bisherigen Annahmen, dass die grundsätzlichen Motivationen menschlichen Verhaltens auf alles Mögliche – von der Suche nach Wahrheit bis hin zur Maximierung von Vergnügen oder dem Vermeiden von Schmerz –, zurückzuführen sind, müssen neu überarbeitet werden. Reiss deckte auf, dass fast alles, was wir tun, auf 16 Bedürfnisse und Werte (siehe Kasten Seite 183 ff.) zurückgeführt werden kann.

Jeder Mensch hat seinen individuellen Lebensgrund.

Dabei ist jeder Mensch in der jeweiligen Ausprägung seiner Grundmotivation einzigartig: Das Motivprofil jedes Einzelnen ist laut Reiss so unverwechselbar wie sein Fingerabdruck. Sich dessen bewusst zu sein ist eine unabdingbare Voraussetzung, um zum Beispiel die in der Wirtschaft als zukunfts- und innovationstaugliche Kernkompetenz Nummer eins – ergänzendes Aufeinanderzugehen – wirklich entwickeln zu können.

Was treibt mich und meine Mitarbeiter wirklich an, das zu tun, was wir tun, oder das zu tun, was getan werden müsste?, das dürfte eine wichtige Grundfrage zukunftsorientierter Unternehmen und Führungskräfte sein.

In den vielen Studien und Untersuchungen von Dr. Reiss mit über 6.000 Männern und Frauen in den USA, Kanada und Japan kristallisierte sich heraus, was im Mittelpunkt seiner neuen Persönlichkeits- und Motivationstheorie steht:

Allen menschlichen Verhaltensweisen liegen diese 16 Motive zugrunde. Diese Motive, Wünsche und Werte bestimmen die Art und Weise, wie wir uns mit unserer Umwelt und unseren Mitmenschen auseinander setzen: Sie sind der Stoff, aus dem „Erfolg“ und „Misserfolg“ geformt werden.

Besonderen Wert legt Reiss auf die individuellen Grundlagen. So wie kein Lebensmotiv von zwei Menschen identisch erfahren oder gestaltet wird, geht es in seinem Konzept im Gegensatz zu vielen anderen Motivationskonzepten weniger darum, ob alle Menschen diese 16 Lebensgründe teilen, sondern wie sehr sie sich darin unterscheiden. Wir sind viel individueller und einzigartiger, als Psychologen bisher meinten: „Was Menschen so einzigartig macht", betont der Persönlichkeitsforscher, „ist die jeweilige Kombination dieser Bedürfnisse und was sie für den Einzelnen bedeuten."

Die individuellen Antriebs- und Wertprofile beeinflussen natürlich auch unsere Beziehungen zu Vorgesetzten und Mitarbeitern. So wie wir uns intuitiv zu den Menschen hingezogen fühlen, mit denen wir ähnliche Werte teilen, so lehnen wir fast instinktiv Menschen ab, die diese Lebensmotive und -ziele nicht haben. Erst die Akzeptanz der Andersartigkeit als Zeichen einer reifen Führungspersönlichkeit ermöglicht die Vermeidung von Konflikten und Stresssituationen und verhindert unproduktive Ego-Strapazen.

Persönlichkeitstest zeigt Werteprofil

Wie der von Reiss entwickelte Persönlichkeitstest zeigt, hat jeder Mensch ein charakteristisches Motivationsprofil. Rein statistisch kann das Reiss-Profil zwei Billionen oder 2000 Milliarden unterschiedliche Motivstrukturen abbilden. (Der umfangreiche Original-Reiss-Profil-Test in deutscher Sprache kann bei den Autoren angefordert werden.)

Das Motivprofil eines Menschen bleibt nach Reiss' Untersuchungen im Verlauf seines Lebens äußerst stabil. Einschneidende Lebenserfahrungen oder Entwicklungsprozesse können zwar zu Veränderungen führen, unser Grundprofil aber charakterisiert unsere Persönlichkeit im Allgemeinen dauerhaft: So werden neugierige Kinder auch als Jugendliche und Erwachsene offen und interessiert durch das Leben gehen. Heranwachsende, die gerne planen und organisieren, werden dies auch als Erwachsene tun. Und Menschen mit einer ausgeprägten Lust am Essen werden sich wohl lebenslang mit Gewichtsproblemen plagen.

Test: Was treibt Sie an?

Um Ihr persönliches Motivprofil zu bestimmen, prüfen Sie bei den im Folgenden zu allen 16 Motiven formulierten Aussagen, ob sie „stark" (+) oder „kaum/gar nicht" (-) für Sie zutreffen. Es genügt, wenn eine der Aussagen

Ihr Verhalten beschreibt. Falls keine dieser Aussagen Ihr Verhalten richtig charakterisiert oder manchmal das eine, dann wieder das andere stimmt, notieren Sie für das betreffende Motiv „eher durchschnittlich“ (0).
Es gibt keine richtigen oder falschen Antworten; um sich ein möglichst genaues Bild Ihrer lebensbestimmenden Antriebe und Werte zu verschaffen, müssen Sie die Fragen nur ehrlich beantworten.

1. Macht

\+ 1. Im Vergleich mit anderen Altersgenossen bin ich ehrgeizig und karrierebewusst.
   2. Gewöhnlich übernehme ich das Kommando, statt mir sagen zu lassen, wo es langgeht.

– 1. Ich bin deutlich weniger ehrgeizig und karrierebewusst als andere Menschen in meinem Alter.
   2. Im Allgemeinen bin ich eher nachgiebig.

0 Weder noch. Manchmal stimmt das eine, dann das andere.

Ihr Wert: __

2. Unabhängigkeit

\+ 1. Das Motto „Selbst ist der Mann/die Frau“ bestimmt mein Leben.
   2. Ich kann auf die Ratschläge anderer verzichten.

– 1. Im Vergleich mit anderen Ehen oder Partnerschaften bin ich stärker an meinen Partner gebunden.
   2. Ich mag es nicht, wenn ich alleine bin.

0 Weder noch. Manchmal stimmt das eine, dann das andere.

Ihr Wert: __

3. Neugier

\+ 1. Ich bin das, was man „wissensdurstig“ nennt.
   2. Ich denke viel darüber nach, was Wahrheit bedeutet.

– 1. Ich mag keine geistigen, „intellektuellen“ Aktivitäten.
   2. Ich stelle nur selten Fragen.

0 Weder noch. Manchmal stimmt das eine, dann das andere.

Ihr Wert: __

4. Anerkennung

\+ 1. Ich habe große Schwierigkeiten, wenn man mich kritisiert.
   2. Ich gebe oft auf.
– 1. Ich bin selbstbewusst und selbstsicher.
   2. Auf Kritik reagiere ich meist völlig gelassen und unaufgeregt.
0 Weder noch. Manchmal stimmt das eine, dann das andere.

Ihr Wert: __

5. Ordnung

\+ 1. Ich bin besser organisiert als die meisten anderen Menschen.
   2. Ich habe Regeln, die ich befolge.
   3. Ich mag es, wenn die Dinge aufgeräumt sind.
– 1. Mein Büro oder meinen Schreibtisch kann man meist wirklich nicht als ordentlich bezeichnen.
   2. Ich mag es überhaupt nicht, Dinge planen zu müssen.
0 Weder noch. Manchmal stimmt das eine, dann das andere.

Ihr Wert: __

6. Sparen

\+ 1. Ich bin ein Sammler.
   2. Viele halten mich für einen „Geizkragen".
   3. Geld ist für mich noch wichtiger als für die meisten anderen.
– 1. Ich bin großzügig.
   2. Ein „Sammler und Sparer" war ich noch nie.
0 Weder noch. Manchmal stimmt das eine, dann das andere.

Ihr Wert: __

7. Ehre

\+ 1. Ich bin als prinzipientreuer Mensch bekannt.
   2. Man schätzt meine Loyalität.
– 1. Ich glaube, dass jeder für sich selbst schauen muss, wo er bleibt.
   2. Wenn ich ehrlich bin, kümmere ich mich kaum oder gar nicht um moralische Fragen.
0 Weder noch. Manchmal stimmt das eine, dann das andere.

Ihr Wert: __

8. Idealismus

\+ 1. Für einen guten Zweck bringe ich auch persönliche Opfer.
2. Ich spende oder tue oft etwas für die Menschen, die es wirklich brauchen.

– 1. Ich interessiere mich nicht für öffentliche Angelegenheiten.
2. Wohlfahrt bringt nichts und interessiert mich nicht.

0 Weder noch. Manchmal stimmt das eine, dann das andere.

Ihr Wert: __

9. Beziehungen

\+ 1. Ich brauche andere Menschen, um glücklich zu sein.
2. Man kennt und schätzt mich als humorvollen Zeitgenossen.

– 1. Ich lebe meist zurückgezogen – eigentlich bin ich das, was man einen Einzelgänger nennt.
2. Partys mag ich überhaupt nicht.
3. Außer mit meiner Familie und wenigen engen Freunden habe ich keine Kontakte.

0 Weder noch. Manchmal stimmt das eine, dann das andere.

Ihr Wert: __

10. Familie

\+ 1. Kinder und Kindererziehung gehören zu meinem Lebensglück.
2. Mit meinen Kindern verbringe ich mehr Zeit als andere Eltern.

– 1. Meine Elternrolle empfinde ich häufiger, als mir recht ist, als belastend.
2. Ich habe mein Kind verlassen.

0 Weder noch. Manchmal stimmt das eine, dann das andere.

Ihr Wert: __

11. Status

\+ 1. Ich mag eigentlich immer nur die besten und schönsten Dinge.
2. Es gefällt mir, andere mit meinem Besitz zu beeindrucken und ihnen zu gefallen.

– 1. Reichtum interessiert mich sehr viel weniger als andere.
  2. Das Leben der Schönen und Reichen beeindruckt mich überhaupt nicht.

0 Weder noch. Manchmal stimmt das eine, dann das andere.

Ihr Wert: __

12. Rache

\+ 1. Ich bin aggressiv und kann meine Wut oder meinen Ärger oft nicht kontrollieren.
  2. Ich sinne oft lange nach Genugtuung und Revanche.

– 1. Ich bin sehr viel seltener wütend oder ärgerlich als andere.
  2. Ich bin nicht gerne in Konkurrenz oder im Wettbewerb mit anderen.

0 Weder noch. Manchmal stimmt das eine, dann das andere.

Ihr Wert: __

13. Eros

\+ 1. Ich kann meine sexuellen Wünsche oft kaum kontrollieren.
  2. Ich habe ein sehr intensives Sexualleben.
  3. Schönheit ist außerordentlich wichtig für mich.

– 1. Ich mag Sex nicht besonders.
  2. Im Grunde genommen ist Sexualität eher abstoßend.

0 Weder noch. Manchmal stimmt das eine, dann das andere.

Ihr Wert: __

14. Essen

\+ 1. Im Vergleich mit anderen spielt Essen für mich eine größere Rolle.
  2. Ich esse, so oft es geht.

– 1. Ich esse eigentlich nie mehr, als mir gut tut.
  2. Ich hatte noch nie größere Gewichtsprobleme.

0 Weder noch. Manchmal stimmt das eine, dann das andere.

Ihr Wert: __

15. Körperliche Aktivität

\+ 1. Ich habe mich schon immer viel bewegt.
2. Wenn ich auf meinen Sport verzichten müsste, wäre ich unglücklich.

– 1. Ich war schon immer etwas „träge“.
2. Ich weiß, dass ein faules Leben ein schönes Leben ist.

0 Weder noch. Manchmal stimmt das eine, dann das andere.

Ihr Wert: __

16. Ruhe

\+ 1. Ich bin meist schüchtern oder furchtsam.
2. Es ängstigt mich, wenn ich mich gestresst oder unsicher fühle.

– 1. Ich bin objektiv gesehen weniger ängstlich als viele andere.
2. Ich bin mutig und unerschrocken.

0 Weder noch. Manchmal stimmt das eine, dann das andere.

Ihr Wert: __

Auswertung

➔ Tragen Sie Ihre Werte in das Diagramm auf Seite 182 ein und verbinden Sie sie zu einer Linie – Ihrem Motiv- und Persönlichkeitsprofil.

➔ Machen Sie sich die „Spitzen“ und „Tiefen“ bewusst: Was sind die wirklich wichtigen Bereiche und Werte in Ihrem Leben? Welche Dinge interessieren Sie überhaupt nicht?

➔ Wie gut können Sie Ihre wichtigsten Werte, Bedürfnisse und Ziele in den verschiedenen Lebensbereichen verwirklichen – bei der Arbeit, in der Familie oder Freizeit? Sind Sie insgesamt glücklich und zufrieden? Welche Hindernisse und Schwierigkeiten gibt es? Wie könnten Sie sie überwinden?

➔ Wie sieht es bei den weniger entscheidenden Bereichen aus? Verbringen Sie (zu) viel Zeit mit Dingen, die Ihnen eigentlich nichts bedeuten?

➔ Machen Sie die Gegenprobe und lassen Sie sich von Partnern, Freunden oder Kollegen beurteilen:

  ➔ Stimmen die jeweiligen Eigen- und Fremdbilder überein? Oder gibt es Diskrepanzen? Warum? Betreffen sie wichtige Bereiche?

Ihr Motivprofil

	– minus	0	+ plus
Macht			
Unabhängigkeit			
Neugier			
Anerkennung			
Ordnung			
Sparen			
Ehre			
Idealismus			
Beziehungen			
Familie			
Status			
Rache			
Eros			
Essen			
Körperliche Aktivität			
Ruhe			

Die 16 Lebensmotive – Überblick

In dieser Tabelle können Sie sich die wichtigsten Binnenstrukturen und Bedeutungen der Lebensmotive im Überblick bewusst machen:

Motiv	Stark ausgeprägter Typ	Schwach ausgeprägter Typ
Macht	Übt gern Autorität aus, übernimmt Führungsrollen, genießt es, über andere zu bestimmen oder sie zu kontrollieren. Ist oft willensstark, ehrgeizig, leistungsmotiviert.	Will andere nicht beeinflussen, gibt ihnen selten Ratschläge oder Anweisungen und hat auch andere Menschen nicht gerne unter sich. Manche ziehen es sogar vor, von anderen geführt und angeleitet zu werden. Handelt eher personen- als leistungsorientiert. Nimmt Leistungs- oder Erfolgssituationen oft nicht wahr.
Unabhängigkeit	Legt hohen Wert auf Autonomie. Neigt dazu, die Dinge allein und auf seine Weise zu tun, und widersteht dem Wunsch, Hilfe anzunehmen, besonders dann, wenn er die Dinge selbst machen kann. Schätzt seine eigenen Ideen meist mehr.	Findet es angenehm und beruhigend, wenn er sich auf andere verlassen kann. Sucht die gegenseitige Abhängigkeit (Interdependenz) und hat einen starken Wunsch nach Teamwork. Manche fühlen sich unwohl, wenn sie Dinge selbst machen müssen.
Neugier	Ist bei allen intellektuellen, kognitiven oder geistigen Fragen des Lebens hoch motiviert, mag intellektuelle Aktivitäten wie anregende Gespräche, Lesen, Schach, Bridge, Reisen. Manche sind Wahrheitssuchende, und viele lieben es, Zeit zum Denken zu haben.	Hat eine Abneigung gegen intellektuelle Betätigungen jeglicher Art. Denkt nicht gern über grundlegende Dinge nach und fragt auch kaum. Zwar kann er ein Problem analysieren oder etwas genauer in Erfahrung bringen, doch dies ist für ihn nur ein Mittel zum Zweck: Er tut es nicht aus Spaß an der Neugier oder am Wissen.
Anerkennung	Ist überempfindlich gegenüber Kritik, Zurückweisung oder eigenem Versagen. Setzt sich gern leicht erreichbare Ziele, um ein Scheitern von vornherein möglichst zu vermeiden. Als Mensch mit wenig Selbstbewusstsein neigt er dazu, Konflikte zu vermeiden. Oft widerstrebt es ihm, sich zu behaupten, wenn andere ihn übervorteilen.	Ist selbstbewusst und behauptet sich gerne. Bringt seinen Ärger oder Zorn zum Ausdruck, wenn es der Situation angemessen ist. Viele können konstruktiv mit Kritik umgehen, ohne überzureagieren, manche nehmen milde Kritik oder Kränkung gar nicht wahr.

Motiv	Stark ausgeprägter Typ	Schwach ausgeprägter Typ
Ordnung	Möchte alles organisieren und Regeln aufstellen, wobei er besonders auf Details achtet. Da er sich in allen zwei- und mehrdeutigen Situationen unwohl fühlt, zieht er ein stabiles, berechenbares Umfeld vor. Ist oft ein „Gewohnheitstier“ und hat mitunter eine Vorliebe für Rituale. Hat oft das Gefühl, dass Dinge außer Kontrolle sind, wenn Zeit- oder Arbeitspläne nicht eingehalten oder Vorschriften flexibel interpretiert werden. Ihm fällt sofort auf, wenn ein Zimmer unaufgeräumt oder unordentlich ist.	Verabscheut Organisieren und Planen. Ist flexibel, offen und tolerant gegenüber ungewissen oder vieldeutigen Situationen. Wenn seine Umgebung zu sehr geordnet oder von Regeln bestimmt ist, fühlt er sich leicht unbehaglich oder kontrolliert. Hasst es, sich an Vorschriften zu halten, Formulare auszufüllen oder Dinge stets nach dem gleichen Schema zu machen. Achtet oft nicht auf Details. Hält Ordnung und Sauberkeit für unwichtig oder „spießig“ und merkt oft nicht einmal, wenn seine Wohnung unaufgeräumt ist oder Gegenstände verlegt sind. Manche neigen zu Schlampigkeit, einige sind das, was man „desorganisiert“ nennt.
Sparen	Hebt gern Dinge auf oder sammelt sie. Manche trennen sich nur ungern von ihren „Schätzen“, was es auch sei, von der alten Kiste der Oma bis zu den kleinsten Tapetenresten von der letzten Renovierung. Meist genügsame Menschen.	Hat keinen Spaß daran, Dinge aufzuheben oder zu sammeln. Genügsamkeit hat für ihn keine hohe Bedeutung, er ist lieber großzügig. Manche neigen aber zu Verschwendung.
Ehre	Findet es wichtig, moralisch zu handeln, ist dabei sehr prinzipienfest und kodex-orientiert. Viele sind traditionsbewusst und legen großen Wert auf Loyalität, sei dies Patriotismus oder Verbundenheit mit der eigenen (ethnischen) Gruppe. Oft sehr selbstdiszipliniert.	Handelt zweckrational und zweckmäßig. Hält es für richtig, alles zu tun, um eine wichtige Aufgabe zu beenden. Manche glauben, dass jeder mehr oder weniger auf sich selbst bedacht ist. Ärgert sich schnell, wenn andere ihm mit selbstgerechtem, moralischem Verhalten begegnen. Obwohl er oft nur ungern sein Wort nicht hält oder „fünf gerade sein“ lässt, hält er dies für notwendig, um weiter zu kommen.
Idealismus	Sensibel für soziale oder politische Fragen. Engagiert sich politisch, karitativ oder sozial: Legt größeren Wert als die meisten anderen Menschen auf humanitäre Belange und Gerechtigkeit.	„Realist“: Vermeidet es, in soziale oder humanitäre Bereiche involviert zu werden, die mit seinem Leben nichts zu tun haben oder ihm keinen Vorteil bringen. Glaubt, dass Ungerechtigkeit zum Leben gehört und man wenig/nichts daran ändern kann.

Motiv	Stark ausgeprägter Typ	Schwach ausgeprägter Typ
Beziehungen	Strebt zu Geselligkeit. Mag Partys/Feste, Smalltalk und knüpft gern Kontakte, pflegt Freundschaften und wünscht sich ein aktives Gesellschaftsleben. Anderen gegenüber meist aufmerksam, nimmt Anteil an ihrem Leben. Hat gern Spaß und Freude, hat viel Humor und ist meist gut gelaunt.	„Eigenbrötler", der gern zurückgezogen lebt und seine Zeit in aller Ruhe mit sich selbst verbringt. Manche sind anderen gegenüber achtlos, was oft den Eindruck erweckt, dass sie sich nicht für sie interessieren. Fängt selten ein Gespräch an. Ist auf wenige enge Freunde konzentriert, schließt nur ausnahmsweise neue Freundschaften. Wirkt oft ernst.
Familie	Ihm gehen seine Kinder über alles: Er liebt sie nicht nur, sondern verbringt auch einen Großteil seiner Zeit mit ihnen. Eine Familie zu haben ist für ihn der Inbegriff von Glück.	Empfindet die Pflichten des Elterndaseins eher als Last denn als Freude. Hat zwar Schuldgefühle, dass er seinen Kindern nicht mehr Aufmerksamkeit schenkt, was aber kaum dazu führt, dass er mehr Zeit für die Erziehung der Kinder aufwendet. Meist will er keine Kinder.
Status	Fühlt sich zu allem hingezogen, was prestigeträchtig ist. Reichtum und hoher sozialer Status bedeuten ihm viel: Er schätzt es, in einer vornehmen Gegend zu wohnen, teure Autos zu fahren oder „hip" gekleidet zu sein. Ist leicht mit Ruhm, Prominenz oder anderen Statusinsignien zu beeindrucken, etwa Titel oder berühmte Familiennamen. Ist sehr darauf bedacht, andere zu beeindrucken. Sein Ruf ist ihm sehr wichtig.	Legt großen Wert auf Bescheidenheit und Demut. Zieht es vor, sich unauffällig zu kleiden, preiswerte Autos zu fahren und bescheiden zu wohnen, oft selbst dann, wenn er sich teurere Dinge leisten könnte. Manche achten nicht einmal darauf, welche Stellung im Leben andere bekleiden. Reichtum und Ruhm lassen ihn unbeeindruckt.
Rache	Hat ein sehr stark ausgeprägtes Bedürfnis, sich im Wettbewerb durchzusetzen. Manche neigen zu Aggressivität oder Wutausbrüchen, die sie nur schwer beherrschen können. Geht einem Streit oder Konflikt kaum aus dem Weg. Mitunter neigt er dazu, sich einfach um des Streitens willen zu streiten, aus purer Lust an der Auseinandersetzung.	Streitet sich nur ungern mit anderen und „schlägt" nur widerwillig zurück, wenn er angegriffen wird. Geht Konflikten lieber aus dem Weg oder versucht zu vermitteln. Es widerstrebt ihm, mit anderen im Wettstreit zu stehen – das Prinzip Kooperation liegt ihm weit mehr. Kann seine Wut meist beherrschen, verbergen oder unterdrücken: nur schwer aus der Ruhe zu bringen.

Motiv	Stark ausgeprägter Typ	Schwach ausgeprägter Typ
Eros	Ist dem erotischen Leben ergeben und hat einen stark ausgeprägten Sexualtrieb. Bringt mehr Zeit und Energie für Sex auf als andere. Sehr viele sind zugleich außergewöhnlich empfänglich für Schönheit und Kunst.	Asket, der nicht sonderlich an den sinnlichen Aspekten des Lebens interessiert ist – bringt weder für Sex noch für Schönheit viel Zeit und Energie auf.
Essen	Hat einen großen Appetit. Denkt oft ans Essen, kocht meist gern oder stellt Gerichte für besondere Anlässe zusammen.	Kein großer Esser. Denkt selten an Essen. Kochen oder das Planen von Mahlzeiten gehört nicht zu seinen liebsten Beschäftigungen.
Körperliche Aktivität	Muss sich „spüren“, regelmäßig sportlich betätigen und legt großen Wert auf Fitness, Kondition und Vitalität. Viele körperlich aktive Menschen nehmen gern an sportlichen Wettkämpfen teil oder gehen regelmäßig in Fitness-Clubs.	„Couch -Potato“: Präferiert einen geruhsamen Lebensstil, besonders wenn er älter wird. Seine mangelnde Freude an körperlicher Bewegung führt oft zu Gewichtsproblemen. Manche inaktiven Menschen trainieren zwar regelmäßig, aber nicht, weil es ihnen Spaß macht, sondern aus gesundheitlichen Gründen.
Ruhe	Stressempfindlich und häufig von Sorgen bedrückt. Verhält sich oft so, als sei Vorsicht die bessere Tapferkeit. Empfindet das Leben als anstrengend, beunruhigend. Manche entwickeln deutlich mehr Ängste als die meisten anderen Menschen und neigen zu Panikattacken.	Der „Unerschrockene“, ist robust, stress- und angstunempfindlich. Er zerbricht sich selten den Kopf über gesundheitliche oder andere Gefahren. Oft unternehmungs- und abenteuerlustige Typen, die gern Risiken eingehen. Viele fühlen sich in Stresssituationen – „unter Druck“ – besonders wohl.

Die vergiftete Beziehung – Self-hugging

Egal, welche Motive den Einzelnen antreiben: vor allem die Selbstbezogenheit – Reiss spricht dabei von „self-hugging“ – vergiftet das Miteinander: Wir wollen im täglichen Alltagskampf nicht wirklich begreifen, dass andere Menschen auch andere Motive, Interessen und Wünsche haben als wir selbst.

Self-hugging verweist also auf die automatische Vorannahme, dass Menschen wie selbstverständlich davon ausgehen, dass sie selbst die besten, vernünftigsten, edelsten Werte und Motive haben und diese auch für die anderen gelten müssen.
Beim Self-hugging unterscheidet Steven Reiss drei Aspekte, die im Alltag oft zusammenwirken: Selbstillusion, Missverstehen und Alltagstyrannei.

Selbstillusion

Vom Intellekt her wissen Menschen, die der Selbstillusion unterliegen, zwar, dass wir alle unterschiedliche Werte und Ziele verfolgen, aber im Grunde genommen begreifen sie nicht wirklich, wie es sein kann, dass andere nicht genauso denken wie sie. Ihre andersartige Individualität trennt diese Menschen gewissermaßen wie eine Mauer von anderen. Je mehr man aber in solcher Selbstbetrachtung verhaftet ist, desto größer wird die Gefahr, eigene Motive – „Was für mich richtig und gut ist, ist es auch für andere" – auf Partner, Freunde oder Kollegen zu projizieren, Krisen sind somit vorprogrammiert und fressen Ressourcen und Kreativität förmlich auf.

Missverstehen zeigt Konfusion

Steht das Missverstehen im Vordergrund, will man nicht wahrhaben, dass andere wirklich anders denken, fühlen und sich verhalten. Für viele Menschen ist es schwer, zu verstehen und besonders zu akzeptieren, warum zum Beispiel Workaholics so viel Zeit in ihrem Job verbringen.

Alltagstyrannei arbeitet mit Druck

Alltagstyrannen üben Druck aus, um die anderen zu überzeugen oder „hinzubiegen", doch endlich ihre „falschen" Lebensprämissen aufzugeben. Ob Eltern die Studienwünsche ihres Kindes, Vorgesetzte die Arbeitsweise ihrer Mitarbeiter oder die Teammitglieder den Arbeitsstil des Kollegen nicht akzeptieren wollen, früher oder später endet dies in einem Eklat.
Die durch Selbstbezogenheit entstehenden kommunikativen Missverständnisse sind nach Steven Reiss immer wechselseitig. Wenn beispielsweise

ehrgeizige Vorgesetzte mit weniger engagierten Mitarbeitern, wenn Fortbildungssüchtige mit weniger Wissensdurstigen, wenn Statusbewusste mit Statusgleichgültigen zusammentreffen, werden sie Schwierigkeiten haben:
Während sich in einer „manischen“ Gesellschaft überengagierte Führungskräfte als erfolgs- oder karriereorientiert verstehen, werden sie von anderen nicht selten für herrisch oder machtgeil gehalten. Umgekehrt sehen sich weniger engagierte Mitarbeiter als sozial verträglich, kommunikativ und partnerorientiert, während sie von den Ehrgeizigen als faul und gleichgültig betrachtet werden.
Weil diese Denk- und Verhaltensweisen so weit verbreitet sind und weil sie einen selbst und andere früher oder später unglücklich machen, sollte sich jede Führungskraft prüfen, wie sehr sie andere Motive und Werte wirklich erkennt und toleriert.

Konfliktstrukturen erkennen

Im Folgenden können Sie sich einen besseren Überblick über mögliche Konfliktstrukturen im alltäglichen Zusammenleben verschaffen: So oder so ähnlich gestalten sich typische Verhaltenskonflikte des Selfhugging, wenn sich Menschen grundlegend in ihren Lebensmotiven unterscheiden und sie völlig gegensätzlich auslegen. Sie sollten sich dabei bewusst machen, dass im Alltag Denken und Handeln kaum zu trennen ist:

Self-hugging: Alltagstypische Verhaltenskonflikte bei unterschiedlicher Motivausprägung			
Lebensmotiv	**Ausprägung**	**Eigenwahrnehmung (denkt über sich)**	**Fremdwahrnehmung (denkt über andere)**
Macht	stark: Ehrgeiz	Leader, hart arbeitend, stark, erfolgsorientiert, dominant, kraftvoll, erfolgreich	faul, schwach, erfolglos
	schwach: der Geführte	an Menschen orientiert, lässt sich anleiten	Workaholic, getrieben, wichtigtuerisch, dominant, lästig, kontrollierend, einseitig
Unabhängigkeit	stark: der Unabhängige	voller Selbstvertrauen, autonom, frei	unreif, schwach
	schwach: „Teamplayer“	liebevoll, liebesbedürftig, vertrauensvoll, hingebungsvoll, anhänglich	kompromisslos, stur, stolz
Neugier	stark: der „Intellektuelle“	smart, interessant, geistvoll, lehrreich	langweilig, ignorant, oberflächlich, geistlos, dumm, emotional, provinziell
	schwach: der Praktiker	praktisch, gesunder Menschenverstand, „Wissender“	langweilige „Eierköpfe“, wichtigtuerisch, arrogant, hochgestochen, kalt, Mangel an gesundem Menschenverstand, unpraktisch, durchgeistigt
Anerkennung	stark: Unsicherheit	ärmlich, Versager, „Heulsuse“/Mimose, unreif, übersensibel	eingebildet, glatt, kalt
	schwach: Selbstvertrauen	bestimmt, voller Selbstvertrauen, selbstsicher, positives Selbstbild	unbestimmt, unsicher, Mangel an Selbstvertrauen
Ordnung	stark: organisiert	ordentlich, organisiert, Kontrolle, sozialisiert	nachlässig, schmutzig, außer Kontrolle, unorganisiert, ungepflegt, ungesund
	schwach: flexibel	flexibel, spontan, offen	zu perfekt, kontrolliert, kümmert sich um triviale Dinge, streng

Lebensmotiv	Ausprägung	Eigenwahrnehmung (denkt über sich)	Fremdwahrnehmung (denkt über andere)
Sparen	stark: der „Sammler“	einfach, wirtschaftlich, vorausplanend	unverantwortlich, unklug, närrisch, gegenwartsfixiert, verschwenderisch
	schwach: der „Verschwender“	lebensfroh, großzügig	Geizhals, geldgierig, billig, selbstverweigernd
Ehre	stark: Prinzipientreue	verantwortlich, moralisch, loyal, prinzipientreu, charaktervoll, bewusst, pflichtbewusst	prinzipienlos, illoyal, unehrenhaft, selbstsüchtig, unachtsam, charakterlos
	schwach: der Zweckorientierte	praktisch, „wie jeder andere auch“	selbstgerecht, „Moralapostel“
Idealismus	stark: der „Idealist“	liebevoll, mitfühlend, visionär, gerecht, human	herzlos, unsensibel, gefühllos, selbstsüchtig, zynisch
	schwach: der „Realist“	realistisch, pragmatisch	Träumer, unrealistisch, heiliger als der Papst
Beziehungen	stark: gesellig	freundlich, liebt den Spaß, geht aus sich heraus, lebendig	steif, ernst, unglücklich, zurückgezogen, ungesellig, einsam
	schwach: introvertiert	privat, ernst, zurückhaltend	oberflächlich, hohl, ausgelassen
Familie	stark: der „Familienmensch“	fürsorglich, verantwortlich, häuslich	selbstsüchtig, unverantwortlich, wird alleine alt werden müssen
	schwach: „No kids”	unabhängig, frei	belastet, „närrisch“, häuslich, angebunden
Status	stark: elitär	wichtig, prominent, prestigeträchtig, bekannt, hervorragend	unwichtige/unbedeutende Typen, „Prolet“, geschmack-/stillos
	schwach: Gleichheit	demokratisch, gleichberechtigt, freizügig, gerecht	unnahbar, angeberisch, snobistisch, eingebildet, arrogant

Lebensmotiv	Ausprägung	Eigenwahrnehmung (denkt über sich)	Fremdwahrnehmung (denkt über andere)
Rache	stark: der „Kämpfer“	Gewinner, wettbewerbsfähig, aggressiv	Verlierer, unbestimmt, passiv, „Weichei“
	schwach: kooperativ	konfliktscheu, nett, verzeihend, kooperativ	aggressiv, „Wettbewerbshai“, zornig, will immer gewinnen
Eros	stark: sinnlich-erotisch	Romantiker, sinnlich, männlich/weiblich, Ästhet, Liebhaber, lustvoller Typ	prüde, voller Komplexe, frigide/impotent
	schwach: der „Asket“	tugendhaft, selbstkontrolliert, „heilig“	tierisch, unkontrolliert, hedonistisch, oberflächlich, triebbestimmt
Essen	stark: der „Esser“	satt, hedonistisch, Gourmand/Gourmet	selbstverleugnend, ungesund
	schwach: kein „Esser“	schlank, gesund, willensstark, sensibel	ohne Selbstkontrolle, „willenlos“, ungesund, vergnügungssüchtig, Vielfraß
Körperliche Aktivität	stark: der „Sportler“	energiegeladen, kraftvoll, fit, athletisch, stark, muskulös	faul, lustlos, langsam, herumsitzend, schwach, träge, müde, Couch-Potato
	schwach: der „Couch-Potato”	„easy-going", in der Ruhe liegt die Kraft, zurückhaltend	„Sport ist Mord“, anstrengend, getrieben-ruhelos
Ruhe	stark: der „Ängstliche“	vorsichtig, klug, sorgfältig	leichtsinnig, tollkühn, gedankenlos, unbewusst, waghalsig, unbesonnen
	schwach: der „Robuste“	mutig, wagemutig, tapfer, selbstsicher, kühn, unerschütterlich	feige, neurotisch, furchtsam, besorgt (Bedenkenträger), überängstlich

Wertefrage als Führungsinstrument

Unterschiedliche Motivationsprofile belasten vor allem Führungskräfte-Mitarbeiter-Beziehungen. Es ist daher sinnvoll, die Kompatibilität und wechselseitige „Verträglichkeit" von existenziell wichtigen Motiven zu klären. Zumindest sollte aber jeder Vorgesetzte prüfen, inwieweit er ein abweichendes Motivprofil tolerieren kann.

Das Reiss-Motivationsprofil

16 Gründe, warum wir leben, wie wir leben

Macht	drückt sich aus im Streben nach Erfolg in allen Lebensbereichen, Leistungsbereitschaft, Drang nach Führung. – „Gewöhnlich übernehme ich das Kommando, statt mir sagen zu lassen, wo es langgeht."
Unabhängigkeit	wird ausgelebt in einem permanenten Streben nach Entscheidungsfreiheit und Autarkie. – „Selbst ist der Mann/die Frau."
Neugier	beinhaltet das Streben nach Wissen und Wahrheit. – „Ich bin wissensdurstig."
Anerkennung	Streben nach sozialer Akzeptanz, Selbstwert und nach Zugehörigkeit. – „Ich habe große Schwierigkeiten, wenn man mich kritisiert."
Ordnung	wird ausgelebt im Streben nach Stabilität und Klarheit. – „Ich bin besser organisiert als die meisten anderen Menschen."
Sparen	Streben nach Anhäufung materieller Güter und Eigentum. – „Geld ist für mich noch wichtiger als für die meisten anderen."
Ehre	beinhaltet das Streben moralischer und charakterlicher Integrität. – „Man schätzt meine Loyalität."

Beziehungen	dauerhafte Freundschaften und der Fokus auf Freude und Humor. – „Ich brauche andere Menschen, um glücklich zu sein."
Idealismus	Streben nach sozialer Gerechtigkeit und Fairness. – „Für einen guten Zweck bringe ich auch persönliche Opfer."
Familie	Priorität des Familienlebens und der Kindererziehung. – „Kinder und Kindererziehung gehören zu meinem Lebensglück."
Status	Streben nach sozialer und öffentlicher Anerkennung, Reichtum. – „Ich mag nur die besten Dinge."
Rache	wird ausgelebt durch Konkurrenzdenken, Kampf und Vergeltungssucht. – „Ich bin aggressiv und kann meinen Ärger oft nicht kontrollieren."
Eros	Ausleben von Erotik, Sexualität und Schönheit haben Priorität. – „Ich habe ein intensives Sexualleben."
Essen	ständiger Wunsch nach Essen. – „Im Vergleich mit anderen spielt Essen für mich eine größere Rolle."
Körperliche Aktivität	Bewegung und körperliche Fitness spielen eine sehr wichtige Rolle. – „Wenn ich auf meinen Sport verzichten müsste, wäre ich unglücklich."
Ruhe	Sehnsucht nach Entspannung und emotionaler Sicherheit. – „Ich bin ein schüchterner und oftmals furchtsamer Mensch."

Sechste **Schlüsselqualifikation**: Handlungskompetenz

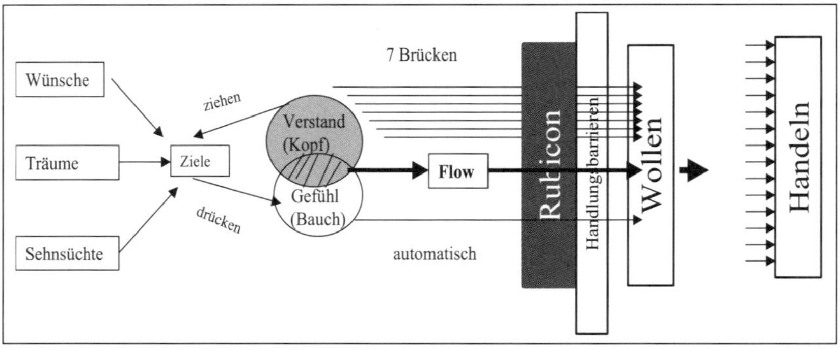

Die Volitionsforschung zum Thema Umsetzungsstärke und Handlungsorientierung

Wünschen, wählen, wollen und handeln: Diese vier Begriffe umfassen nahezu alles, womit sich unser Buch über das Rubicon-Prinzip beschäftigt. Wünschen – damit beginnt eigentlich alles. Es fällt den meisten Menschen vermutlich schwer, auch nur eine Stunde lang wach zu sein, ohne dass nicht die unterschiedlichsten inneren Bilder als wünschenswert und erstrebenswert auftauchen.

Sigmund Freud, Nervenarzt und Urvater der Psychoanalyse, vermutete schon, dass uns selbst des Nachts das Wünschen nicht ruhig schlafen lässt. „Wunschlos“, wie man sagt, „glücklich zu sein“, ist jedenfalls die kürzeste Einheit einer motivationspsychologischen Zeitmessung, solange wir nicht bewusstlos sind.

Das Substantiv zum Verb „wünschen“ tritt meist im Plural auf – man kann es bei Grußadressen zu beliebigen Ereignissen wie Weihnachten, Geburtstagen und Feierlichkeiten immer wieder feststellen. Wünsche entstehen meist in einer wahrhaften Überproduktion. Das ist schon in den meisten Märchen so, wo man immer drei Wünsche frei hat.

Es müssen wohl schon viele sein, weil nur ein kleiner Bruchteil von ihnen die ersten Embryonalstadien überlebt, heranreift und vielleicht einmal seine Erfüllung findet, formulierte schon der Handlungsforscher Heinz Heckhausen.

Man könnte meinen, dass wir, gerade weil nur einige Wünsche wirklich in Erfüllung gehen oder gehen können, tagaus und tagein dieses Übermaß produzieren, denn wenn es nicht ständig genug zu wünschen gäbe, würden wir vermutlich an Aktivität verlieren und in Langeweile erstarren. Anhaltende Wunschlosigkeit ist, wie klinische Psychologen es beschreiben, eine weit schlimmere Seelenpein und schmerzhafter als Hoffnungslosigkeit. Auch dort, wo es schon lange nichts mehr zu hoffen gibt, ist der anhaltende Strom unserer Wünschen noch lange nicht versiegt. In der engeren klinischen Definition ist die depressive Erkrankung, die ja gegenwärtig schon fast wie Rheuma zu den Volkskrankheiten gezählt werden kann und jährlich nicht wenige Menschen sogar bis zum Selbstmord treibt, die psychopathologische Umschreibung von Wunschlosigkeit.

Das Wünschen, dieser dauerhafte Generator von Handlungsaktivität, ist von der klassischen Psychologie bisher noch kaum erforscht worden. So wissen wir weder, wie viele Wünsche in unterschiedlichen Lebensphasen täglich entstehen, aushungern und schließlich verkümmern, noch warum andere es letztlich zur fruchtbaren und grandiosen Entfaltung bringen. Freud hielt noch an der Aussage fest, dass all unsere Wünsche sich in unserer Seele festsetzen und von dort lebensbestimmend ein ganzes Leben lang wirksam werden, unabhängig davon, ob wir sie registrieren oder nicht. Heute distanziert sich die Psychologie von dieser These und vermutet, dass nicht wenige Wünsche in unterschiedlichen Lebensphasen geboren werden und quasi wie Eintagsfliegen den nächsten Tag oder auch die nächste Lebensphase nicht mehr erreichen und für alle Zeit wirkungslos verschwunden sind. Aber – Genaues weiß man nicht! Allerdings wissen wir – auch dank Steven Reiss – schon sehr gut Bescheid, was Menschen antreibt, wie sehr sich Personen in ihren bevorzugten Anschauungen unterscheiden und von welchen Anreizen in ihrer Umgebung sie angezogen oder abgestoßen werden. Auch und gerade abgestoßen zu werden, also das Ablehnen und Abwehren, ist die Kehrseite des Wünschens und nicht selten, wie wir später noch sehen werden, gehen Wünsche und Befürchtungen auf dem langen Weg vom Wünschen zum Handeln sogar Hand in Hand.

Heinz Heckhausen berichtet von einem Versuch, in dem Wissenschaftler ihre Probanden dazu anhielten, auf Anregung hin frei erfundene Geschichten niederzuschreiben – „ein Vorgang, der auch manches von den unterschiedlichen Produktionsraten einzelner Wunsch- und Befürchtungsthemen – ‚Motive' genannt – mit an die Oberfläche der sprachlichen Gestaltung spült". Ziel war, herauszufinden, wie sehr sich Personen in ihren alltäglichen Wünschen und in den Befürchtungen unterscheiden. „Wie der Mediziner, um ein Blutbild zu gewinnen, verschiedene Arten von Blutkörperchen in einer Blutprobe auszählt, lassen sich Aussageelemente in der Phantasiestichprobe zu einem Bild der vorherrschenden Motive sortieren.
Das sagt aus, von welchen Wunschthemen eine Person im Zeitstrom der passenden Gelegenheiten bewegt werden wird; und auch: mit welchen ihrer Wunschthemen sie mehr als mit anderen die eigene Lebenszeit verbringen und ausfüllen wird. Zur Zeit sind Motivationspsychologen dabei, dieses Analyseinstrument der Wunschproduktion noch feiner und polythematischer zu machen."[77]

Vom Wünschen zum Wählen

Wünschen ist aber nur der erste Teil eines komplizierten Wechselspiels, welches die Volitionsforschung zum Gegenstand ihrer Untersuchungen gewählt hat.
Wünschen alleine reicht nicht. Viele Wünsche sind nichts anderes als situative Augenblicksanwandlungen und bleiben unverwirklicht, weil wir in der Selbsteinschätzung ihre Erfüllung – zu Recht oder zu Unrecht – als nicht in der eigenen Macht wähnen. Trotzdem bleibt ein deutlicher Rest – von dem ehemals gigantischen Strom der Wünsche ist nur noch ein Rinnsal übrig geblieben –, der sich nicht nur als erfüllenswert offenbart, sondern für uns sogar als erfüllbar erscheint. Damit ändert sich vermutlich auch unser Seelenzustand. Jetzt wägen wir sorgsam ab, um wählen zu können.
Und wählen müssen wir – nach Aussage der Willensforschung – aus drei Gründen:
Erstens sind vermutlich tatsächlich immer noch deutlich mehr Wünsche übrig geblieben, als wir auch bei größter Anstrengung überhaupt zur Verwirklichung in Angriff nehmen könnten.

[77] Heckhausen, Gollwitzer, Weinert et al. 1987

Zweitens passiert es nicht selten, dass sich sogar manche Wünsche im Wege stehen, man kann das Schwein ja nicht schlachten und essen und aus sentimentalen Beweggründen gleichzeitig behalten und pflegen.
Drittens ist die tatsächliche Wünschbarkeit und auch die Realisierbarkeit eines Wunsches kritisch zu überprüfen. Oft überlebt ein Wunsch eine solche Überprüfung nicht. Das Ergebnis des Wählens besteht dann darin, den Versuch, diesen Wunsch zu realisieren, zu unterlassen.
Wählen vollzieht sich nach der klassischen Willensforschung also im Wägen von Wünschbarkeiten und von Realisierbarkeiten.
Fragen zur Wünschbarkeit sind oft:

- ✓ Erfordert die Realisierung einen zu hohen Aufwand an Zeit?
- ✓ Welche Kosten entstehen, wenn ich dies realisiere?
- ✓ Wie aufwändig sind die Vorbereitungen?
- ✓ Lohnt sich die Mühe?
- ✓ Welche nicht vorhersehbaren Nebeneffekte bringt es mit sich, wenn ich den Wunsch realisiere?

Fragen zur Realisierbarkeit sind oft:

- ✓ Wieweit bin ich in der Lage, durch eigenes Handeln die Realisierung des Wunsches herbeizuführen?
- ✓ Und wieweit kann ich darauf vertrauen, dass die mich umgebende Welt sozialer und sachlicher Gegebenheiten auch den ihr zugedachten, aber nicht in meiner Macht stehenden, gleichwohl notwendigen Part zur Realisierung des Wünschens spielt?

Tatsächlich hat die Psychologie dieses Wählen aufgrund des Abwägens von Wünschbarkeit und Realisierbarkeit oder – um einmal den psychologischen Fachjargon zu gebrauchen – von Wert und Erwartung (oder Wahrscheinlichkeit) gründlichst untersucht und auch überprüft, wie beides miteinander verknüpft wird. Daraus resultierten, wie Heckhausen u. a. feststellten, wirtschaftswissenschaftliche Theorien über Kaufentscheidungen des Verbrauchers, Praktiken der Entscheidungsfindung bei riskanten Technologien und politischen Entschlüssen bis hin zu den Konstruktionsprinzipien für Glücksspielautomaten.

Was hast du dir gewünscht, Liebling?
Dieses Jahr schlucken wir Müller & Söhne mit Haut und Haar..

Die negative Fixierung

Zuerst wurde der Ablauf des Wählens untersucht. Die Wissenschaftler waren davon ausgegangen, dass ihre Versuchsteilnehmer bei einem persönlichen Wahlproblem, das sie tatsächlich plagte, jene Wert- und Erwartungsaspekte, die für das Verfolgen oder für das Unterlassen der Wunschrealisierung sprachen, Punkt für Punkt abarbeiten und jeweils – fast analytisch strukturiert – gegenüberstellen würden. Was sie fanden, war in der Tat völlig anders.
Nachdem den Versuchsteilnehmern zuerst, aber wohl nur sehr kurz, der eigene Herzenswunsch vor Augen stand, richteten sie die Aufmerksamkeit zunehmend auf alles, was gegen dessen Wünschbarkeit und dessen Realisierbarkeit ins Feld zu führen war. Die Fixierung auf das negative Element war so stark, als würden sie für solch negative Gedanken belohnt werden. Wie ein „Advocatus Diaboli“ zogen sie alle Register, die man nur ziehen kann. Erst danach reflektierten sie, welche negativen Folgen es haben könnte, wenn der anstehende Wunsch nicht realisiert werden würde.
Nur wenn der Wunsch diese beide Feuerproben überstanden hatte, konnten sich die Versuchsteilnehmer auf die positiven Möglichkeiten einer Umsetzung konzentrieren.

Der unterschiedliche Seelenzustand

In den Versuchen wurde schnell deutlich, dass der Seelenzustand der Versuchspersonen beim Wählen tatsächlich deutlich vom Seelenzustand beim Wünschen zu unterscheiden war. Ist der Seelenzustand in der Phase des Wünschens eher noch unbestimmt und „nebulös“, zeichnet sich der Seelenzustand im Moment des Wählens einerseits durch eine weitere Aufmerksamkeit für alles aus, was wichtig und von Belang sein konnte, und andererseits durch eine Unbestechlichkeit in der Würdigung auch negativer Aspekte. Heckhausen nennt es eine bemerkenswerte Realitätsorientiertheit eines auf vollen Touren laufenden kognitiven Apparates, dessen Bereitschaft und Vermögen, Informationen aufzunehmen und zu verarbeiten, maximal war.
Wie geht es nun weiter?
Nach all den Prüfungen in der Phase des Wählens bleiben deutlich weitere Wünsche auf der Strecke. Für andere geht das Wählen eher unent-

schieden aus. Sie werden gespeichert, sind erst einmal inaktiv und können zu einem x-beliebigen Zeitpunkt, durch viele äußere und innere Umstände angestoßen, auch wieder aufgenommen werden. Vermutlich waren es diese eher verdrängten Wünsche, die, wie Sigmund Freud meinte, wirksam bleiben, bis sie erfüllt sind. Vermutlich kann man auch zu viele aufgespeicherte Wünsche haben und dadurch beim Wählen und Wollen gestört werden.
Wie wir ja alle oft feststellen können, bleibt schließlich der eine oder andere Wunsch übrig, der nun, wenn die Umstände es zulassen, realisiert werden soll.

Vom Wählen zum Wollen

Befinden wir uns bei der Verwirklichungsabsicht unserer Ziele am Übergang vom Wählen zum Wollen, so tritt nun wieder ein anderer Seelenzustand ein. Jetzt sehen wir deutlich unser Ziel vor Augen. Der Wunsch hat uns in seinen Fängen und lässt uns nicht mehr los, bis wir ihn realisiert haben oder endgültig dabei gescheitert sind. Dieser Seelenzustand ist durch hohe Entschlossenheit und Umsetzungsenergie charakterisiert.
Wollen heißt wirklich entschlossen sein. Während wir vorher – Sie erinnern sich – beim Wählen eher glasklar und nüchtern die Aufmerksamkeit vorwiegend auf die Begrenzungen gerichtet hatten, so sind wir in der Phase des Wollens nun fast ausschließlich auf die Verwirklichung ausgerichtet und deuten alle – auch die eher negativen – Signale im Sinne einer sehr engen, auf Realisierung ausgerichteten Art und Weise. Wir wehren die Befürchtungen ab und beschönigen die Möglichkeiten. Waren wir bis jetzt eher **realitätsorientiert,** so sind wir jetzt **realisierungsorientiert**. Wir sehen nicht mehr richtig hin, wir hören nicht mehr ausreichend zu, wenn auch nur ansatzweise der Eindruck entsteht, dass es unseren Willen zur Verwirklichung schwächen könnte.
Im Handumdrehen sind wir in dieser Phase vom zögerlichen und eher abwägenden Moderator des Wählens zum engstirnigen Kämpfer unseres Wollens geworden. So betrachtet, leuchtet es ein, warum so manche Eltern keine Chance mehr haben, der Tochter den gewählten Lebenspartner mit vernünftigen Gründen auszureden, weil die Tochter sich nicht mehr im Seelenzustand des Wählens, sondern in dem des Wollens

befindet. Bei wirtschaftlichen und politischen Entscheidungsbildungen kann so etwas sogar katastrophal enden, wie das Beispiel des Challenger-Unfalls zeigt.

Die Challenger-Katastrophe

Die Challenger-Katastrophe war der Unfall, bei dem die US-Raumfähre Challenger am 28. Januar 1986 73 Sekunden nach dem Start vom Kennedy Space Center zerstört wurde. Bei dem Unfall kam die siebenköpfige Besatzung ums Leben.

Nach diesem Vorfall setzte der damalige US-Präsident Ronald Reagan eine Sonderkommission ein, um die Gründe für den Unfall zu ermitteln und um künftige Abhilfemaßnahmen zu entwickeln. Als Unglücksursache stellte sich eine defekte Dichtung heraus. Obwohl NASA-Ingenieure zuvor Bedenken geäußert hatten, hatten die Verantwortlichen der NASA (US-Bundesbehörde für Luft- und Raumfahrt) trotzdem den Start genehmigt.

Im Bericht der Kommission hieß es, das Unglück sei durch das Versagen einer „O-Ring"-Dichtung in der Festbrennstoffrakete an der rechten Seite der Raumfähre ausgelöst worden. Die fehlerhafte Dichtung und das ungewöhnlich kalte Wetter, das zusätzlich Auswirkungen auf die richtige Funktionsweise der Dichtung hatte, machten es möglich, dass heiße Gase aus der Verbindungsstelle entweichen konnten. Flammen aus dem Inneren des Beschleunigers schlugen aus der fehlerhaften Dichtung und vergrößerten das kleine Loch. Dadurch gelangten die brennenden Gase zum äußeren Treibstofftank der Fähre und durchtrennten einen Träger. Dieser war mit dem Beschleuniger seitlich am äußeren Tank angebracht. Als Folge löste sich der Beschleuniger und durchschlug den Tank. Flüssiger Wasserstoff und flüssiger Sauerstoff aus dem Tank und dem Beschleuniger vermischten und entzündeten sich, was dann letztendlich zur Explosion der Fähre führte.

Die NASA wusste seit Jahren, dass die so genannten O-Ringe der Antriebsrakete bei kaltem Wetter unbeständig sind. Bei vorangegangenen Flügen zeigten die O-Ringe bei einer Temperatur unter 61° Fahrenheit (16° Celsius) deutliche Anzeichen von Erosion. Zwei Ingenieure,

die für die Entwicklung und Produktion der Antriebsraketen und O-Ringe verantwortlich waren, trugen am Vorabend des Unglücks dem Management ihre Bedenken bezüglich der niedrigen Temperatur zum Startzeitpunkt vor, wurden jedoch überstimmt.
Willenstheoretisch betrachtet, befanden sich die Ingenieure noch in der Phase des Wählens und betrachteten nüchtern und sachlich die Situation. Das Management hingegen befand sich vermutlich bereits schon längere Zeit im Seelenzustand des Wollens und wischte jegliche Bedenken verantwortungslos zur Seite, weil sie nicht zur Realisierung passten.
Im Vorfeld der Startvorbereitungen hatte der für die O-Ringe zuständige Ingenieur seine Bedenken schriftlich an die NASA geäußert. Der andere Ingenieur schrieb nachweislich ein Memo, das mit „HILFE“ begann und mit „Dies ist eine rote Flagge“ endete. Selbst am Starttag machten die Produzenten am Morgen noch einmal deutlich, dass diese Ringe nicht für den Flug unter 50° Fahrenheit (10° Celsius) ausgelegt waren und die Sicherheit nicht gewährleistet werden konnte. Die Außentemperatur am Tag des Starts betrug 36° Fahrenheit (2° Celsius). Um 11.38 Uhr wurde die Raumfähre trotzdem gestartet, mit dem hinlänglich bekannten Ergebnis der Katastrophe. Die spätere Untersuchung zeigte, dass die Bedenken und Einwürfe der Ingenieure nicht ernst genommen worden waren. Ein typische Ausblendung von Realisierungshindernissen in der Phase des Wollens. Das Management wollte unbedingt starten und hatte die finanziellen Konsequenzen einer Verschiebung und die im Vorfeld bereits in der Öffentlichkeit negativ diskutierten mehrfachen Terminverschiebungen im Blickfeld.
Der Challenger-Unfall verdeutlicht aber nicht nur die hohe Abwehrkraft in der Realisierungsorientierung der Phase des Wollens, sie zeigt auch, wie wenig Menschen und Organisationen zu lernen bereit sind. So wurden die Ingenieure paradoxerweise anschließend auf Grund ihrer Aussage vor der Untersuchungskommission entlassen und für ihre berechtigten Bedenken bestraft.

Vom Wollen zum Handeln

Wenn wir bisher nur allgemein über das Wünschen, Wählen und Wollen gesprochen haben, wie wir sie als Fähigkeit zum Handeln bei Erwachsenen vorfinden, so darf nicht vergessen werden, dass sich natürlich auch alles erst entwickeln muss. Schon früh in der Kindheit sind Anfänge der Fähigkeit zum Handeln da. Handlungsforscher versuchen, die weitere Entwicklung aufzudecken, sobald Kinder laufen können. So beobachten sie, was das Wollen betrifft, ab wann und wie Kinder in einer Handlung, die sie ausführen wollen, diese bis zu einer passenden Gelegenheit aufschieben können.

Neben dieser Entwicklung gibt es aber noch weitere Aspekte, die in einer anderen Hinsicht über allgemeine Unterschiede zwischen Wünschen, Wählen und Wollen hinausgehen und unser Handeln determinieren. Denn freilich gibt es immer auch Unterschiede zwischen Personen innerhalb der Motivationslage und des aktuellen Seelenzustandes. Es interessiert hier besonders, welche unterschiedlichen Fähigkeiten zu einem Selbstmanagement der Prozesse des Wählens und des Wollens Personen besitzen und wie weit sich diese Fähigkeiten fortentwickeln lassen.

Offenbar gibt es Menschen, die bei Prozessen des Wählens ein höheres Geschick zum Selbstmanagement haben als bei Prozessen des Wollens. Bei anderen ist es umgekehrt.

Hier steht die Wissenschaft jedoch noch ziemlich am Anfang der Untersuchung.

Besondere Aufmerksamkeit möchten wir hier dem Übergang vom Wählen zum Wollen zukommen lassen. Ein Vorgang, der anscheinend schlagartig den Seelenzustand zu ändern scheint. Natürlich gibt es auch harmlose Wünsche, bei denen man ohne viel Wählen gleich und ohne viel Aufhebens ins Wollen, also in die Aktion rutscht.

Ebenso gibt es aber auch Fälle, in denen deutlich mehr auf dem Spiel steht. Wie zum Beispiel als Caesar 49 v. Chr. am Rubicon, einem kleinen Fluss in Oberitalien, stand und eine schwer wiegende Entscheidung treffen musste ...

Wie Heinz Heckhausen, Peter Gollwitzer und Franz Weinert in „Jenseits des Rubikon“ festgestellt haben, sind Wählen und Entschlussbildung jedoch eher seltene Prozesse, und zuweilen können Tage vergehen, ehe sich im Seelenleben einer Person dergleichen ereignet. Zu bedenken ist überdies, dass der Mensch ein Lebewesen mit langer Stammesgeschichte ist. „Nur mit Wünschen, Wählen und Wollen ließe sich unsere Existenz nicht aufrechterhalten. Wünschen, Wählen und Wollen sind nur die oberste dünne Decke, oben auf einer Reihe basaler Motivationssysteme, die seit Jahrmillionen entstanden sind und sich vielleicht sogar hierarchisch übereinandergelegt haben. Aber immerhin die oberste Decke!

Auf der untersten Ebene stehen automatische Reaktionsweisen des autonomen Nervensystems, des endokrinen und des Immunsystems. Darüber gibt es vorfixierte Bewegungsmuster für spezifische angeborene Verhaltensweisen. Darüber primäre Triebe, die Störungen des Körperhaushalts ausgleichen. Und darüber haben sich erlernte Bedürfnisse ausgebildet, die sich von primären Trieben ableiten, aber selbständig geworden sind. Und darüber wiederum treten all die primären Affekte wie Glück, Trauer, Furcht, Ärger Überraschung und Ekel in unser Erleben, die zwar hirnphysiologisch tief verankert sind, aber sich auf die gesamte Außen- und Innenwelt von Eindrücken und Erfahrungen beziehen oder gar konditionieren lassen. Darüber begleitet uns ein ständiges Bestreben, im Umgang mit unserer Nahumwelt wirksam zu sein. Und darüber erwachsen erst die höheren, die sozialen und kulturellen Motive, aus denen die meisten Wünsche entspringen, wenn die unteren Systeme nicht gerade mit der Beseitigung homöostatischer Krisen unseres Organismus beschäftigt sind. Und diesen Wünschen schließlich und zuletzt folgt gelegentlich ein wenig Wählen und ein wenig Wollen. Man sieht, wie ungeheuer winzig der Ausschnitt ist, mit dem sich dieser Bereich beschäftigt und zugleich wie unabsehbar verwickelt und folgenreich. Denn ohne Wünschen-Wählen-Wollen wäre Homo sapiens kein Mensch.“[78]

---

[78] Aus: Heinz Heckhausen, Peter Gollwitzer, Franz E. Weinert et al.: *Jenseits des Rubikon. Der Wille in den Humanwissenschaften*

Siebente **Schlüsselqualifikation**: Umsetzungskompetenz

Die Fähigkeit, aus den ausgeführten und vorliegenden Informationen eine Theorie für deren Umsetzung zu „basteln" oder sie in ein eigenes Modell einfließen zu lassen, ist Gegenstand der jungen Umsetzungsforschung, wo, wie bereits mehrfach erwähnt, die mangelnde Umsetzungskompetenz als zentraler Innovationsengpass gehandelt wird. Rolf Wunderer und Heike Bruch von der Hochschule St. Gallen haben sich dezidiert diesem Forschungsgegenstand gewidmet und ihre Ausführungen in fünf grundsätzlichen Zielen niedergelegt:

1. Definition des Konstruktes „Umsetzungskompetenz"
2. Untersuchung der „Umsetzungspraxis"
3. Theoriebasierte Analyse von Förderungswegen
4. Untersuchung der Förderungspraxis
5. Entwurf von Gestaltungshinweisen

Im Ausblick ihrer Studien möchten sie die Umsetzungskompetenz als Kunst verstanden wissen, da sie die Kombination verschiedener, teilweise widerstreitender Denkansätze und Vorgehensweisen erfordert. Umsetzungskompetenz setzt sich zusammen aus einer sensiblen Mischung aus „weichen" Merkmalen (z. B. Einfühlungsvermögen, Verständnis, psychologische Erfahrung und Beziehungsfähigkeiten) und „harten" Faktoren (etwa Durchsetzungsvermögen, Hartnäckigkeit, Strukturierungsvermögen oder mess- und prüfbare Ziel- und Erfolgsmaßstäbe, Self Controlling etc.).
Das Thema Motivation nimmt dabei eine zentrale Position ein:
Wissenschaftler weisen darauf hin, dass Führungskräfte vor allem die Kompetenzen „Change Leadership" und Beziehungsmanagement benötigen. Mittlere Manager brauchen verstärkt Kompetenzen, die als „Change Implementation", „Empowering" sowie „unternehmerische Innovation" bezeichnet werden und die nachhaltige Förderung von Innovationsfähigkeiten und -motivation der Mitarbeiter umfassen.
Demnach kommt Führungskräften bei der Förderung mitunternehmerischer Prozesse und der Kompetenzen potenzieller Mitunternehmer eine Schlüsselrolle zu. Wichtig ist auch, zu berücksichtigen, dass die Differenzierung nach Managementebenen zeigt, dass eine Förderung der

Umsetzungskompetenz sich nicht auf die Unterstützung Einzelner im Vorgesetzten-Mitarbeiter-Verhältnis beschränken kann, sondern ergänzend strukturelle Maßnahmen erforderlich sind, die Gegenstand der Diskussionen im Topmanagement sein müssen.
Umsetzungskompetenzen sind nach Wunderer und Bruch so wie die Wege der Förderung bisher wenig wissenschaftlich diskutiert oder sogar praktisch erprobt. Gebiete wie Schlüsselqualifizierung, internes Unternehmertum, Promotorenmanagement, Action-Learning oder Implementierungsstrategien sind für sie einige mögliche Beispiele für Disziplinen, die für eine Förderung der Umsetzungskompetenz wichtig sind, aber als besonders anspruchsvolle, bisher wenig strukturierte und wenig greifbare Forschungs- und Handlungsfelder zu betrachten sind. Allerdings schätzen die beiden Wissenschaftler Umsetzungskompetenzen als zentrale unternehmerische Schlüsselqualifikationen hoch ein und stellen gleichzeitig fest, dass diese bei Mitarbeitern im Vergleich zu anderen Kompetenzen am geringsten ausgeprägt sind. Weitere Experimente und Forschungsarbeiten sind jedoch notwendig.
Dem Praktiker liefern diese Untersuchungen bislang eher weniger Materialien. Gute umsetzungskompetente Strategien lassen sich eher im Kontext der Studien finden, wie sie z. B. von Dr. Maja Storch mit dem „Zürcher Ressourcen Modell“ oder dem Habilitanden Dr. Hugo M. Kehr am Rosenstiel-Lehrstuhl mit seinem Selbstmanagement-Modell an der Schnittfläche von Volition und Motivation ausgearbeitet wurden. Grundsätzlich lassen sich vor dem Hintergrund der genannten Theorien und Schlüsselqualifikationen brauchbare Handlungsschritte über das Rubicon-Prinzip aufzeigen.
Hierzu können wir Manager und Führungskräfte nur ermutigen, folgende Einzelschritte zu einem Ganzen zusammenzubinden, um ihren Rubicon zu überschreiten:

Persönliche Strategie

zur Erhöhung der eigenen Umsetzungskompetenz und der Umsetzungskompetenz der Mitarbeiter

1 Lernbedarf ermitteln

Analysieren Sie ausführlich die generellen Wurzeln der Hilflosigkeit und überprüfen Sie, in welchem Umfang und wo speziell diese Punkte für Sie einen Lernbedarf erkennen lassen. Wo waren Sie „berührt“ oder persönlich betroffen?

2 Schlüsselkompetenzen überprüfen

Überprüfen Sie, wie die aufgeführten Kernbereiche zur Förderung von Schlüsselqualifikationen in Ihrem persönlichen und in Ihrem unternehmerischen Umfeld berücksichtigt werden.

3 Motivanalyse durchführen

Verschaffen Sie sich über die Motivationsanalyse (www.reiss-profil.de) ein genaues Bild über Ihre eigenen Motive und über die Motive Ihrer Mitarbeiter. Nur wenn Sie wissen, was wen antreibt, haben Sie Zugang zu der Überlegung der Anwendung des Rubicon-Prinzips.

4 Willensstrategien

Unterstützen Sie Ihre Mitarbeiter durch geeignete Maßnahmen, wenn deutlich wird, dass der oder die Mitarbeiter nicht durch eigene Motive angetrieben werden. Ziele, die Sie erreichen wollen, die aber nicht motivational unterstützt werden, müssen Sie über Willenstechniken ansteuern. Die so genannten Brücken über den Rubicon sind dabei:

→ **Die Erkenntnisbrücke (Intelligenz)**
Suche nach Ursachen für das Motivationsdefizit oder die Handlungsblockaden.

→ **Die Fokus-Brücke (Organisationsfähigkeit)**
Fokussieren der Aufmerksamkeit auf handlungsrelevante Merkmale; Ausblendung störender Reizbedingungen oder unerwünschter Verhaltensimpulse.

→ **Die Kooperationsbrücke (Beziehungskompetenz)**
Aufsuchen einer anderen Umgebung oder aktiver Eingriff in die Umgebung mit dem Ziel, durch Kooperation die eigenen Schwächen zu kompensieren.

→ **Die Seufzerbrücke (Optimismus)**
Unterdrückung unerwünschter Emotionen. Herstellung einer zielförderlichen Emotionslage.

→ **Die Entspannungsbrücke (Überzeugungskraft)**
Erregungskontrolle. Ablegen von Nervosität. Sich selbst beruhigen.

→ **Die Ruckbrücke (Risikobereitschaft)**
Langwierige Entscheidungssituationen (Grübeln) mit einem Ruck beenden, indem man sich zu einem bestimmten Zeitpunkt (am besten vorher festgelegt) zu einer Handlungsoption entschließt.

→ **Die Lachbrücke (Kreativität und Humor)**
Humor ist das Salz des Lebens, und wer gut gesalzen ist, bleibt länger frisch.
(Vertiefende Informationen dazu finden Sie unter www.rubicon-prinzip.de oder in unserem Buch „Das Rubicon-Prinzip".)

5 Umsetzungskultur schaffen

Schaffen Sie in Ihrem Unternehmen eine umsetzungsfördernde Lern- und Arbeitskultur. Anregungen dazu können Sie im gesamten Buch finden. Gehen Sie in der Anwendung der Prinzipien als gutes Beispiel voran.

Ein kurzes **Schlusswort**

Es wäre natürlich vermessen, am Ende eines Buches, in dem die Bedeutung vernetzter Wirkungscharakteristiken und die Fragwürdigkeit von How-to-Philosophien sich in allen Kapiteln ebenso wiederfindet wie die Hinweise und Warnungen, in systemischen Wirkfeldern auf einfache Lösungen zu bauen, plötzlich mit exakt einer solchen „einfachen" Lösung anzukommen.
Gerne würden wir Ihnen so etwas anbieten.
Hugo M. Kehr schreibt am Ende seines Selbstmanagement-Konzeptes: „Einsicht in die eigene Situation, bestehende Probleme und Lösungsstrategien ist das eine, tatsächlich neue Wege zu gehen und Lösungen zu implementieren das andere: Man sollte sich daher nicht vorschnell mit scheinbar plausibel klingenden Erklärungen zufrieden geben. Änderungsprozesse setzen voraus, dass man sich mit einem Thema genauer auseinander gesetzt hat ... Erwarten Sie aber keine sofortigen Erfolge. Belohnen Sie sich auch für kleine Fortschritte."[79]
Diesem kurzen Resümee möchten wir uns anschließen und glauben, dass die Einladung, sich mit den aufgezeigten Themenstellungen etwas intensiver auseinander zu setzen, die eine oder andere Blüte treiben wird. Gerade die Beschäftigung mit dem eigenen Motivprofil schafft Ihnen vor dem Hintergrund der anderen Themenbereiche eine Reihe von sinnvollen Möglichkeiten, die eigene Umsetzungskompetenz zu stärken und und die Self-hugging-Fallen zu umgehen und auszumerzen, um ressourcenorientierte Wachstumsmöglichkeiten für die Mitarbeiter zu schaffen.

→ Wählen Sie Ihre Ziele so, dass sie nach Möglichkeit Ihren Lebensmotiven entsprechen, und versuchen Sie dann, diese Ziele unter einem möglichst sparsamen Einsatz von Willensstärke zu erreichen. Das ist der erste Schritt zu einem erfolgreichen Selbstmanagement und einer umsetzungskompetenten Lebensführung.

---

[79] Kehr 2002

Anhang

Anmerkungen

[i] Die Bedeutung der Begrifflichkeit „Rubicon“ als Synonym für „Handlungsbegrenzungen“ hat durch die Verwendung von Heinz Heckhausen in der Handlungsforschung, von Klaus Grawe in der „psychologischen Therapie“ und schon frühzeitig bei Rudolf Steiner in der Anthroposophie ihren Stellenwert erfahren. Die Autoren Helmut Fuchs und Andreas Huber haben in dem gleichnamigen Buch diesen Begriff einer größeren Öffentlichkeit zugeführt und – eher stark vereinfacht – die Bedeutung dieser unterschiedlichen Erkenntnisse für Selbstmanagementstrategien unterstrichen (siehe auch Literaturhinweise).

[ii] Wir haben bei der Bearbeitung der vorliegenden Thematik unzählige Seminarbeiträge und Materialien berücksichtigt, deren Quellen für uns nicht immer nachvollziehbar waren und durch die Weiterbearbeitung für Vorträge und Weiterbildungsseminare gelegentlich sogar im falschen Kontext zitiert wurden. Grundsätzlich bemühen wir uns um Quellenangaben, fühlen uns aber eher dem „Open-source“-Gedanken verpflichtet und möchten folgende Überlegungen als Lernimpuls aufzeigen:
Die Open-Source-Bewegung zeigt einen Weg aus einem Teufelskreis, in dem Unternehmen auch trotz des überall propagierten Partnerschaftsdenkens nur ein Ziel haben: die Konkurrenz auszuschalten.
Die Welt des Wettbewerbs kennt gegenwärtig anscheinend keine Grenzen: Honda will den schärfsten Konkurrenten Yamaha „zerstören, zermalmen und massakrieren“, ABB und Siemens liefern sich bei Eisenbahnen und Kraftwerken „Preiskämpfe bis aufs Messer“ und VW-Chef Piëch sprach noch vor nicht allzu langer Zeit von einem „gnadenlosen Krieg“ mit Opel.
„Hyperwettbewerb“ nennt Professor Richard D’Avenie in seinem gleichnamigen Buch diese Form der Eroberung von Marktanteilen und definiert ihn als reinstes Nullsummenspiel: ein Weg, der Verlierer-Verlierer-Positionen schafft.

Open-Source als Alternative
Wir befinden uns vermutlich in einer nicht einfach zu verlassenden Sackgasse, wo die Erfolgsmeldungen auf schnellen Gewinn ausgerichtet sind und lebensnotwendige langfristige Entwicklungen, die oft mit notwendigen kurzfristigen Einbußen einhergehen, keine Chance haben.
Die notwendige Veränderungsenergie könnte nun tatsächlich ganz im Sinne der „Rubicon-Philosophie“ aus einer Ecke kommen, wo sie keiner vermutet: der Open-Source-Bewegung.

Was heißt Open-Source-Bewegung?
Die Open-Source-Bewegung basiert auf der Idee einer weltweiten Gemeinschaft von Technikern, insbesondere Programmierern, die den Quellcode einer Software frei veröffentlichen und damit anderen Programmierern und der Sache an sich die Chance zur schnellen und effektiven Weiterentwicklung bieten.
Der Quellcode (Open-Source) ist so etwas wie das Kochrezept und kann von jedermann beliebig oft heruntergeladen und weiterentwickelt werden.

Vermutlich haben aber die meisten Vertreter des Turbokapitalismus weder je davon gehört noch verstanden, worum es bei dieser Bewegung wirklich geht, und zwar nicht nur technisch-wirtschaftlich, sondern gesellschaftlich-politisch.
„Open Source ist die demokratische Antwort auf die feudalistische Struktur der Computerindustrie", sagt Peter Weibel, Vorstand des Zentrums für Kunst und Medientechnologie, zu dieser bewussten Entscheidung von Techno-Intellektuellen, die Software, also das Zentralprodukt der Informationsgesellschaft, generell anders zu produzieren und zu vermarkten, als es seit den achtziger Jahren etwa der Mediengigant Microsoft praktiziert.
Bis dato wurden und werden, abgesehen von der Gründerzeit der Computer, wo die Programmierer ihre Quellcodes untereinander austauschten, Quellcodes als Geschäftsgeheimnis im Firmentresor aufbewahrt und abgeschirmt. Das Motto: Wissen ist Macht.
Den freien Austausch von Wissen, den die Open-Source-Bewegung fordert, braucht unsere schnelldrehende und lineare fixierte Gesellschaft dringender denn je, um die von Einzelnen nicht mehr zu lösenden, hoch komplexen Probleme adäquat und vor allem in der gebotenen Zeit zu lösen.
Wie sehr wir in unserem kurzfristigen, auf Abgrenzung und Machterhalt ausgerichteten Denken verloren sind, zeigt allein der Blick auf die rasanten Wachstumsschübe im Internet.
Glauben wir Professor Dietrich Dörner, dem führenden deutschen Komplexitätsforscher, dass das Gehirn der derzeit lebenden Menschen im Einzelnen unfähig ist, den schnell wachsenden Komplexitätsgrad zu bewältigen, dann sind es gerade die von der Open-Source-Bewegung ausgehenden Impulse, die Managern und Politikern den Weg zeigen können.
Denn der demokratische und synergieerzeugende Geist dieser Avantgardisten des Informationszeitalters, ihre Denkmuster, ihre Mentalität und ihre Unvoreingenommenheit im Verbund mit dem Glauben an die gemeinsame Stärke können helfen, die als Schlüsselqualifikationen und Kernkompetenzen geforderten humanistischen Werte auch unter dem gewachsenen Globalisierungsdruck und dem Diktat der Geschwindigkeit zu bewahren oder neu zu entfalten.
Dementsprechend bitten wir unsere freizügige Interpretation zu betrachten und laden Sie ein, auch unsere Gedanken weiterzuentwickeln und zu multiplizieren.

[iii] Die Kennzeichnung einer anscheinend stetig wachsenden Unzufriedenheit mit der vorhandenen Zögerlichkeit in unserer Gesellschaft und deren Institutionen und Mitglieder hat als erkennbares und zitiertes Phänomen während der Beschäftigung mit diesem Buch weiterhin extrem zugenommen. Es vergeht gegenwärtig kaum ein Tag, an dem in der Presse nicht auf diese Problematik und die dadurch entstehenden Implikationszusammenhänge hingewiesen wird. Die Habilitation von Heike Bruch am Wunderer-Lehrstuhl in St. Gallen zum Thema Umsetzungskompetenz kann in ihrer zentralen Bedeutung für die Wahrnehmung dieser Problematik vermutlich gar nicht hoch genug eingeschätzt werden. Gerade wir Praktiker benötigen fortführende Erkenntnisse dieser interdisziplinären Thematisierung und einen fruchtbaren Dialog an der Schnittfläche von Theorie und Praxis.
Die Tatsache, dass viele dieser bahnbrechenden Erkenntnisse nur extrem zögerlich und vermutlich viel zu spät in Handlungskonsequenzen münden, gleicht der Einladung zur Diskussion über das Thema: „Es wird zu viel diskutiert!“

[iv] Die Begrifflichkeit „Rubicon-Manager“ ist ein Konstrukt der Autoren und steht stellvertretend für den aufgeschlossenen, zukunftsorientierten und selbstkritischen intelligenten Manager, der nicht zögert anzupacken und eher lösungsorientiert zu handeln.
Der Weg ist das Ziel. Es gibt keinen definierten Endzustand, so wie es keine – wie auch immer geartete – Schablone geben kann und darf. Trotzdem reden wir einem Streben nach erfolgreichem Selbstmanagement das Wort und plädieren für eine umsetzungsorientierte Lebensführung.
Die Kennzeichnung des Rubicon-Managers durch die aufgezeigten Skills und Tools ist weder einzigartig noch abgeschlossen.

[v] Die Betrachtung und Behandlung der Gründe, warum wir so unentschlossen und zögerlich sind, macht es notwendig, in unterschiedlichen Teilbereichen von der Hirn- bis zur Katastrophenforschung, von der Lernforschung bis zur Therapieforschung und ebenso in Randbereichen, wie der Gelotologie oder der Psycho-Neuro-Immunologie, zu suchen und zu experimentieren. Dass dies nur holzschnittartig und eher katalektenhaft passieren kann, ist bei der Fülle der Materialien deutlich nachvollziehbar. Der geneigte Leser findet im Internet unter dem jeweiligen Stichwort sehr umfangreiche und sehr detaillierte Vertiefungsmöglichkeiten.
Besonders hinweisen möchten wir auf die interessanten Betrachtungen von Professor Fredmund Malik von der Hochschule St. Gallen zum Thema Fehlermachen.
„‚Aus Fehlern wird man klug‘, lautet ein weit verbreiteter Irrglaube unter Managern. Unternehmen, die ihren Führungskräften großzügig Verfehlungen zugestehen, verfolgen allerdings die falsche Strategie. Denn Fehler sind nicht

nur dumm, sondern auch verantwortungslos und unprofessionell", sagte Fredmund Malik einmal.

[vi] Die Informationen und Gedankengänge zum Thema „vernetztes Denken" entstanden vorwiegend in der Beschäftigung mit den Materialien von Professor Gilbert J. B. Probst von der Universität Genf (vormals St. Gallen), dessen Aufzeichnungen in mehreren persönlichen Coaching-Situationen und Vorträgen für unseren Rubicon-Ansatz „gereift" sind. Wir verweisen hier auf die zahlreichen Bücher von Professor Probst, den wir für den fähigsten Denker zu diesem Thema an der Schnittfläche zur Wirtschaft halten (siehe Literaturverzeichnis, Seite 225 f.).
Die Geschichte von Hänsel und Gretel aus der Sicht der Hexe ist schon sehr alt und wird vielerorts erzählt. Wir haben sie abgedruckt wiedergefunden u. a. im sehr lesenswerten Buch „Systemische Therapie ... und gut" von Jürgen Hargens, wo auch noch Rotkäppchen aus der Sicht des Wolfes angedeutet wird. Ursprünglich stammt sie aber aus Paul Maars Buch „Der tätowierte Hund".
Die Materialien zu Peter Senges fünf Disziplinen stammen zum größten Teil aus den Lernmaterialien der TAM-Trainer-Akademie München, wo verstärkt mit den Büchern und den Annahmen von Peter Senge gearbeitet wird. Näheres unter www-trainer-akademie.de.
Das Gleiche gilt für die Theorie der multiplen Intelligenz. Howard Gardner ist, seit er 1972 an der Harvard Universität in Sozialpsychologie promovierte, ausschließlich in der Forschung tätig und arbeitet als Professor an der Boston University School of Medicine.
In seinem Buch „Frames of Mind" entwarf er eine eigene Theorie multipler Intelligenzen, die unseres Erachtens weder im schulischen Lernen noch in der betrieblichen Weiterbildung die nötige Wertschätzung erfahren hat. Erst durch den Bestseller „Emotionale Intelligenz" von Daniel Goleman wurden Gardners „Sieben Wege an die Welt heranzugehen" wieder aktuell diskutiert.
Vertiefende Literatur und neuere Ansätze finden Sie auch ausführlich in den Büchern von Robert Ornstein.
Eine ausführliche Version des Reiss-Motiv-Profils finden Sie unter www.reissprofil.de im Internet. Das Reiss-Profil ist als Anwendungstool in der Wirtschaft noch wenig bekannt, erfährt aber durch die Autoren und deren Seminare und Vorträge eine zunehmende Aufmerksamkeit und eine schnell wachsende Zahl von Anwendern. Die Autoren bilden auch Lizenztrainer in dieser Methode aus.
Das Kurzprofil kann nur eine Orientierungsfunktion haben. Wir empfehlen für den Gebrauch unbedingt die 128 Fragen-Version der Originalanalyse. Vertiefende Informationen finden Sie im Buch „Die 16 Lebensmotive", Deutscher Taschenbuch Verlag 2002. Für Vorträge oder Ausbildungsfragen können Sie auch direkt den Autor Helmut Fuchs unter h.fuchs@trainer-akademie.de ansprechen. Für eine Anwendung im Vertrieb oder Verkauf finden Sie auch zusätzliche Unterstützung unter www.ribul.com.

Zum Thema Handlungs- und Volitionsforschung finden Sie vertiefendes Material in den psychologischen Handbüchern und auch bei Julius Kuhls Theorie der Handlungskontrolle.
Der Persönlichkeitsforscher Kuhl hat als Erster auf die Notwendigkeit hingewiesen, zwischen motivationalen und volitionalen Fragen zu unterscheiden. Er spricht von Selektionsmotivation und Realisierungsmotivation. Weiters unterscheidet er die Vermittlungsprozesse der Handlungskontrolle von Prozessen der Ausführungskontrolle, die Schritt für Schritt den Ablauf einer Handlung regulieren. Kuhl nimmt sieben Arten von Prozessen an, die alle die Realisierung einer anstehenden Intention fördern (siehe auch Hugo M. Kehr zum Thema Willensstrategien).

1. Selektive Aufmerksamkeit

Die Aufmerksamkeit richtet sich auf jene Informationen, welche die augenblickliche Absicht stützen. Alle irrelevanten Aspekte werden ausgeblendet. Beispiel: Experiment zum Belohnungsaufschub; ein Kind hält sich während des Wartens die Augen zu, um die Belohnung nicht zu sehen.

2. Enkodierkontrolle

Besonders solche Aspekte werden tiefer verarbeitet, die mit der augenblicklichen Intention verbunden sind.

3. Emotionskontrolle

Es gibt Emotionen, die für die Realisierung der anstehenden Intention besonders förderlich sind. Der Handelnde versucht solche Emotionen in sich zu erzeugen. Beispiel: Schon Neunjährige wissen, dass sich Traurigkeit im Vergleich zu Freude ungünstig auf die Fähigkeit auswirkt, ablenkenden Einflüssen bei der Ausführung einer Tätigkeit zu widerstehen.

4. Motivationskontrolle

Diese Strategie ist immer dann zweckmäßig, wenn sich die augenblickliche Intention als zu schwach erweist, weil eine konkurrierende Intention stärker ist, oder weil Handlungshindernisse zu überwinden sind. Es kommt zu einem erneuten Motivierungsprozess, indem man sich zum Beispiel günstige Erwartungen oder positive Anreize vor Augen hält.

5. Umweltkontrolle

Das ist eine Vorsorge, die gegen unerwünschte Versuchungen schützt, indem man etwa Gegenstände, die zu Tätigkeit einladen, die man meiden will, aus seiner alltäglichen Umgebung entfernt. Beispiel: Wer abnehmen möchte, entfernt Süßigkeiten aus seiner Wohnung. Umweltkontrolle wird auch häufig in der Psychotherapie verwendet.

6. Sparsame Informationsverarbeitung

Die Informationsverarbeitung soll deshalb sparsam vorgenommen werden, um zum Handeln zu kommen. Dieser Prozess gilt für die Intentionsbildung, wenn sie so lange dauert, dass sie das Handeln ungebührlich hinausschiebt; er gilt aber auch für den Fall, wenn man nach der Intentionsbildung wieder in den Motivationszustand zurückfällt.

7. Misserfolgsbewältigung

Hier geht es darum, nicht lange einem Misserfolg in Gedanken nachzuhängen, sondern sich von unerreichten Zielen abzuwenden.
Alle diese vermittelnden Kontrollstrategien können in Aktion treten, wenn die Handlung ins Stocken zu geraten droht, weil die zugrunde liegende Handlungstendenz zu schwach ist oder innere oder äußere Handlungshindernisse wie etwa sozialer Druck sich in den Weg stellen.
Zu Beginn werden aus dem Langzeitgedächtnis jene handlungsbezogenen Strukturen abgerufen, die auf die momentane Situation passen (Wünsche, Normen, Erwartungen, Werte, Intentionen). Sind sie für die Intention wichtig, so kommen sie ins Arbeitsgedächtnis. Sind Schwierigkeiten vorhanden (sozialer Druck, konkurrierende Tendenzen), so kommen einzelne Kontrollstrategien zum Einsatz. Andernfalls muss die Intention oder das Handlungsprogramm geändert werden. Diese Strategien können bewusst oder unbewusst ihre Wirkung entfalten.
Zusammenfassend lässt sich sagen, dass es Julius Kuhl gelungen ist, den Problembereich einer Willenspsychologie, seit Narziß Ach vernachlässigt oder vergessen, wieder zugänglich gemacht zu haben. Der ständige Versuch, aus Motivation Handeln zu erklären, wurde als voreilig erkannt. Aus Motivationstendenzen müssen sich erst Intentionen bilden, und Intentionen konkurrieren um den Zugang zum Handeln. Wie es dennoch zu einem geordneten Handeln kommt und einzelne Intentionen zu ihrer Realisation kommen, wird durch eine Reihe von vermittelnden Kontrollstrategien erklärt. Aufschlussreich sind Fälle misslingender Handlungskontrolle.
Das Rubicon-Modell ist als Werkzeug ausführlich in dem Buch „Das Rubicon-Prinzip“ dargestellt. Dort finden Sie auch vertiefende Hinweise zur Problematik der Willensstrategien (Brücken über den Rubicon).
Besonders empfehlenswert sind auch die Ausführungen von Hugo M. Kehr und das Zürcher Modell von Maja Storch (siehe Literaturverzeichnis). Diese Autoren veranstalten ebenfalls interessante und spannende Seminare zu der Thematik.

Die Autoren veranstalten Seminare und Vorträge zu diesem Thema. Ebenso bilden sie Mitarbeiter und Organisationen in der Anwendung des Reiss-Motiv-Profils aus.
Anfragen und Informationen unter www.reiss-profil.de.

Adressen der Autoren:

Helmut Fuchs
E-Mail-Adresse: h.fuchs@trainer-akademie.de

Andreas Huber
E-Mail-Adresse: HuberAW@aol.com

Mirko Ribul
E-Mail-Adresse: mirko@ribul.com

Literatur

(mit * gekennzeichnete Literatur ist zur Vertiefung besonders geeignet)

Argyris, Chris; Schön, Donald A.: *Organisational Learning.* Addison 1978

Argyris, Chris: *Reasoning, Learning and Action.* New York: Wiley 1982

Argyris, Chris: *Personality and Organisations.* New York: Taylor 1987

Argyris, Chris: „Wenn Manager nicht offen miteinander reden" in: Harvard manager 2/1987, S. 7-10

Argyris, Chris: „Wenn Experten wieder lernen müssen" in: Harvard manager 4/1991, S. 95-107

Argyris, Chris: *Wissen in Aktion. Eine Fallstudie zur lernenden Organisation.* Aus dem Amerikanischen von Hans Kray. Stuttgart: Klett-Cotta 1997

Berth, Rolf: *Erfolg.* Düsseldorf/Wien: Econ 1995

Bissinger, Manfred (Hg.): *Stimmen gegen den Stillstand, Roman Herzogs „Berliner Rede" und 33 Antworten.* Hamburg: Hofmann & Campe 1997

Block, Peter: *Erfolgreiches Consulting: Das Berater-Handbuch.* Aus dem Englischen von Kerstin Dietrich. Frankfurt/ Main; New York: Campus 1997

*Blumenthal, Erik: *Neue Wege zur inneren Freiheit: Praxis und Theorie der Selbsttherapie.* 13., überarb. Aufl. Stuttgart: Horizonte 1995

Bryner, Andy; Markova, Dawna: *Die lernende Intelligenz: Denken mit dem Körper.* Aus dem Amerikanischen von Michael Schmidt-Brodersen. Paderborn: Junfermann 1997

*Burisch, Matthias: *Das Burnout-Syndrom: Theorie der inneren Erschöpfung.* Berlin; Heidelberg; New York; London; Paris; Tokyo; Hong Kong: Springer 2003

Burla, Stephan u.a.: *Die Erfindung von Führung*, Zürich: Verlag der Fachvereine Zürich 1994

*Capra, Fritjof: *Lebensnetz: Ein neues Verständnis der lebendigen Welt.* Aus dem Englischen von Michael Schmidt. Bern; München; Wien: Scherz 1996

Carter-Scott, Chérie: *Negaholiker: Der Hang zum Negativen: Wege aus der Selbstblockade.* Deutsche Übersetzung von Katharine Cofer. 3. Auflage. Frankfurt/Main; New York: Campus 1992

Cooper, Robert K.; Sawaf, Ayman: *EQ: Emotionale Intelligenz für Manager.* München: Heyne 1997

*Covey, Stephen R.: *Die sieben Wege zur Effektivität: ein Konzept zur Meisterung Ihres beruflichen und privaten Lebens.* Aus dem Englischen von Angela Roethe. Frankfurt/ Main; New York: Campus 1992

*Covey, Stephen R. u.a.: *Der Weg zum Wesentlichen: Zeitmanagement der vierten Generation.* Aus dem Englischen von Friedrich Mader. Frankfurt/ Main; New York: Campus 1997

*Csikszentmihalyi, Mihaly: *Kreativität: Wie Sie das Unmögliche schaffen und Ihre Grenzen überwinden.* Aus dem Amerikanischen von Maren Klostermann. Stuttgart: Klett-Cotta 1997

Czichos, Reiner: *Change-Management: Konzepte, Prozesse, Werkzeuge für Manager, Verkäufer, Berater und Trainer.* Unter Mitarbeit von Judith Bertschi. München; Basel: E. Reinhard Verlag 1990

Damasio, Antonio: *Neurobiology of Decision Making.* Berlin: Springer 1996

Damasio, Antonio: *Descartes Irrtum*, München: Deutscher Taschenbuch Verlag 2001

D'Aveni, Richard A.: *Hyperwettbewerb: Strategien für die neue Dynamik der Märkte.* Mit Robert Gunther. Aus dem Englischen von Patricia Künzel. Frankfurt/Main; New York: Campus 1995

Diekstra, René F.W.: *Schritte zum Selbst: die eigene Persönlichkeit verstehen.* Aus dem Niederländischen von Karin Arends-Kailer. Stuttgart: TRIAS – Thieme Hippokrates Enke 1994

Dörner, Dietrich: *Die Logik des Mißlingens.* Hamburg: Rowohlt 1989

Dreikurs, Rudolf: *Grundbegriffe der Individualpsychologie.* 6. Aufl. Stuttgart: Klett-Cotta 1990

Dreikurs, Rudolf: *Selbstbewußt: Die Psychologie eines Lebensgefühls: Soziale Gleichwertigkeit und innere Freiheit.* Aus dem Englischen von Eva Zahn. 2., durchgesehene Auflage. Rosenheim; Salzburg; Genf: Horizonte Verlag 1987

*Ernst, Heiko: *Psychotrends: Das Ich im 21. Jahrhundert.* München: Piper 1996

Ernst, Heiko: *Das gute Leben.* München: Ullstein Verlag 2003

Fuchs, Helmut: *Die Kunst (k)eine perfekte Führungskraft zu sein,* Wiesbaden: Gabler 1999

Fuchs, Helmut; Huber, Andreas: *Die 16 Lebensmotive, Was uns wirklich antreibt.* München: Deutscher Taschenbuch Verlag 2002

Fuchs, Helmut; Huber, Andreas: *Metaphoring: Komplexität erfolgreich managen.* Offenbach: GABAL 2002

Fuchs, Helmut; Huber, Andreas: *Gesund durch kluges Timing.* München: Hugendubel 2002

Fuchs, Helmut; Huber, Andreas: *Das Rubicon-Prinzip.* München: Deutscher Taschenbuch Verlag 2003

Gardner, Howard: *Frames of Mind. The Theory of Multiple Intelligences.* Basic Books 1983

Gardner, Howard: *Dem Denken auf der Spur.* Stuttgart: Klett-Cotta 1989

Gardner, Howard: *Dem Denken auf der Spur: Der Weg der Kognitionswissenschaft.* Aus dem Amerikanischen von Ebba D. Drolshagen. Nach der Ausgabe von 1989. Stuttgart: Klett-Cotta 1992

Gardner, Howard: *Die Zukunft der Vorbilder: Das Profil der innovativen Führungskraft.* In Zusammenarbeit mit Emma Laskin. Aus dem Amerikanischen von Ute Spengler. Stuttgart: Klett-Cotta 1997

*Geißler, Karlheinz A.: *Zeit: „Verweile doch, du bist so schön!“.* Weinheim; Berlin: Quadria 1996

Gergen, Kenneth J.: *Das übersättigte Selbst: Identitätsprobleme im heutigen Leben.* Aus dem Amerikanischen von Frauke May. Heidelberg: Carl-Auer-Systeme, Verlag und Verlags-Buchhandlung 1996

Gergen, Kenneth J.: *Konstruierte Wirklichkeiten.* Stuttgart: Kohlhammer Verlag 2002

Glasersfeld, Ernst von: *Radikaler Konstruktivismus*. Frankfurt/Main: Suhrkamp 1996

Goleman, Daniel: *Emotionale Intelligenz*. Aus dem Englischen von Friedrich Griese. München; Wien: Carl Hanser 1995

Goleman, Daniel; Kaufmann, Paul; Ray, Michael: *Kreativität entdecken*. Aus dem Amerikanischen von Hainer Kober. München; Wien: Carl Hanser 1997

Gomez, Peter; Probst, Gilbert J.B.: *Vernetztes Denken*. Wiesbaden 1987

Gomez, Peter; Probst, Gilbert J.B.: *Die Praxis des ganzheitlichen Problemlösens: vernetzt denken, unternehmerisch handeln, persönlich überzeugen*. Bern; Stuttgart; Wien: Haupt 1995

Guntern, Gottlieb (Hrsg.): *Intuition und Kreativität: Intuition and Creativity*. Zürich; Berlin; New York: Scalo 1996

Guntern, Gottlieb (Hrsg.): *Irritation und Kreativität: Hemmende und fördernde Faktoren im kreativen Prozeß*. Zürich: Scalo 1993

Handy, Charles: *Die Fortschrittsfalle: Der Zukunft neuen Sinn geben*. Wiesbaden: Gabler 1995

Händeler, Erik: *Die Geschichte der Zukunft*. Moers: Joh. Brendow und Sohn 2003

Hargens, Jürgen: *Systemische Therapie ... und gut*. Dortmund: Verlag modernes lernen

Hebbs, Donald O.: *The Organization of Behaviour,* Wiley, New York, 1949

Hedberg, B.: „How organizations learn and unlearn“. In: *Handbook of Organizational Design*. Hrsg. v. Nystrom P.C.; Starbuck, W.H., Vol. 1 Oxford. In der Übersetzung v. Kieser, A.: „Werte und Mythen in der strategischen Planung“. In: WISU – Das Wirtschaftsstudium 14 (1985), S. 429

Heckhausen, Heinz*:* *Motivation und Handeln*, Berlin: Springer 1989

Heckhausen, Heinz; Gollwitzer, Peter; Weinert, Franz E. et al: *Jenseits des Rubikon. Der Wille in den Humanwissenschaften*. Berlin; Heidelberg: Springer 1987

*Huber, Andreas. *Stichwort: Emotionale Intelligenz*. München: Heyne 1996

Huber, Andreas; Fuchs, Helmut: *Die Sprache der Träume verstehen.* München: Hugendubel 2003

Hüther, Gerold: *Biologie der Angst.* Göttingen: Hogrefe 1997

Illich, Ivan: *Die Nemesis der Medizin.* Reinbek: Rowohlt 1982

Inamori, Kazuo: *Erfolg aus Leidenschaft: Das Credo von Japans führendem Unternehmer.* Aus dem Englischen von Johanna Grassauer. Wien: Signum 1996

James, Tad: *Time Coaching: Programmieren Sie Ihre Zukunft ... jetzt!* Hrsg. von Klaus Marwitz. Aus dem Amerikanischen von AHA-Team. 2. Aufl. Paderborn: Junfermann 1993

James, Tad; Woodsmall, Wyatt: *Time Line: NLP-Konzepte zur Grundstruktur der Persönlichkeit.* Aus dem Amerikanischen von Jutta Bosse-Reuben. 2. Aufl. Paderborn: Junfermann 1992

Jänicke, Martin: *Wie das Industriesystem von seinen Mißständen profitiert: Kosten und Nutzen technokratischer Symptombekämpfung: Umweltschutz, Gesundheitswesen, innere Sicherheit.* Opladen: Westdeutscher Verlag 1997

Kästner, Erich: *Gesang zwischen den Stühlen.* Zürich: Atrium

*Kehr, Hugo M.: *Souveränes Selbstmanagement.* Weinheim; Basel: Beltz 2002

Klimecki; Probst; Eberl: Seminarunterlage. Erschienen in: *Entwicklungsorientiertes Management.* Stuttgart: Schaeffer-Poeschel 1/1999

Kline, Peter; Saunders, Bernard: *Schritte zur lernenden Organisation: Das Praxisbuch.* Aus dem Amerikanischen von Michael Schmidt-Brodersen. Paderborn: Junfermann 1996

Kobjoll, Klaus: *Motivaction: Begeisterung ist übertragbar.* 6. Auflage. Zürich: Orell Füssli 1996

Kobjoll, Klaus: *Virtuoses Marketing: Ein Seminar. „Motivaction II".* Zürich: Orell Füssli 1995

Kohn, Alfi: *Mit vereinten Kräften – Warum Kooperation der Konkurrenz überlegen ist.* Weinheim: Beltz 1989

Koukkou-Lehmann, Martha, zitiert in: Storch, Maja; Krause, Frank: *Selbstmanagement – ressourcenorientiert.* Bern: Hans Huber 2002

Kuhl, Julius; Heckhausen Heinz, Hrsg.: *Motivation, Volition und Handlung, Band 4 Motivation und Emotion*. Göttingen: Hogrefe 1996

Krech, David u.a.: *Grundlagen der Psychologie 6: Persönlichkeitspsychologie und Psychotherapie.* Aus dem Amerikanischen von Brigitte Stein. Bearbeitet und herausgegeben von Hellmuth Benesch. Weinheim; Basel: Beltz 1985

Küstenmacher, Werner: *Reisen zum Mond*. Unterfischbach: Koval Verlag 2003

Lasko, Wolf W.: *Stammkundenmanagement*. Wiesbaden. Gabler 1993

LeDoux, Joseph E.: *Das Netz der Gefühle*. 2001 zitiert in: Storch, Maja; Krause, Frank: *Selbstmanagement – ressourcenorientiert*. Bern: Hans Huber, 2002

Lenk, Hans: *Eigenleistung*. Zürich: Edition Interfrom Verlag E. Fromm 1983

Leonard, George*: Der längere Atem: Meisterung des Alltäglichen*. Aus dem Amerikanischen übertragen und mit einem Vorwort versehen von Manfred Miehte. Wessobrunn: Integral 1994

Luhmann, Niklas: *Theorie der Gesellschaft*. In: *Soziale Systeme*. Frankfurt/Main: Suhrkamp 2001

Lukas, Andreas: *Abschied von der Reparaturkultur: Selbsterneuerung durch ein neues Miteinander*. Frankfurt/Main: Frankfurter Allgemeine Zeitung; Wiesbaden: Gabler 1995

Maar, Paul: *Der tätowierte Hund*. Hamburg: Friedrich Oetinger

Mann, Rudolf: *Der ganzheitliche Mensch: Lebenssinn und Erfüllung im Beruf*. Düsseldorf; Wien; New York: Econ 1991

Matheis, Richard (Hrsg.): *Leadership Revolution: Aufbruch zur Weltspitze mit neuem Denken*. Frankfurt/Main: Frankfurter Allgemeine Zeitung; Wiesbaden: Gabler 1994

McGill, Michael E.; Slocum, Jr., John W.: *Das intelligente Unternehmen: Wettbewerbsvorteile durch schnelle Anpassung an Marktbedürfnisse.* Übersetzt von Ursula Bischoff. Stuttgart: Schäffer-Poeschel 1996

McCullough, Colleen: *Rubikon,* Roman. München: Goldmann 1998

Müller-Felsenburg, Alfred (Hrsg.): *Mit Sokrates durch das Jahr.* Augsburg: Pattloch; Weltbild Verlag 1990

Münchhausen, Marco von: *So zähmen Sie Ihren inneren Schweinehund. Vom ärgsten Feind zum besten Freund.* Frankfurt/New York: Campus 2002

Nefiodow, Leo A.: *Der sechste Kontratieff: Wege zur Produktivität und Vollbeschäftigung im Zeitalter der Information.* Sankt Augustin: Rhein-Sieg-Verlag 1996

Nörretranders, Tor: *Spüre die Welt: Die Wissenschaft des Bewußtseins.* Deutsch von Alken Bruns. Reinbek bei Hamburg: Rowohlt, 1994

Nuber, Ursula: *Die neue Leichtigkeit des Seins.* Bern: Scherz 2003

Ornish, Dean: *Die revolutionäre Therapie: Heilen mit Liebe.* München: Goldmann 2001

Paffrath, Hartmut F. (Hrsg.): *Zu neuen Ufern: Internationaler Kongreß Erleben und Lernen.* Alling: Sandmann 1998

Peat, David F.: *Synchronizität – Die verborgene Ordnung.* Bern; München; Wien: O.W. Barth 1989

Pedler, Mike u.a.: *Das lernende Unternehmen.* Frankfurt/Main: Campus 1994

Pedler, Mike u.a.: *Fragebogen „Das lernende Unternehmen" und Begleitmaterialien.* Fulda: Paidia 1995

Peters, Tom: *Der WOW! Effekt: 200 Ideen für herausragende Erfolge.* Aus dem Englischen von Friedrich Mader. Frankfurt/Main; New York: Campus 1995

Poeppel, Ernst u.a.: *Weltwissen Wissenswelt. Das globale Netz von Text und Bild,* Köln: DuMont 2000

Popper, Karl R.: *Duldsamkeit und intellektuelle Verantwortung.* In: *Auf der Suche nach einer besseren Welt.* München: Piper 1984

Popper, Karl R.: *Alles Leben ist Problemlösen: Über Erkenntnis, Geschichte und Politik.* 2. Auflage. München; Zürich: Piper 1996

Probst, Gilbert J.B.: *Kybernetische Gesetzeshypothesen als Basis für Gestaltungs- und Lenkungsregeln im Management.* Wiesbaden: Gabler 1981

Probst, Gilbert J.B.. *Selbstorganisation.* Bern: Huber 1987

Probst, Gilbert J.B.; Gomez, Peter: *Die Praxis des ganzheitlichen Problemlösens*, Bern: Haupt-Verlag 1990/1995

Probst, Gilbert J.B.: *Vernetztes Denken*. Wiesbaden Gabler 1992

Probst, Gilbert J. B.; Büchel, Bettina. *Organisationales Lernen: Wettbewerbsvorteil der Zukunft.* Wiesbaden: Gabler 1994

Probst, Gilbert J.B.; Raub, Steffen; Romhardt, Kai: *Wissen managen: Wie Unternehmen ihre wertvollste Ressource optimal nutzen*. Frankfurt/ Main: Frankfurter Allgemeine Zeitung; Wiesbaden: Gabler 1997

Reinhard, Rüdiger; Schweiker, Ulrich: „Sieben Schritte zur lernfähigen Organisation." In: *Trojaner 4.* 2. Jahrgang, 6/1994, S. 32 ff.

Roth, Gerhard: *Das Gehirn und seine Wirklichkeit*. Frankfurt/Main: Suhrkamp 1996

Roth, Gerhard: *Fühlen, Denken, Handeln. Wie das Gehirn unser Verhalten steuert*. Frankfurt/Main: Suhrkamp 2001

Ruch, Willibald: *The sense of humor*. Gruyter-Verlag 1998

Rüsch, Hans: *Die Pharma-Story*. Stuttgart: Hirthammer 2002

Schaub, Harald: *Exception Error: Über Fehler und deren Ursachen beim Handeln in Unbestimmtheit und Komplexität.* Zürich: gdi impuls, 4/1996 (und Memorandum Nr. 35, Otto Friedrich-Universität Bamberg 2000)

Scheich, Günther: *Positives Denken macht krank: Vom Schwindel mit gefährlichen Erfolgsversprechen*. Unter Mitarbeit von Klaus Waller. Frankfurt/Main: Eichborn 1997

Schein, Edgar: *Organizational Culture and Leadership.* San Francisco 1985

Schmidbauer, Wolfgang: *Dranbleiben*. Freiburg: Herder 2002

Schmidt, Siegfried J. (Hrsg.): *Der Diskurs des radikalen Konstruktivismus*. Frankfurt/ Main: Suhrkamp 1987

Schneider, Peter: „Amerika imponiert mir", in: Der Spiegel Nr. 46/1998, S. 193

Schneider, Ursula (Hrsg.): *Wissensmanagement: Die Aktivierung des intellektuellen Kapitals.* Frankfurt/Main: Frankfurter Allgemeine Zeitung, Verlagsbereich Wirtschaftsbücher 1996

Schoenaker, Theo: *Mut tut gut. „Ich weiß, ich bin okay": Das Encouraging-Training.* 6. Auflage. Sinntal: RDI 1997

Schoenaker, Theo: *Sich als Eltern gut fühlen: Ein Brief.* Sinntal: RDI 1997

Schottky, Albrecht; Schoenaker, Theo: *Was bestimmt mein Leben?: Wie man die Grundrichtung des eigenen Ich erkennt.* München: Wilhelm Goldmann 1995

Schwäbisch, Lutz; Siems, Martin: *Selbstentfaltung durch Meditation: Eine praktische Anleitung.* Reinbek bei Hamburg: Rowohlt 1976

Segal, Lynn: *Das 18. Kamel oder die Welt als Erfindung.* München: Piper 1988

*Seiwert, Lothar J.: *Wenn Du es eilig hast, gehe langsam – Das neue Zeitmanagement in einer beschleunigten Welt.* Frankfurt: Campus 1998

Senge, M. Peter: *The Fifth Discipline. The Art and Practice of the Learning Organization.* New York: Doubleday 1990/1991

Senge, M. Peter: *The fifth Discipline Fieldbook.* New York: Currency 1994

Senge, M. Peter u.a.: *Das Fieldbook zur Fünften Disziplin.* Aus dem Amerikanischen von Maren Klostermann. Stuttgart: Klett-Cotta 1996

Senge, M. Peter: *The fifth Discipline Fieldbook.* New York: Random House 1999

Sheehy, Gail: *Die neuen Lebensphasen: Wie man aus jedem Alter das Beste machen kann.* Aus dem Englischen von Dirk Muelder. München; Leipzig: List 1996

Siebert, Horst: *Pädagogischer Konstruktivismus.* Neuwied: Luchterhand 1999

Simon, Fritz B.: *Unterschiede, die Unterschiede machen: Klinische Epistemologie: Grundlage einer systemischen Psychiatrie und Psychosomatik.* 2. Aufl. Frankfurt/Main: Suhrkamp 1995

Simon, Fritz B.: *Die Kunst, nicht zu lernen: Und andere Paradoxien in Psychotherapie, Management, Politik ...* Heidelberg: Carl-Auer-Systeme, Verlag und Verlagsbuchhandlung 1997

Simon, Fritz B.: *Meine Psychose, mein Fahrrad und ich: Zur Selbstorganisation der Verrücktheit.* 6. Aufl. Heidelberg: Carl-Auer-Systeme, Verlag und Verlagsbuchhandlung 1997

Simon, Fritz B.; CONECTA-Autorengruppe: *Radikale Marktwirtschaft: Grundlagen des systemischen Managements.* 3., überarbeitete und erweiterte Auflage. Heidelberg: Carl-Auer-Systeme, Verlag und Verlagsbuchhandlung 1998

Skinner, Robin; Cleese, John: ... *Familie dagegen sehr: Wege in die Zukunft.* Aus dem Englischen von Annegret O'Dwyer. Paderborn: Junfermann 1988

Skinner, Robin; Cleese John: *Life oder: Wie man sich bettet* ... Aus dem Englischen von Linda Martini. Paderborn: Junfermann 1995

Staehle, Wolfgang; Sydow, Jörg: *Managementforschung.* Wiesbaden: Gabler 1991

Steffe, L. P.; von Glasersfeld, E.; Richard J.; Cobb, P.: *Children's counting types: Philosophy, theory, and application.* New York: Wiley 1983

Stiefel, Rolf Th.: MAO, News-Letter, St. Gallen 1991

Stiefel, Rolf Th.: *Lektionen für die Chefetage: Personalentwicklung und Management Development.* Stuttgart: Klett-Cotta 1996

Storch, Maja; Krause, Frank: *Selbstmanagement – ressourcenorientiert.* Bern: Hans Huber 2002

Strunk, Hans Peter: Newsletter des Bundesverbandes der Diplom-Pädagogen 1990

Tomaselb, N: First Verbs. Cambridge: University Press 1992

Trenkle, Bernhard: *Das Ha-Handbuch der Psychotherapie.* Heidelberg: Carl Auer Verlag 2000

Ulrich, Hans; Probst, Gilbert J.B.: *Anleitung zum ganzheitlichen Denken und Handeln.* Stuttgart: Haupt 1988

Urban, Dieter: *Chancen für Querdenker: Mit emotionaler Intelligenz (EQ) zur alternativen Problemlösung.* Zürich: Orell Füssli 1996

Vester, Fredric: *Denken, Lernen und Vergessen*, Stuttgart: Deutsche Verlags-Anstalt 1975

Vester, Fredric: *Neuland des Denkens: Vom technokratischen zum kybernetischen Zeitalter.* Stuttgart: Deutsche Verlags-Anstalt 1980

Vester, Fredric: *Neuland des Denkens: Vom technokratischen zum kybernetischen Zeitalter*. München: Deutsche Verlags-Anstalt 1984

Vester, Fredric: *Leitmotiv vernetztes Denken*. München: Heyne-Verlag 1988

Von Oech, Roger: *Der kreative Kick: Aktivieren Sie Ihren Forscher, Künstler, Richter & Krieger.* Aus dem Amerikanischen von Karin Haag. Paderborn: Junfermann 1994

Walter, Rudolf: *Laß dir Zeit: Entdeckungen durch Langsamkeit und Ruhe.* Freiburg im Breisgau: Herder 1997

Watzlawick, Paul: *Die erfundene Wirklichkeit*. München: Piper 1981

Watzlawick, Paul; Kreuzer, Franz: *Die Unsicherheit unserer Wirklichkeit: Ein Gespräch über den Konstruktivismus.* 6. Auflage. München: Piper 1998

Welsch, Wolfgang: *Vernunft: Die zeitgenössische Vernunftkritik und das Konzept der transversalen Vernunft.* Frankfurt/Main: Suhrkamp 1996

Wunderer, Rolf; Bruch, Heike: *Umsetzungskompetenz.* Hannover: Vahlen 2000

Rechte-Nachweis

Das Zitat auf Seite 32 ff. stammt aus: Karl Popper: *Duldsamkeit und intellektuelle Verantwortlichkeit*. Aus: *Auf der Suche nach einer besseren Welt*. © Piper Verlag GmbH, München 1984

Das Gedicht „Die Entwicklung der Menschheit“ auf Seite 34 f. stammt aus Erich Kästner: *Gesang zwischen den Stühlen*. © Atrium Verlag, Zürich, und Thomas Kästner

Die Zitate aus der Rede von Roman Herzog auf den Seiten 55 f., 62 und 79 stammen aus: Manfred Bissinger (Hg.): *Stimmen gegen den Stillstand*. Copyright © 1997 by Hoffmann und Campe Verlag, Hamburg

Der Test „Sind Sie Negaholiker?“ auf Seite 88 ff. stammt aus: Chérie Carter-Scott: *Negaholiker, der Hang zum Negativen*. © Campus Verlag, Hamburg 1992

Die Geschichte von Mr. Gorsky auf Seite 100 f. stammt aus: Werner Küstenmacher: *Reisen zum Mond*. © Koval Verlag, Unterfischbach 2003

Die Geschichte von Hänsel und Gretel aus der Sicht der Hexe auf Seite 141 ff. stammt aus: Paul Maar: *Der tätowierte Hund*. © Verlag Friedrich Oetinger, Hamburg

Das Zitat von Heinz Heckhausen auf Seite 204 stammt aus: Heinz Heckhausen, Peter Gollwitzer, Franz E. Weinert et al.: *Jenseits des Rubikon. Der Wille in den Humanwissenschaften*. © Springer-Verlag Berlin, Heidelberg 1987